suhrkamp taschenbuch
wissenschaft 215

Die Autoren, die am Bielefelder Universitätsschwerpunkt Wissenschaftsforschung arbeiten, haben in einem mehrjährigen Projekt die Umweltforschung untersucht, indem sie die Frage der Steuerung von Wissenschaft für die Disziplinen der Biologie und insbesondere der Ökologie spezifiziert haben. Sie haben nach der »Rezeptivität« und »Resistenz« dieser Wissenschaften gegenüber dem allgemeinen Problemdruck der Umweltbelastung und der speziellen wissenschaftspolitischen Zielsetzung des Umweltprogramms und der Umweltpolitik gefragt. Auf der Basis unterschiedlicher Materialien sind sie auf drei Hauptwegen an diese Frage herangegangen: (1) auf dem Wege einer wissenschaftshistorischen Analyse des »Vorlaufs« der Ökologie für etwa 100 Jahre, um die Hauptlinien der wissenschaftlichen Entwicklung sowie den Stellenwert der Umweltproblematik in ihr herauszuarbeiten; (2) auf dem Wege einer wissenschaftssoziologisch-politikwissenschaftlichen Analyse des Prozesses der Programmformulierung, in deren Mittelpunkt Form und Ausmaß des Zusammenwirkens von wissenschaftlicher Expertise, politischer Prioritätensetzung und administrativer Kompetenz stehen; (3) auf dem Wege eines Versuchs, die Auswirkungen der insbesondere durch das Umweltprogramm, aber auch durch die allgemeine Politisierung der Umweltfrage ausgelösten Impulse auf die Biologie wie auch auf die Umweltforschung im allgemeinen zu bestimmen.

Umweltforschung – die gesteuerte Wissenschaft?

Eine empirische Studie zum Verhältnis von Wissenschaftsentwicklung und Wissenschaftspolitik

von
Günter Küppers, Peter Lundgreen,
Peter Weingart

Suhrkamp

Wissenschaftsforschung
Beratung
Wolfgang Krohn, Wolf Lepenies, Peter Weingart

suhrkamp taschenbuch wissenschaft 215
Erste Auflage 1978

Druck: Nomos Verlagsgesellschaft, Baden-Baden
Printed in Germany
Umschlag nach Entwürfen von
Willy Fleckhaus und Rolf Staudt.

CIP-Kurztitelaufnahme der Deutschen Bibliothek
Küppers, Günter
Umweltforschung, die gesteuerte Wissenschaft?: Eine empir. Studie zum Verhältnis von Wissenschaftsentwicklung u. Wissenschaftspolitik / Günter Küppers; Peter Lundgreen; Peter Weingart. – 1. Aufl. – Frankfurt am Main: Suhrkamp, 1978. (Suhrkamp-Taschenbücher Wissenschaft; 215)
ISBN 3-518-07815-1
NE: Lundgreen, Peter:; Weingart, Peter:

Inhalt

Vorwort

Mit der vorliegenden Studie lösen die am Bielefelder »Forschungsschwerpunkt Wissenschaftsforschung« arbeitenden Autoren erstmals ihr Programm ein, eine interdisziplinäre empirische Arbeit zum Problem der Wissenschaftssteuerung (und, wie sich daraus ergibt, zur Evaluierung von Wissenschaftspolitik) vorzulegen. Obgleich die allererste Konzeption dieser Arbeit in einem Seminar zur Wissenschaftsplanung entstanden ist, wurde das Forschungskonzept im Rahmen des Projekts »Wissenschaft zwischen Autonomie und Steuerung« im »Zentrum für interdisziplinäre Forschung« der Universität Bielefeld entwickelt und präzisiert. Dieses Projekt vereinte eine Gruppe von Fachwissenschaftlern und Wissenschaftsforschern, die sich der Fragestellung nach den Möglichkeiten, Grenzen und Folgen der Wissenschaftssteuerung in solchen Forschungsgebieten widmeten, in denen sie selber als Fachwissenschaftler arbeiteten und für die zugleich angenommen wurde, daß die Fachwissenschaft ihre Existenz wissenschaftssteuernden Maßnahmen verdanke. Die Umweltforschung bildet die einzige Ausnahme, insofern – was ohnehin nicht möglich ist – es hierfür keine spezifisch fachwissenschaftliche Kompetenz gab. Das Ergebnis waren die folgenden Fallstudien, die alle unter derselben Fragestellung durchgeführt wurden: Biotechnologie (K. Buchholz), Krebsforschung (R. Hohlfeld), Informatik (K. Mainzer), Plasmaphysik (G. Küppers), Schwerionenforschung (K. Prüss), Bildungsforschung (E. Schmitz) und die vorliegende Studie zur Umweltforschung. Die Veröffentlichung der anderen Fallstudien steht bevor und wird ein abgerundetes Bild des gesamten Projekts bieten, der Fruchtbarkeit, Grenzen und methodischen Schwierigkeiten der Fragestellung in der vergleichenden Perspektive, die sich über sieben verschiedene Forschungsbereiche erstreckt.

Unabhängig von den einzelnen Ergebnissen darf als wichtiges Resultat dieser mehrjährigen Arbeit die Erfahrung gelten, daß Wissenschaftsforschung als interdisziplinäre Kooperation von Fachwissenschaftlern unter einer gemeinsamen Fragestellung möglich und erfolgreich sein kann. Vieles, was auf den regelmäßigen Tagungen im Zentrum für interdisziplinäre Forschung zwischen den Teilnehmern des Projekts und den eingeladenen Experten diskutiert wurde, wird nicht in den Studien erscheinen, hat jedoch die

Einsicht in und das Verständnis aller Beteiligten für die Probleme der ihnen fremden Wissenschaftsgebiete ungemein erhöht. Der Dank für diese direkten und indirekten Beiträge zu unserer Arbeit geht deshalb an die vielen Gäste und die übrigen Mitarbeiter an dem Projekt, von denen Wolfgang van den Daele und Wolfgang Krohn zusätzlich zu erwähnen sind. Unser Dank in diesem Zusammenhang geht vor allem auch an das »Zentrum für interdisziplinäre Forschung« der Universität Bielefeld, das dieses Projekt finanziell und organisatorisch unterstützt hat.

Für die Durchführung der vorliegenden Untersuchung, die mit Mitteln der Universität Bielefeld finanziert wurde, waren wir auf die Mitwirkung und Hilfestellung einer Vielzahl von Wissenschaftlern und Ministerialbeamten angewiesen. Unser Dank gilt hier all jenen Mitgliedern der Projektgruppen, die an der Erstellung der Materialien zum Umweltprogramm der Bundesregierung mitgewirkt haben und die von uns interviewt wurden, darüber hinaus auch jenen Biologen, die wir zur Frage der Steuerungseffekte befragt haben. Besonderer Dank gilt Prof. Ellenberg für seine Auskünfte und vielfältigen kritischen Hinweise zu dem der Entwicklung der Ökologie gewidmeten Teil des Manuskripts. Wir danken weiterhin Innenminister Prof. Maihofer für die Genehmigung zur Akteneinsicht im BMI sowie Herrn Dr. M. Uppenbrink (Direktor beim Umweltbundesamt) und Herrn Dr. K. Bauer (Ministerialrat beim BMFT) für die Informationen, die uns halfen, unseren Weg durch das Aktenmaterial zu finden; und schließlich Prof. Picht für die Überlassung seiner umfangreichen Unterlagen über die Arbeit seiner Gutachtergruppe und für die Auskünfte zum Beratungsprozeß.

Wir hoffen, daß die vorherige kritische Durchsicht des Manuskripts bzw. einzelner Teile durch die jeweils sachkundigen oder am Entstehungsprozeß des Umweltprogramms beteiligten Experten eine ausreichende Gewähr dafür bietet, daß uns keine gravierenden Fehler unterlaufen sind. Sollte es dennoch der Fall sein, so liegt dies selbstverständlich in unserer Verantwortung. Wir hoffen endlich, daß diese Studie nicht nur in der Diskussion unter Wissenschaftsforschern, sondern auch in der Praxis der Wissenschaftspolitik Interesse findet.

Bielefeld, im Dezember 1977

Einleitung

»Wissenschaftspolitik umfaßt nicht nur eine Politik für die Wissenschaft – d. h. für die Schaffung einer Umwelt, in der die Wissenschaft gedeihen und eine Wahl zwischen wissenschaftlichen und technologischen Projekten und Gebieten getroffen werden kann; sie umfaßt auch Wissenschaft für die Politik – sie beeinflußt die Weisen, in denen wissenschaftliche und technische Erwägungen wichtige politische Entscheidungen in Bereichen beeinflussen, die selbst nicht vornehmlich wissenschaftlich sind ...« »Das Ziel der Wissenschaftspolitik kann nicht nur die Expansion von Wissenschaft und Technologie sein, sondern muß das Management und die Steuerung des technologischen Fortschritts im Dienst anderer Zwecke einschließen« (Science, Growth and Society, 1971, S. 37, 39). Diese Kennzeichnung von Forschungspolitik durch den sogen. »Brooks-Report« der OECD, die nicht zuletzt die Eröffnung einer neuen Phase der Wissenschaftspolitik signalisieren sollte, findet sich in konkretisierter Form auch in den Berichten des Bundesforschungsministers: »Gesellschaft und Staat stehen vor der Aufgabe, die Lebens- und Arbeitsbedingungen zu verbessern und nachteilige Auswirkungen des technischen und sozialen Wandels zu beseitigen. Zur Lösung dieser Aufgabe muß Forschungspolitik die wissenschaftlichen und technologischen Grundlagen schaffen.« Als Beispiele werden genannt: Bekämpfung von Krebs-, Herz- und Kreislaufkrankheiten, Bewahrung der Umwelt und Ernährung vor gesundheitsschädigenden Einflüssen u.v.a.m. (Bundesbericht Forschung V, 1975, S. 10).

In diesen und vielen anderen vergleichbaren Verlautbarungen (forschungs-)politischer Instanzen wird für die Wissenschaftspolitik der Anspruch formuliert, Strukturpolitik zu sein. »Forschungspolitik ist inhaltlich Zukunftsgestaltung« (Hauff, 1974, S. 14). Dieser Anspruch beinhaltet die Orientierung der Forschungspolitik und damit auch – wenngleich die explizite Formulierung dessen zumeist sorgfältig umgangen wird – der Forschung selbst an »gesellschaftlichen« Zielen und Prioritäten. Vor dem Hintergrund einer allseits unterstellten Verwissenschaftlichung von Politik markiert die Behauptung der Tendenzwende von der »policy for science« zur »science for policy« noch am deutlichsten, daß die Wissenschaftspolitik, wenn die Einschätzungen stimmen, mehr sein muß als bloße Forschungsförderung. Dabei stellt sich sofort die Frage, ob Wissenschaftspolitik diesen Anspruch auch tatsächlich einlösen kann. Aus zwei unterschiedlichen Perspektiven heraus können Zweifel geltend gemacht werden. Auf der einen Seite deutet schon die Widersprüchlichkeit forschungspolitischer Zielbestimmungen darauf hin, daß der strukturpolitische Anspruch problematisch ist. Der behauptete Steuerungsanspruch wird nämlich dadurch zurückgenommen, daß er nur im Rahmen des Grundsatzes der »Freiheit von Wissenschaft in Forschung und Lehre« realisiert wird, nämlich als »Förderung der Wissenschaft« (Bundesbericht Forschung V, 1975, S. 11). Es wird noch zu diskutieren sein, ob sich die Wissenschaftspolitik hier nicht auf eine völlig falsche Alternative eingelassen hat, ob Forschungslenkung notwendig die Freiheit der Wissenschaft einschränkt, ob sie nicht mit der »Programmorientierung« der Forschungspolitik im Grunde schon die selbst gezogene Grenze überschreitet.

Jenseits der ideologischen Selbstbeschränkung gründet die Skepsis gegenüber dem Steuerungsanspruch der Wissenschaftspolitik aber auch in den strukturellen Restriktionen, unter denen moderne Staatsverwaltungen operieren und die ihre »Politikschwäche« begründen. Dazu sind die gewachsenen Verwaltungs-, und d. h. Problemwahrnehmungs- und -lösungsstrukturen in bezug auf die Problemstrukturen, mit denen die Verwaltung konfrontiert wird, wie auch die Interessenkonstellationen im politischen Umfeld zu zählen. Ein Aspekt dieser strukturellen Restriktionen des politischen Umfelds ist das Verhältnis zur institutionalisierten Wissenschaft. Auch aus dieser Perspektive heraus kann der Steuerungs- oder überhaupt der Politikanspruch der Wissenschaftspolitik infragegestellt werden. Hinter dem Akzeptieren des Postulats der Freiheit der Forschung liegen reale Hindernisse der politischen Steuerung von Forschung. Die Garantie der Forschungsfreiheit ist ja nicht nur ein disponibler politischer Grundsatz, sondern findet ihre Entsprechung in der institutionalisierten wissenschaftlichen Selbstverwaltung und in einer weitgehend autonom verfaßten akademischen Wissenschaft. Diese institutionalisierte Entlastung der Forschung vom Einfluß gesellschaftlicher Interessen und Bedürfnisse steht darüber hinaus in einer direkten Beziehung zur kognitiven Entwicklung der Wissenschaft. Das gilt, um es ganz deutlich hervorzuheben, nicht für jede Art von Forschung und auch nicht unabhängig von historischen Entwicklungen. Es gilt jedoch für die institutionalisierte akademische Wissenschaft, deren besondere Bedeutung in ihrer Leitfunktion für die Wissenschaftsentwicklung insgesamt liegt. Vor dem Hintergrund unseres Wissenschaftssystems ist es daher gerechtfertigt, davon auszugehen, daß dessen institutionelle und kognitive Verfassung einer externen Steuerung entgegensteht.

Die hier geltend gemachten Zweifel gegenüber dem Anspruch bzw. der Erwartung einer strukturpolitischen und somit steuernden Qualität der Forschungspolitik stehen im Kontext auch theoretischer Diskussionen in der Politikwissenschaft sowie in der Wissenschaftstheorie und Wissenschaftsforschung. Das Interesse der vorliegenden Studie ist primär auf letztere gerichtet, d. h. hier geht es um die Bedingungen und Möglichkeiten der wissenschaftspolitischen Steuerung der Wissenschaftsentwicklung. Im Kontext der wissenschaftlichen Diskussion entspricht dieser Problemstellung die Kontroverse über die »interne«, d. h. durch kognitive Bedingungen, oder »externe«, d. h. durch sozio-ökonomische und kulturelle Bedingungen determinierte Wissenschaftsentwicklung. Diese Diskussion, vornehmlich von Wissenschaftshistorikern und -theoretikern, aber auch -soziologen und eben deshalb auch aus ganz unterschiedlichen disziplinären Kontexten heraus geführt, ist bislang einer Lösung nicht nähergekommen. Der Grund dafür ist in den unterschiedlichen Kriterien zu sehen, die an eine Entscheidung darüber angelegt werden, ob die Wissenschaftsentwicklung als autonom generiert oder extern induziert zu gelten hat.

Wo z. B. die prinzipielle Heteronomie der Wissenschaftsentwicklung unterstellt wird, werden überhaupt keine Entscheidungskriterien angegeben. Statt dessen werden die Beweislast verschoben und Phänomene und Daten aufgrund dessen anders interpretiert (vgl. Hirsch, 1970, S. 139, 168). Oder aber die heteronome Bestimmung der Wissenschaftsentwicklung wird aufgrund von inhaltlich-strukturellen Entsprechungsverhältnissen unterstellt. Das Problem dieser Analysen liegt vor allem in der relativ beliebigen Zuordnung solcher strukturellen Entsprechungen sowie darin, daß Kausalmechanismen nicht angegeben werden (vgl. Hessen, 1974). Solange die Frage so allgemein gestellt wird, ob die Entwicklung der Wissenschaft extern oder intern bestimmt ist, womit impliziert wird, ob sie steuerbar ist oder nicht, wird ohnehin keine befriedigende Antwort zu erwarten sein. Entweder kann man sich zu der trivialen Antwort verstehen, daß Wissenschaft selbstverständlich ein Teil der Gesellschaft ist, in ihr betrieben und infolgedessen durch sie geprägt wird. Oder die Frage ist falsch gestellt, weil sie eine derartige Fülle von möglichen Faktoren einbezieht, daß ein überzeugender Nachweis der externen Entwicklungsbestimmung ausscheidet. Aus dieser Perspektive ist es also notwendig, die Eingriffsebenen der externen Einflüsse, d. h. ihre spezifischen Wirkungen auf den Entwicklungsprozeß anzugeben sowie die Mechanismen, über die diese Einflüsse wirksam werden.

Ein Produkt dieser Diskussion sind begriffliche Unterscheidungen verschiedener Arten von Forschung, die z. B. zwischen nicht steuerbarer *reiner* oder *Grundlagen*forschung und steuerbarer bzw. gesteuerter, *angewandter* Forschung differenzieren. Diese Unterscheidungen sind Bestandteil des Vokabulars der Wissenschaft wie auch der Politik und dienen sowohl der analytischen als auch der praktischen Orientierung. Auch diese Unterscheidungen erweisen sich jedoch als unscharf, werden etwa ergänzt durch Begriffe wie »anwendungsorientierte Grundlagenforschung«, die neueren Forschungskonfigurationen gerecht zu werden versuchen oder alte, falsche Dichotomien überwinden sollen. Die Probleme der Einordnung bestimmter Forschungsgebiete, wie etwa der fusionsorientierten Plasmaphysik, der Krebsforschung u. a., und die Versuche neuer Begriffsbestimmungen lassen erkennen, daß sich die Phänomene, die die Begriffsschemata beschreiben sollen, diesen gegenüber verändern. Daraus wird deutlich, daß es erforderlich ist, die Historizität der Institution Wissenschaft sowie die unterschiedliche Entwicklung der Wissenschaften zu berücksichtigen. Die historische Betrachtung der kognitiven und institutionellen Entwicklungsphasen der Wissenschaften vermag die begrifflichen Differenzierungen unterschiedlicher Forschungsarten in ihrer Genese und in ihrem historischen Kontext aufzuweisen. Sie erklärt zugleich, daß das Problem der »internen« oder »externen« Regulierung von Wissenschaft und damit die Frage nach den Möglichkeiten ihrer Steuerung überhaupt erst durch die historische Entwicklung des Gegensatzes zwischen verschiedenen Forschungstypen entstehen konnte. Es ist dies der Gegensatz zwischen der im 19. Jahrhundert entstandenen, nach Disziplinen organisierten, zweckentlasteten und autonom regulierten Wissenschaft der Akademien und Universitäten einerseits, und der für die Mitte des 20. Jahrhunderts typischen, in Problemfeldern organisierten Wissenschaft der Industrielaboratorien und ingenieurwissenschaftlichen Forschungseinrichtungen andererseits. Dieser Gegensatz scheint sich dadurch aufzulösen, daß der zuletzt erwähnte Typ von Forschung zunehmend wieder den Charakter von Grundlagenforschung erhält und eine eigene Entwicklungsdynamik aufweisen kann (van den Daele/Krohn/Weingart, 1977).

Die hier nur sehr kursorisch angesprochenen vielfältigen Probleme bei der Beantwortung der Frage nach der autonomen oder heteronomen Regulierung der Wissenschaftsentwicklung in der wissenschaftstheoretischen und -soziologischen Diskussion sind nicht als rein akademisch abzutun, weil, wie dargestellt, die Begriffe und Denkmodelle dieser Diskussion im Bereich der praktischen Forschungspolitik (eher noch in unkritischer Vereinfachung) dominieren und die politischen Strategien bestimmen. Die Wissenschaftspolitik bleibt so lange die Einlösung ihres strukturpolitischen Anspruchs schuldig, solange sie den in der akademischen Diskussion vorherrschenden Konzeptionen verhaftet bleibt und diese Diskussion keiner Entscheidung zugeführt werden kann. Vor diesem Hintergrund erscheint es geboten, empirische Untersuchungen anzustellen.

Statt der pauschalen Frage nach möglichen externen Entwicklungsdeterminanten geht die vorliegende Unterschung von der Frage nach den Erfolgsbedingungen einer durch wissenschaftspolitische Steuerung initiierten Wissenschaftsdynamik aus und analysiert dabei die Wirkung kognitiver und sozialer Strukturen der Wissenschaft. Auf diese Weise wird die Fragestellung auf solche Determinanten eingeschränkt, die als wissenschaftspolitische Anforderungen an die Wissenschaft artikuliert werden und einer empirischen Überprüfung zugänglich sind. Ziel ist es zu bestimmen, welche Mechanismen des Transfers externer Zwecke in den Forschungsprozeß wirksam sind und ob die betrachteten Forschungsgebiete (Disziplinen, Spezialgebiete) gegenüber diesen Zwecken rezeptiv oder resistent sind. Gegenstand der vorliegenden Untersuchung ist das Umweltprogramm der Bundesregierung von 1971 und sein Steuerungseffekt auf die umweltrelevanten Wissenschaften, wobei unser besonderes Interesse der Biologie und ihrem Spezialgebiet, der Ökologie gilt. Dieser Auswahl des Gegenstands liegen folgende Überlegungen zugrunde. Als operationale Definition von »Steuerung« gilt uns ein politisches Programm, das explizite Anforderungen an wissenschaftliches Problemlösungspotential beinhaltet. Das Umweltprogramm wurde gewählt, weil es im Vergleich zu anderen untersuchten Steuerungsversuchen die Steuerung einer Mehrzahl von Disziplinen bzw. die Konstituierung eines neuen multi- oder interdisziplinären Forschungsgebietes implizierte. Da andererseits die Analyse der Steuerungseffekte in allen beteiligten Disziplinen unmöglich war, wurde das Hauptaugenmerk auf eine für die Umweltforschung zentrale Disziplin, die Ökologie gelegt, die wir für das Leitgebiet oder den Hauptadressaten hielten. Diese Einschränkung erscheint auch im nachhinein noch berechtigt, obwohl sich gezeigt hat, daß die Ökologie und die Biologie nicht die erwartet große Bedeutung haben und die Datenbasis entsprechend schmal ist. Denn unsere Einschätzung der Ökologie wird von der »scientific community« allgemein geteilt, und durch die Ökologie wurden wichtige argumentative Fronten bei der Programmformulierung mitbestimmt. Der Vorlaufentwicklung der Ökologie gilt daher auch die größte Aufmerksamkeit.

Eine empirische Untersuchung kann nicht ohne begriffliche Vorentscheidungen auskommen. Die zentralen Konzepte und ihre theoretischen Implikationen sowie die methodologischen Schwierigkeiten ihrer Operationalisierung sollen kurz vorgestellt werden. Am wichtigsten ist hier der Begriff der »Steuerung« der Wissenschaft. Zu Beginn der Untersuchung ist dieser Begriff in einer spezifischen Weise konzipiert worden, hat dann aber Revisionen erfahren, die z. T. theoretisch, z. T. methodisch begründet waren. Für unsere Fragestellung ist nur jener Typ von Wissenschaftssteuerung interessant, der als produktwertorientierte Steuerung bezeichnet werden kann. Nur diese Art der Steuerung (im Unterschied zur prozeßwertorientierten), die ein spezifisches, vorher zu formulierendes Ziel bzw. Produkt anstrebt wie z. B. die Heilung des Krebses oder den Bau eines Fusionsreaktors mit positiver Energiebilanz, impliziert nämlich einen Eingriff in die interne Struktur wissenschaftlicher Prozesse. An die Stelle wissenschaftsinterner Regulative der Problemwahl und Bestimmung der Entwicklungsrichtung treten bei der produktwertorientierten Steuerung politische bzw. gesellschaftliche oder ökonomische Relevanzkriterien. Da vorausgesetzt wird, daß die Ziele nicht durch die bloße Anwendung bereits vorhandenen Wissens zu erreichen sind, gilt ein Steuerungsanspruch erst dann als gegeben, wenn die angestrebten Ziele nur durch die Institutionalisierung einer speziellen wissenschaftlichen Entwicklung zu erreichen sind, d. h. durch die Institutionalisierung eines neuen wissenschaftlichen Spezialgebiets oder einer neuen Forschungsfront, mit der politisch gesetzten Zielorientierung als Regulativ. Das entscheidende Kriterium liegt also in der »Selbstdynamisierung der Forschung, in der Entwicklung eines Programms, das die Fortsetzbarkeit der Forschung ermöglicht und leitet« (van den Daele/Weingart, 1975, S. 147).

Die Faktoren, von denen die Möglichkeit der Steuerung in diesem Sinn abhängt, sind auf drei Ebenen zu untersuchen: im Bereich der Wissenschaftspolitik, wo die Steuerungsintentionen allererst definiert werden; auf der kognitiven Ebene der Wissenschaft, auf der Wissenschaft als intellektuelles Unternehmen definiert ist; und schließlich auf der institutionellen Ebene, auf der Wissenschaft als ein soziales Handlungssystem bestimmt ist (vgl. van den Daele/Weingart, 1975, S. 148-153). Ohne hier auf die detaillierte Konzeptualisierung dieser Faktoren einzugehen, die in der empirischen Analyse erwartungsgemäß nicht in der gleichen Differenziertheit eingelöst werden konnte, läßt sich zum Zusammenhang dieser Faktoren allgemein sagen, daß sie die Rahmenbedingungen für die Steuerung abgeben. Wir gehen davon aus, daß die Zweckorientierung der Wissenschaft durch die Eigenstruktur der Wissenschaft begrenzt ist. Diese Grenzen sind als die *kognitiven Defizite* und *sozialen Resistenzen* zu identifizieren, sie markieren die Beziehung zwischen Steuerung und autonomer Wissenschaft. Kognitive Defizite bezeichnen den Umstand, daß der theoretische und methodologische Entwicklungsstand eines oder mehrerer Forschungsgebiete den Spielraum wissenschaftlicher Problemformulierungen und damit auch politischer Ansprüche bestimmen, d. h. ggf. einschränken. Soziale Resistenz der Wissenschaft ist dadurch bestimmt, daß die Steuerung auf soziale Strukturen und Mechanismen trifft, die den kognitiven Prozessen ihre Stabilität und Kontinuität verleihen, sich aber gerade deshalb gegenüber extern induzierten Regulativen als beharrend, d. h. resistent erweisen können (vgl. van den Daele/Krohn/Weingart, 1977).

Eine naive Vorstellung von wissenschaftspolitischer Steuerung, wonach man einen bestimmten Steuerungsimpuls bzw. eine politische Zielsetzung in Relation setzen kann zu einer bestimmten Entwicklungslinie in den betroffenen Forschungsgebieten, in der Erwartung, die Auswirkungen dieses Steuerungsimpulses damit identifizieren zu können, erweist sich bei näherer Betrachtung aus einer ganzen Reihe von Gründen als unhaltbar. Diese sind letztlich alle auf den universalistischen Charakter der modernen Wissenschaft zurückzuführen, ein Geltungsrahmen, der im übrigen auch für die »gesteuerte«, d. h. die problemorientierte Wissenschaft verbindlich bleibt. Die daraus resultierenden Probleme für die empirische Untersuchung von Steuerungswirkungen treten einmal auf der Ebene der politischen Zielformulierung, zum anderen auf der Ebene der Transformation der Ziele in Forschungsprobleme auf. Wir sprechen im ersten Fall von der genetischen, im zweiten von der funktionellen Abhängigkeit der Steuerungsintention von Wissenschaft.

Die genetische Abhängigkeit der Steuerungsintention von Wissenschaft schien zunächst nur methodologisch von Bedeutung zu sein. Will man die Kausalwirkung eines politischen Programms auf die Wissenschaftsentwicklung bestimmen, muß man analytisch unterstellen, daß es allererst unabhängig von der infragestehenden Wissenschaft konzipiert wurde. Diese Forderung erweist sich als naiv und unhaltbar. Wir haben es insbesondere bei wissenschaftspolitischen Programmen ausnahmslos mit Politikbereichen zu tun, die »verwissenschaftlicht« sind. D. h. die Wissenschaft wird in diesen Bereichen zum Adressaten staatlichen Problemlösungshandelns, weil sie entweder im Rahmen ihres intern bestimmten Entwicklungsgangs Sachverhalte, die als Grenzen staatlichen Eingriffshandelns definiert sind, als grundsätzlich disponibel ausweist oder weil eine generalisierte Problemlösungserwartung an die Wissenschaft gerichtet wird. In jedem Fall sind Vorlaufentwicklungen in der Wissenschaft im Spiel, ohne die politische Ansprüche an die Wissenschaft undenkbar sind.

Damit entsteht jedoch das Problem, so exakt wie möglich die Bedeutung vorgängiger Erkenntnisprozesse bei der Formulierung politischer Programme zu bestimmen, um ein realistisches Bild davon zu erhalten, welchen von der ohnehin ablaufenden Wissenschaftsentwicklung unabhängigen Gehalt solche Programme haben, da anders keine Aussagen über deren *Steuerungs*wirkung gemacht werden können. Ein wesentlicher Teil der Anstrengungen muß daher in die Analyse der Genese politischer Programme investiert werden, d. h. in die Untersuchung der »Kristallisation« politischer »issues«, der Transformation (latent vorhandener) sozialer Probleme, wissenschaftlicher Informationen und vorgängiger politischer Aktivitäten in ein politisches Programm mit hoher Priorität auf der »Agenda« staatlicher Instanzen. Dieser Prozeß der »Kristallisation« oder Politisierung einer »issue« erweist sich als hochkomplex, und die verschiedenen »inputs« von Öffentlichkeit, Politik und Wissenschaft sind nicht mit letzter Klarheit voneinander zu isolieren, weil die (für das Steuerungsproblem entscheidenden) wissenschaftlichen Informationen unkontrollierbar in die anderen Handlungsbereiche diffundieren und die Problemwahrnehmungen in ihnen beeinflussen. Daraus ergeben sich für die empirische Analyse der politischen Wissenschaftssteuerung unüberwindbare methodische Beschränkungen, die freilich noch nicht zur Aufgabe des ganzen Unternehmens zwingen.

Was für die Wahrnehmung und Formulierung politischer Handlungsprobleme gilt, gilt um so mehr noch für die Transformation dieser Probleme in wissenschaftliche Entwicklungsziele (funktionelle Abhängigkeit der Steuerungsintention von Wissenschaft). Welche Aspekte eines politischen Problems in technische Ansprüche an die Wissenschaft übersetzt werden, hängt (auch) von den möglichen »Angeboten« der Wissenschaft ab. Diese Übersetzung ist daher an die Beteiligung von Wissenschaftlern gebunden. Infolgedessen werden die Problemdefinitionen und somit die sich aus ihnen ergebenden Ansprüche häufig schon in den Kategorien und Interpretationsschemata der disziplinär organisierten Wissenschaften formuliert. Aus dieser Interdependenz von Wissenschaft und Politik erklärt es sich, daß die Versuche einer Steuerung der Wissenschaft kaum je völlig an den Möglichkeiten der Wissenschaft vorbeigehen (van den Daele/Weingart, 1975, S. 154). Auch hier besteht die Schwierigkeit, daß der Bereich von Politik und Verwaltung *real* nicht ohne den Einfluß wissenschaftlicher Informationen zu denken ist und jedem Steuerungsversuch schon immer vielfältige Rückkoppelungs- und Anpassungsprozesse vorausgehen.

Für die Analyse der Steuerung erfordert dies, dem Prozeß der eigentlichen Programmformulierung, den institutionellen Mechanismen wie vor allem den gemischten Beratungsgremien (den sogen. »hybrid communities«) und den in ihnen von seiten der Wissenschaft und der Politik bzw. Verwaltung eingebrachten Problemdefinitionen und Relevanzvorstellungen sowie deren Schicksal im Verlauf des Prozesses besondere Aufmerksamkeit zu schenken. Ein weiterer Teil der Studie ist demgemäß der Analyse der Programmformulierung, der Differenzen zwischen politischen und wissenschaftlichen Problemdefinitionen und ihrer Transformation in das Umweltprogramm gewidmet, um auf diese Weise die spezifisch politischen Steuerungsansprüche zu identifizieren.

Aus der funktionellen Abhängigkeit der Steuerungsintentionen von Wissenschaft ergeben sich die größten Probleme hinsichtlich der Frage, aufgrund welcher Kriterien eine Steuerung als erfolgreich oder gescheitert zu gelten hat. Das naheliegende Kriterium, die »*Lösung* des gestellten Problems«, ist deswegen nicht eindeutig, weil auch ein negatives Ergebnis, d. h. die Feststellung der Unmöglichkeit, das gewünschte Ziel zu erreichen, Resultat einer erfolgreichen Steuerung sein kann. Ein anderes Kriterium könnte die Zeit sein. »Entscheidend ist hier aber nicht die Zeitdauer bis zur Lösung, sondern die Frage, ob die Lösung überhaupt aus einer durch die externe Problemsetzung verursachten speziellen Wissenschaftsdynamik und den in anderen Disziplinen dadurch ausgelösten Entwicklungen folgt oder nicht vielmehr Erkenntnisfortschritten zu verdanken ist, die ganz unabhängig von der politischen Steuerungsintention in Wissenschaftsbereichen, die sich nach eigenen Gesetzen entwickeln, erreicht wird« (van den Daele/Weingart, 1975, S. 155). Maßgeblich für die Bestimmung des Steuerungserfolgs ist also auch nicht die Zeitspanne, sondern vielmehr, ob eine Entwicklung ausgelöst wird, die für die Problemlösung konstitutiv ist.

Die empirische Einlösung dieses Kriteriums ist jedoch nicht ohne weiteres möglich. Phänomenologisch läßt sich feststellen, daß durch politische Programme Zieldefinitionen vorgegeben und Forschungsfelder konstituiert werden, die kategorial von den üblichen Gegenstandsbereichen der Disziplinen abweichen. Diese kategoriale Abweichung wird entweder durch die Berücksichtigung erheblich anderer Objektstrukturen oder erheblich anderer Größenordnungen erzwungen. Die entsprechenden Mutterdisziplinen verlieren damit das Abstraktionsniveau fundamentaler Wissenschaften und werden unter Normen gestellt, die nicht auf die Entdeckung allgemeiner Strukturen, sondern auf die Konstruktion konkreter Lösungen abzielen (vgl. van den Daele/Krohn/Weingart, 1977).Eine letztlich schlüssige Operationalisierung dieses Phänomens ist bislang noch nicht möglich. Wir sind deshalb gezwungen, mit einer ganzen Reihe quantitativer Indikatoren das Phänomen »einzukreisen«. Auf der institutionellen Ebene, auf der

Steuerungswirkungen vor allem anhand von Institutionalisierungen der neuen Problemfelder zu identifizieren sind, kann sinnvoll ohnehin nur die deskriptive Enumeration entsprechender Ereignisse als empirischer Beleg dienen. Auf der kognitiven Ebene stellt sich schließlich ein fundamentales Problem, das den bisher genannten Schwierigkeiten zugrundeliegt und die empirische quantitative »Messung« der Steuerung nur über relativ grobe, »indirekte« Indikatoren zuläßt. Aufgrund des universalistischen Charakters technischen und wissenschaftlichen Wissens läßt sich immer nur *eine* Entwicklungslinie verfolgen, zu der es keine Vergleichsmöglichkeit gibt. D. h., der spezifische Charakter systematischen Wissens erlaubt nicht die »quasi-experimentelle« Situation, in der eine lokal und zeitlich isolierbare Nullinie als Bezug für eine ebenso isolierbare gesteuerte Entwicklungslinie gelten kann. Ganz einfache Antworten sind hier also nicht zu erwarten. Im letzten Teil der Untersuchung wird über eine ganze Reihe von Indikatoren versucht, die Steuerungswirkungen des Umweltprogramms aufzuspüren. Dabei ist zu berücksichtigen, daß zu den prinzipiellen methodischen Schwierigkeiten noch die der Datenlage hinzukommen. Die Indikatorenbildung, soweit mit quantitativen Indikatoren gearbeitet wird, folgt in diesem Forschungsgebiet noch weitgehend den vorhandenen Daten. Quantitative Daten zur Forschungssituation in der Umweltforschung sind jedoch erst seit kürzerer Zeit und nicht immer in für die Beantwortung unserer Fragestellung geeigneter Form verfügbar.

Die kurze Darstellung der theoretischen Probleme der Diskussion um das Verhältnis autonomer und heteronomer Wissenschaft sowie der theoretischen und methodologischen Schwierigkeiten einer empirischen Fallstudie zu dieser Frage, die die Struktur dieser Untersuchung geprägt haben, hat zeigen sollen, daß pauschale Beurteilungen nicht haltbar sind und auch empirische Verallgemeinerungen verfrüht wären. Die wirklichen Zusammenhänge sind viel zu komplex, als daß sie sich leicht erschließen und auf einen einfachen Nenner bringen ließen. Empirische Untersuchungen über die politische Initiierung neuer Forschungsgebiete vermögen denn auch am ehesten eine *schrittweise* Klärung dieser Zusammenhänge zu erreichen. Zugleich hat diese einleitende Darstellung auch zeigen sollen, daß die theoretischen und methodologischen Probleme auch Probleme der Wissenschaftspolitik sind oder ihr doch zumindest unterliegen. Wenngleich also die Untersuchung offenkundig politische Implikationen hat, ist ihr primäres Ziel nicht die Kritik der Umweltpolitik der Bundesregierung. Zu einer solchen Kritik hätte es einer anderen Auswahl und Strukturierung des Materials bedurft. Wo sich dennoch kritische Implikationen ergeben, sind sie vor dem Hintergrund ihrer methodischen und theoretischen Begründung zu bewerten.

I.
Umweltbelastung und Umweltforschung: Zur Geschichte des Umweltproblems

»Der Zustand in der Bundesrepublik Deutschland ist zum Teil besorgniserregend, obwohl hier zum Beispiel Naturschutz und Landschaftspflege, Luft- und Wasserreinhaltung, Abfallbeseitigung und Lärmbekämpfung, aber auch die Kontrolle der Strahlenbelastung sowie Reinhaltung von Lebensmitteln teilweise auf langer, guter Tradition beruhen. Das zeigt sich besonders im Gewerberecht, im Wasserrecht, im Lebensmittelrecht und in zahlreichen technischen Richtlinien, die vorbildlich für andere Länder waren, und spiegelt sich auch im hohen Stand der Umweltschutztechnik wider.« Dieses Zitat aus dem Umweltprogramm der Bundesregierung (1971) ist eine faire und in mehrerlei Hinsicht zutreffende Kennzeichnung des gegenwärtigen Zustandes und seiner Vorgeschichte unter dem Stichwort »Umweltschutz bisher«: Die Nennung des *Naturschutzes* an erster Stelle verweist auf eine relativ alte Bewegung, die vom Umweltschutz (im Sinne der Fülle einzelner Sicherungstechniken gegen Umweltschäden) lange isoliert blieb, im wesentlichen von Nicht-Wissenschaftlern getragen wurde und erst im Zuge des allgemeinen Umweltproblembewußtseins sich als Teil eines umfassenden Umweltschutzes versteht. Neben dem Naturschutz, und kaum jünger, gibt es die Geschichte der klassischen umwelttechnischen Disziplinen, deren Arbeitsgebiete in dem Zitat angesprochen werden und die üblicherweise unter dem Begriff *Umweltschutz*, nämlich Schutz der Umwelt vor schädlichen Auswirkungen der technischen Zivilisation, zusammengefaßt werden. Diese Geschichte des Natur- und Umweltschutzes ist weitgehend eine solche der Symptome und der Symptomkurierung von Umweltproblemen. Demgegenüber verweist der Umstand, daß Grundlagenwissenschaften wie Biologie und *Ökologie* in dem obigen Zitat nicht unter »Umweltschutz bisher« erwähnt werden, indirekt mit Recht darauf hin, daß die Geschichte des Umweltschutzes zumindest lange Zeit von der Geschichte der Ökologie nicht beeinflußt wurde. Für die Gegenwart wird man freilich die These vertreten dürfen, daß der überkommene Umweltschutz (als Integration von Natur- und Zivilisationsschutz) erst durch Verbindung mit der Ökologie jene Basis findet, die den Umweltschutz zur Umweltplanung und -gestaltung erweitert.

Im folgenden soll es zunächst um Naturschutz und Umweltschutz gehen, während die Ökologie einem eigenen, wissenschaftsgeschichtlichen Kapitel vorbehalten bleibt. In beiden Fällen handelt es sich um eine Vorlaufstudie, die zeigen soll, auf welches Wissen und Problembewußtsein bei der wissenschaftspolitischen Programmformulierung zurückgegriffen werden konnte. Mit Rücksicht auf diesen Stellenwert im Gesamtprojekt wie auch aus arbeitsökonomischen Gründen ist es daher nicht nötig, eine breite oder auf Vollständigkeit zielende Geschichte des Umweltschutzes zu schreiben. Vielmehr gilt es, die Hauptlinien der Entwicklung nachzuzeichnen. Der Charakter der Umweltbelastungen (in allen Industrieländern) wie der Umweltschutztechniken (übernationaler Wissensstand) ermöglicht es dabei, Beispiele und Belege aus verschiedenen nationalen Kontexten für die hier zu betrachtenden Entwicklungen heranzuziehen.

Naturschutz

Die Anfänge der Naturschutzbewegung lassen sich bis ins frühe 19. Jahrhundert zurückverfolgen, als die romantische Geisteshaltung in Deutschland zur Entdeckung und Wertschätzung des landschaftlichen, historischen, volkskundlichen und kulturellen Erbes führte und dessen Bewahrung und Pflege (Konservierung) forderte. Man inventarisiert »merkwürdige Bäume« und »erratische Blöcke«, propagiert Landschaftspflege und Naturschutz vor dem Gesamtverein der deutschen Geschichts- und Altertumsvereine, betreibt »Heimatschutz« und »Naturdenkmalpflege« (Schoenichen, 1954). Der Vogelschutz ist ein besonders früh ausgebildeter Zweig des Naturschutzes im engeren Sinne, mit Vereinsgründungen (Deutscher Verein zum Schutz der Vogelwelt, 1875; Bund für Vogelschutz, 1899), Zeitschriften, gesetzlichen Regelungen zum Schutz der Vögel (1888, 1908). Diese Aktivitäten wurden weitgehend getragen von Amateuren, von Lehrern, Schriftstellern, Privatiers, Theologen, Musikern, und von Forstbeamten.

Auch die Geschichte der Naturschutzparks ist älter, als man vielleicht vermuten würde. Als erste deutsche Schutzgebiete werden der Drachenfels im Siebengebirge bei Königswinter (1836) und die

Teufelsmauer im Nordharz (1852) genannt (Schoenichen, 1954). Hier ist die romantische Wurzel noch unverkennbar. Seit den 1870er Jahren machte sich der Einfluß der großen amerikanischen Nationalparks geltend (Yosemite, 1863; Yellowstone, 1872). So sicherte der Botanische Verein zu Landshut ein Reststück der Sempter Heide (1877), und 1886 bildete sich der »Verein zur Rettung des Siebengebirges«, der sein Ziel freilich erst 1922 erreichte. Grundsätzlich nahm der Abgeordnete Wilhelm Wetekam im preußischen Abgeordnetenhaus das Problem der Naturschutzparks auf, als er die Einrichtung einer zentralen staatlichen Stelle forderte (1898). Aus dieser Initiative ging schließlich 1906 die »Staatliche Stelle für Naturdenkmalpflege in Preußen« hervor, deren erster Leiter Hugo Conwentz wurde.

Conwentz stellt unter den frühen Naturschützern insofern eine Ausnahme dar, als er einer der wenigen Biologen ist. Die Hochschullaufbahn war ihm verschlossen, weil er nur das Reifezeugnis einer Realschule hatte und sich daher nicht habilitieren konnte. So arbeitete er als Museumsdirektor in Danzig (Provinzialmuseum für Naturgeschichte) und trieb pflanzengeographische Studien. Der »Nachweis der beachtenswerten und zu schützenden urwüchsigen Sträucher, Bäume und Bestände« für die Provinz Westpreußen in seinem »Forstbotanischen Merkbuch« (1900) wirkte vorbildlich und führte zu Verhandlungen mit dem preußischen Ministerium für Landwirtschaft, Domänen und Forsten sowie zum Auftrag seitens des Kultusministeriums, die abschließende Denkschrift zu der von Wetekam entfalteten Initiative auszuarbeiten. Conwentz legte sie 1904 unter dem Titel »Die Gefährdung der Naturdenkmäler und Vorschläge zu ihrer Erhaltung« vor. 1906 wurde daraufhin jene »Staatliche Stelle für Naturdenkmalpflege in Preußen« eingerichtet, als erste in Europa. Ihre Aufgaben waren Inventarisierung, Erforschung, Überwachung und Beratung. Provinzialkomitees für Naturdenkmalpflege erstreckten sich in alle preußischen Provinzen. Seit 1908 wurden thematisch orientierte Jahreskonferenzen für Naturdenkmalpflege abgehalten, so 1915 zum Schutz der Moore, 1919 zur Erhaltung der Meere. Die Naturdenkmalpflege ging damit allmählich in Naturschutz über (Schoenichen, 1954).

Im 20. Jahrhundert lassen sich mehrere Entwicklungen in der Geschichte des Naturschutzes unterscheiden: (1) Durchsetzung oder Ausbau der nationalen Naturschutzgesetzgebung; (2) Internationalisierung der Naturschutzbewegung; (3) Verwissenschaftlichung des Naturschutzes; (4) Ausweitung des Naturschutzes auf die Kulturlandschaft, oder Integration in den Umweltschutz. Was die nationale Naturschutzgesetzgebung betrifft, so wurde schon auf die frühen Vogelschutzgesetze verwiesen. Im Bereich des Waldes konnten in Preußen naturgemäß die Staatsforsten am schnellsten Gesichtspunkte des Naturschutzes berücksichtigen (1907). Die Bemühungen um eine gesetzliche Regelung des Naturschutzes auch für Privatbesitz schlugen sich 1920 in der Ermächtigung durch das »Feld- und Forstpolizeigesetz« nieder, »Anordnungen zu erlassen zum Schutze von Tierarten, von Pflanzen und von Naturschutzgebieten sowie zur Vernichtung schädlicher Tiere und Pflanzen, und zwar auch für den Meeresstrand und das Küstenmeer« (Schoenichen, 1954). Die erste zusammenfassende reichsgesetzliche Regelung des Naturschutzes für Deutschland erfolgte 1935 im Reichsnaturschutzgesetz, dessen Konzeption konservativ in dem Sinne war, als es »auf die Erhaltung einer naturnahen Landschaft und deren Öffnung für Zwecke der Erholung gerichtet war« (Sonnemann, 1974).

Die Naturschutzbewegung organisierte sich national in einer Fülle von Vereinen und Verbänden auf den verschiedenen regionalen Ebenen. In der Bundesrepublik Deutschland haben sich 1950 ca. 90 derartige Verbände und Vereine (für Naturschutz, Landschaftspflege, Bergwacht, Wandern, Jagd und Fischerei, Tierschutz, biologische Einzeldisziplinen, Heimatkunde) zum Deutschen Naturschutzring e.V. (DNR) zusammengeschlossen, mit 1,5 Mill. Mitgliedern. Zu den frühesten Vereinen dieser Bewegung gehört etwa der Bund Naturschutz in Bayern (1913).

In dieser frühen Zeit liegen auch die Anfänge der internationalen Naturschutzbewegung. So tagte 1909 der erste internationale Kongreß für Landschaftsschutz in Paris (Conwentz präsidierte der ersten Sitzung); 1913 fand die erste internationale Naturschutzkonferenz in Basel statt, mit Conwentz als deutschem Vertreter. Diese Ansätze fanden in der Zwischenkriegszeit offensichtlich keine nennenswerte Fortsetzung, und die Naturschutzbewegung erlebte erst nach 1945 ihren Durchbruch zur »Internationale der Naturschützer« (Nicholson, 1972). Wichtige Organisationen sind die von der UNO bzw. UNESCO initiierte International Union for Conservation of Nature and of Natural Resources (IUCN), 1948 gegründet, und der World Wildlife Fund (WWF), 1961 gegründet. Diese Internationalisierung der Naturschutzbewegung bedeutete für den einzelnen Anhänger, daß er sich für den Naturschutz auch in entfernten Weltgegenden interessierte. Ein bekanntes Beispiel dafür ist die breite Resonanz, die Bernhard Grzimek mit »Kein Platz für wilde Tiere« (1954) und »Serengeti darf nicht sterben« (1959) in Deutschland und darüber hinaus gefunden hat. Die Internationalisierung weckte aber auch unter den beteiligten Fachleuten und Laien zunehmend das Bewußtsein, daß Bedrohungen der natürlichen Umwelt, wo immer sie auftreten, alle angehen; und daß Naturschutz nur international erfolgversprechend organisiert werden kann. Dieses Bewußtsein wurde um so klarer, je mehr der Naturschutz sich verwissenschaftlichte und außerdem auch die Kulturlandschaft einbezog.

Das Verhältnis zwischen Naturschutz und Biologie/Ökologie wird widersprüchlich beurteilt, scheint gespannt oder auch von mangelnder Kooperation geprägt gewesen zu sein. Einerseits wird dem gutmeinenden Naturschützer ein mangelndes Verständnis ökologischer Prinzipien vorgeworfen (Clarke, 1967, S. 19). Andererseits fordert die Britische Ökologische Gesellschaft ihre Mitglieder auf, den britischen Naturschutz (Nature Conservancy, unter Vorsitz von Max Nicholson) zu unterstützen (Ecology and the Industrial Society, 1970, S. 6). Nicholson selbst beklagt mehrfach die lange fehlende Bereitschaft von Biologen und Ökologen, sich für den Bereich des Naturschutzes von der akademischen zur anwendungsorientierten Forschung zu bewegen: Zoologen spielten bei der Organisation des Naturschutzes für große Säugetiere eine viel geringere Rolle als Großwildjäger und nicht-jagende Amateure (Nicholson, 1972, S. 160). Ökologen sind beim Management von Nationalparks nicht nennenswert beteiligt; jahrelang bemühten sich die International Union of Biological Sciences und die IUCN vergeblich, »Ökologen für die ständige Teilnahme an einer eigenen internationalen Arbeitsgruppe zu gewinnen« (ebd., S. 207). Die Ursachen für diese Zustände sieht Nicholson in der Entwicklung der Wissenschaften selbst. Darauf soll im folgenden Kapitel eingegangen werden.

Trotz dieser zeitweiligen wissenschaftlichen Isolierung des Naturschutzes kann jedoch von seiner Verwissenschaftlichung gesprochen werden. Nicholson illustriert das an der Geschichte der Tagungen der IUCN: »Zunächst war die Teilnahme für Fachleute und Laien offen, war ihr Ablauf manchmal verwirrt und verwirrend. Die Bereitschaft, scharfen Resolutionen zuzustimmen, stand in umgekehrtem Verhältnis zur Sachkenntnis. Erst... 1954... wandelten sich die Versammlungen von Enthusiasten aller Art zu mehr technisch orientierten und qualifizierten Begegnungen.« Und 1956 eröffnete Nicholson die Edinburgher Tagung der IUCN mit den Worten: »Wir lassen nun die Periode der Propaganda, der Sentimentalität und der Verallgemeinerungen hinter uns und kommen zu echten Problemen... Vor allem müssen wir die Fakten kennen. Wir dürfen niemals in den Fakten irren. Zweitens müssen wir wissen, was diese Fakten bedeuten; wir müssen sie interpretieren können. Drittens müssen wir partiell planen und vorgehen, um die unter den gegebenen Voraussetzungen bestmöglichen Ergebnisse zu erzielen« (Nicholson, 1972, S. 161 f.). Ein weiterer Beleg für die Verwissenschaftlichung des Naturschutzes und die stärkere Integration von Naturschutz und Ökologie ist die Tatsache, daß im Rahmen des Internationalen Biologischen Programms (IBP) neben verschiedenen ökologischen Forschungsprogrammen auch eines zum Naturschutz durchgeführt wurde (Nicholson, 1972, S. 187).

Die zunehmende Verbindung von Ökologie und Naturschutz, wie sie für den Bereich der Meeresbiologie am frühesten gegeben war, ist jedoch nicht nur unter dem Aspekt der Verwissenschaftlichung des Naturschutzes zu betrachten. Vielmehr ist auf den Zusammenhang zu verweisen zwischen verwissenschaftlichem Naturschutz und dessen Ausweitung auf Umweltschutz. So kümmerte sich die IUCN nicht nur um Großwild in Afrika und Walfang, feuchte Landschaften und Wildgeflügel in Europa, sondern auch um die Ölverseuchung der Weltmeere und den Einsatz von Insektiziden und Herbiziden in der Landwirtschaft (schon 1949). Gerade im Fall der Schädlingsbekämpfung und Pflanzenschutzmittel (Saatbeizen) sieht Nicholson, jedenfalls für England, einen »entscheidenden Sieg für den wissenschaftlichen Naturschutz«, weil es hier Nature Conservancy gelang, das Verbot bestimmter Beizen bei der Frühjahrsaussaat zu erreichen (Nicholson, 1972, S. 178 f.). Und derartige Umweltprobleme waren es ja bekanntlich, die in den 1960er Jahren zu einer starken Mobilisierung des Umweltproblembewußtseins führten, man denke nur an Rachel Carsons Bestseller »Der stumme Frühling« (1962).

Seit dieser Zeit spätestens konnte und mußte der traditionelle Naturschutz sich als Teil des gesamten Umweltschutzes verstehen.

Der Deutsche Naturschutzring nennt sich im Untertitel »Bundesverband für Umweltschutz« und richtet Arbeitskreise für »technischen und hygienischen Umweltschutz« sowie für »ökologischen Umweltschutz, Landesplanung und Landschaftspflege« ein. Der Bund Naturschutz in Bayern gründet eine »Gruppe Ökologie« (1972). Mit dem »Europäischen Naturschutzjahr« (1970), vom Europarat initiiert, wird allgemein die »große Wende im Naturschutz« (Weinzierl, 1970) als vollzogen angesehen, die Wende vom romantischen Konservieren natürlicher Inseln zum lebenswichtigen und lebenserhaltenden Umweltschutz (Illies, 1973). So heißt es in der Europäischen Naturschutz-Deklaration (Barthelmeß, 1972, S. 11 f.):

Präambel

Jeder Bewohner Europas kann heute die beunruhigenden Zeichen der Verunreinigung, Zerstörung und Bedrohung seiner Umwelt sehen. Die natürliche Umwelt leidet unter der unkontrollierten und wahllosen Nutzung des Raumes und unter der unvernünftigen Ausbeutung der Naturschätze. An vielen Orten ist der Boden der Erosion ausgesetzt, das Wasser für viele seiner Verwendungszwecke unbrauchbar, die Luft gefährlich verschmutzt, das Landschaftsbild verunstaltet, die wildlebende Tierwelt vom Aussterben bedroht, nehmen Abfallprodukte aller Art in steigendem Maße zu und ist das biologische Gleichgewicht zerstört.

Grundsätzliches

1. Die Natur versorgt den Menschen mit Hilfsquellen und Annehmlichkeiten, die für sein materielles Wohlergehen, sein körperliches und geistiges Wohlbefinden und sein geistig-seelisches Leben notwendig sind. Diese Schätze der Natur müssen im Rahmen der natürlichen Vorgänge und des natürlichen Gleichgewichts genutzt werden.

2. Angesichts des Bevölkerungswachstums und des technischen Fortschritts sind die vernünftige Nutzbarmachung und der vernünftige Gebrauch dieser Schätze unbedingt notwendig geworden. Zur Lösung dieser Probleme ist es unerläßlich, eine wissenschaftliche Methode anzuwenden, die sich auf die Ökologie stützt und mit deren Hilfe unsere Umwelt so geformt wird, daß sie die Bedürfnisse dieser und künftiger Generationen deckt. Diese Methode muß bei der Auswahl von Alternativen und bei Entscheidungen, die sich auf die natürliche Umgebung auswirken, ausschlaggebend sein.

3. Die Kosten der Erhaltung der natürlichen Umgebung und die Kosten der Nicht-Erhaltung sollten einander zum Vergleich gegenübergestellt werden.

4. Bei der Planung der Nutzung des Bodens und der Naturschätze ist auf die Erhaltung einer möglichst großen Vielfalt zu achten, denn nur dies sichert die Beständigkeit und Qualität der Umwelt.

5. In Europa und in anderen hochindustrialisierten Gebieten stellen sich in bezug auf die Umwelt gegenwärtig folgende Hauptprobleme:

I. Gestaltung der natürlichen Umgebung und Nutzbarmachung der Naturschätze;

II. Beseitigung und Wiederverwendung der Neben- und Abfallprodukte der modernen Gesellschaft; der Wiederverwendung von Neben- und Abfallprodukten ist besondere Beachtung zu schenken;

III. Gebrauch giftiger Erzeugnisse.

6. Diese Probleme können nur dann gelöst werden, wenn sich jeder Europäer dessen bewußt wird, was auf dem Spiel steht und sich persönlich für die Umwelt, die auch die seine ist, verantwortlich fühlt.

In der Bundesrepublik Deutschland wurde die »große Wende im Naturschutz«, die Integration von Natur- und Umweltschutz auf ökologischer Grundlage, 1961 mit der »Grünen Charta von der Mainau« eingeleitet. Sie fordert eine Umweltplanung und -gestaltung, die auf den realistischen Ausgleich biologischer, ökologischer, ökonomischer und sozialer Gesichtspunkte zielt. Von dieser Position aus rechnet sich der deutsche Naturschutz zu den geistigen Ahnherren auch des Umweltprogramms der Bundesregierung (Sonnemann, 1974), und das Programm spricht von der langen, guten Tradition des Naturschutzes.

Umweltschutz

Vom Naturschutz läßt sich eine Tradition des Umweltschutzes unterscheiden, die ebenfalls bis ins 19. Jahrhundert zurückreicht, aber nicht auf die (noch) unberührte Natur und deren Erhaltung zielte, sondern auf den Bereich der menschlichen Zivilisation: auf die Kulturlandschaft im Einflußbereich von *Land- und Forstwirtschaft* und auf die vielfältigen Dimensionen der Technosphäre im Einflußbereich der Industriewirtschaft. Die größte Nähe zum alten Naturschutz (und auch zum Arbeitsgebiet einer anwendungsorientierten Ökologie) weisen zweifellos die Bemühungen zur Erhaltung der *Kulturlandschaft* auf, und der angelsächsische Terminus »conservation« läßt die Trennung von Natur- und Umweltschutz auch gar nicht zu.

Es ist nun gerade auch die Neue Welt, in der »conservation« nicht nur die ersten Nationalparks zuwegebrachte, sondern sich frühzeitig und vehement der Bodennutzung durch den Menschen zuwandte. Als »Ursprung der conservation Bewegung« gilt das 1864 veröffentlichte Buch »Man and Nature; or, Physical Geography as modified by human action« (Marsh, 1965, Einleitung, S. IX). Sein Verfasser, George Perkins Marsh, war ein vielseitig begabter und interessierter Mann (Rechtsanwalt, Politiker, Geschäftsmann, Sprachwissenschaftler und Diplomat), aber kein Biologe. Sein Thema ist der Raubbau am Boden durch Ausrottung von Wäldern (mit den Folgen der Erosion), durch Überweidung und zu ehrgeizige Landwirtschaft. Damit, und auch mit der historischen Vertiefung bis zur römischen Zeit, begründete Marsh ein Muster literarisch-wissenschaftlicher Argumentation, das bis zu den frühen Warnschriften nach 1945 reicht, etwa Fairfield Osborn, »Our Plundered Planet«, 1948. Dazwischen liegen vielfältige Bemühungen, die Nutzung des Bodens wissenschaftlich und politisch in den Griff zu bekommen, besonders unter den Präsidentschaften der beiden Roosevelt (Hays, 1959). Die 1930er Jahre sind zweifellos ein Höhepunkt in dieser Hinsicht, und die nationale Konzentration der Kräfte im Tennessee Valley Project verband erstmalig Wirtschafts- und Sozialpolitik mit Natur- und Landschaftspflege auf höchster Prioritätsstufe. Ein National Resources Committee veranlaßte und publizierte Studien zu »Soil Erosion« (1935) und »Farm Tenancy« (1937). Diese Themen blieben auch weiterhin aktuell: H. H. Bennett, »Soil Conservation« (1939); A. E. Parkins und J. R. Whitaker, »Our Natural Resources and their Conservation« (1939); G. V. Jacks and R. I. Whyte, »The Rape of the Earth. A World Survey of Soil Erosion« (1939); und das genannte Buch von Osborn (1948) (nach Kapp, 1958, und Nicholson, 1972).

Eine neue Dimension gewann das Problem des landwirtschaftlichen Umweltschutzes mit dem verstärkten Einsatz der Agrikulturchemie und deren Nebenwirkungen. Dabei konzentrierten sich die Diskussion und die alarmierenden Appelle nicht auf die (im 19. Jahrhundert einsetzende) zunehmende Verwendung von Kunstdünger, sondern auf die zweite Quelle landwirtschaftlicher Ertragssteigerung durch Chemie: die *Schädlingsbekämpfung*. Dieses Thema wurde nach 1945 aktuell, wie die Produktionsziffern für das bekannte Pestizid DDT deutlich machen können: sie stiegen für die USA von 15000 Tonnen (1945) auf 81000 Tonnen (1963) (Man's Inpact, 1972, S. 132). Schon 1949 beschäftigte sich, wie erwähnt, die IUCN mit den nachteiligen Folgen einer verbreiteten Anwendung von Insektiziden und Herbiziden in der Landwirtschaft. Warnende Stimmen in den 1950er Jahren wiesen auf unbeabsichtigte Nebenfolgen von Insektiziden hin (Demoll, 1954). Vogelsterben und Rückgang der Fischbestände in den Seen waren die ersten sichtbaren Zeichen. Insbesondere gelang es allerdings der eindringlichen Dramatik einer Biologin mit starker schriftstellerischer Begabung, die Öffentlichkeit nachhaltig zu alarmieren. Rachel Carson hatte schon seit 1941 mehrere Bestseller zum Thema »Geheimnisse des Meeres« veröffentlicht, während sie als Redakteurin am »Fish und Wildlife Service« arbeitete. Seit 1958 beschäftigte sie sich mit der chemischen Schädlingsbekämpfung. Anlaß dafür war, daß sie von einer Freundin um Hilfe gebeten wurde, nachdem deren privater Vogelschutzpark durch vom Flugzeug versprühte Moskito-Pestizide schwer gelitten hatte. Carson mußte feststellen, daß man in Washington (Landwirtschaftsministerium) zu dieser Zeit (noch) so stark vom Segen des massierten Einsatzes von Bioziden überzeugt war, daß demgegenüber ein privater Bürger machtlos war. Es bedurfte daher eine Bewußtseinsänderung, die nur durch eine Kombination von Sachkunde und Publizität zu erreichen war. Deshalb wandte sich Carson an die Zeitschrift »The New Yorker« und erreichte, daß eine entsprechende Artikelserie von ihr publiziert wurde. Aus diesen Anfängen entstand ihr »Stummer Frühling« (1962). Die Reaktion war stürmisch und naturgemäß zwiespältig, weil ein Zielkonflikt zwischen biologischen und ökonomischen Gesichtspunkten berührt war, aber seit dieser Zeit war es jedenfalls nicht mehr möglich, eine Abwägung der *beiden* Gesichtspunkte zu umgehen. Und schon der 1963 veröffentlichte Pestizid-Report der Kennedy-Administration sprach sich offiziell für eine Reduzierung der Schädlingsbekämpfungsmittel und besonders gegen die Verwendung von nicht-abbaubaren Mitteln aus (Graham, 1971). Die Produktion von DDT ging in den USA von 81000 (1963) auf 56000 Tonnen (1964) zurück und stagniert seitdem.

Am Beispiel von DDT hatte man den Mechanismus der sogen. Nahrungskette studieren können: geringste Konzentrationen (gemessen in ppm, parts per million) wachsen an, wenn die ursprünglichen Träger des Biozid (Saatgut, Wasser) von Kleintieren aufgenommen werden (Insekten, Krabben), diese von Kleintierfressern (Vögeln, Fischen), diese von deren Räubern (Patterns und Perspectives, 1972, S. 356). Mit genau diesem Problem wurde man auch bei der menschlichen *Ernährung* selbst konfrontiert, und so ist es nicht verwunderlich, daß kein Bereich des weiten Feldes »Umweltschutz« so sehr das öffentliche Problembewußtsein mobilisierte wie die direkten Schädigungen der menschlichen Gesundheit. Bestand die Gefahr, daß der Mensch in der landwirtschaftlichen Nahrungsproduktion durch Biozide, aber auch durch Konservierungsmittel und Farbstoffe lebensgefährliche »Lebensmittel« herstellte? Herber und Ohly bejahten diese Fragen 1955 in ihrem gleichnamigen Buch. Aber auch hier waren erst dramatische Ereignisse notwendig, um zu zeigen, daß auch eine ganz außerhalb von Landwirtschaft und Lebensmittelindustrie liegende Umweltbelastung schließlich bis auf die physische Existenz des Menschen durchschlagen kann. Im Bereich der Ernährung ist dabei besonders an die tödlichen und lebensgefährdenden Vergiftungsfälle zu denken, die durch den Genuß von Fischen mit hoher Quecksilberkonzentration auftraten (Minamata-Bucht, Japan; Irak). Hier erreichte Quecksilber als industrielles Abfallprodukt über die Nahrungskette den Menschen. Noch früher lagen die spektakulären Todesfälle durch hochgradige Luftverschmutzung bei Inversionswetterlagen über Großstädten (Donora/Pennsylvania, 1948; London, 1952). Aber auch die riesige Ölverseuchung des Meeres durch den Untergang der »Torrey Canyon« (1967) machte deutlich, daß Umweltschutz nicht beschränkt werden konnte auf den unmittelbaren Schutz der menschlichen Gesundheit, sondern das Wechselverhältnis der verschiedenen einzelnen Umweltbelastungen unter einer langfristigen Perspektive würde beachten müssen.

Land- und Forstwirtschaft, Schädlingsbekämpfung und Ernährung sind Stichworte für die Umweltprobleme im agrarischen Bereich unter den Bedingungen einer industriellen Wirtschaft. Die fortschreitende Industrialisierung hat freilich ihre eigene Geschichte der spezifischen Umweltbelastungen sowie des *technischen und hygienischen Umweltschutzes*. Es sind gerade die mit Industrialisierung irgendwie verbundenen Aspekte von Umweltschutz, die man im allgemeinen mit diesem Begriff assoziiert. Einzelne Aspekte dieses Umweltschutzes reichen sogar bis in die vorindustrielle Zeit zurück. Man denke an den Zusammenhang von Gesundheitsfürsorge und Gewerbeordnung. Hier fand die staatliche Aufsicht, die sich etwa in den Arzneimittel-Kommissionen der preußischen Regierung seit 1798 dokumentiert, ihre Fortsetzung in dem 1876 gegründeten Kaiserlichen Gesundheitsamt, dessen erste Reichskompetenz in der Abfassung der »Reichs-Pharmakopöe«, dem Deutschen Arzneibuch, bestand (Hickel, 1974 und 1976). Mit dem Problem der Volksgesundheit und Hygiene in den schnell wachsenden Großstädten befaßten sich Männer wie Max von Pettenkofer (1818-1901), nach dem heute ein Institut des Bundesgesundheitsamtes benannt ist. Nach 1900 rückten immer mehr die mittlerweile klassischen Fragen der Luft- und Wasserreinhaltung in den Mittelpunkt.

So konstituierte sich im Jahre 1901 der »Verein zur Bekämpfung der Volkskrankheiten im Ruhrkohlengebiet« und errichtete 1902 in Gelsenkirchen das »Hygienische Institut des Ruhrgebiets«, das sich besonders auf dem Gebiet der Wasserhygiene hervortat (Fünfzig Jahre Hygienisches Institut, 1952; Althaus u. a., 1968, S. 5 ff.). Unterstützt wurde diese wissenschaftliche Tätigkeit nicht nur durch den »Verein« als Träger des Instituts, sondern auch indirekt durch die verschiedenen Zweckverbände im Ruhrgebiet: die Emschergenossenschaft (1904) für die Abwässerprobleme und Kläranlagen; den Ruhrtalsperrenverein (1899, 1913 als Körperschaft öffentlichen Rechts) für die Wasserbevorratung. Schließlich übernahm der bekannte Siedlungsverband Ruhrkohlenbezirk (1920), der »erste deutsche raumordnungsbezogene Sonderverband auf regionaler Stufe«, in umfassender Weise Aufgaben der Landschaftspflege, war insbesondere erfolgreich in der Sicherung und Schaffung eines stadtnahen Erholungswaldes. Auf Initiative des Ruhrsiedlungsverbandes verabschiedete der preußische Landtag 1922 das »Gesetz zur Erhaltung des Baumbestandes und Erhaltung und Freigabe von Uferwegen im Interesse der Volksgesundheit« (Siedlungsverband Ruhrkohlenbezirk, 1970, S. 13, 17).

Auf dem Gebiet der Luftreinhaltung finden sich die ersten ausführlichen Bestimmungen in der Gewerbeordnung von 1869, die ausdrücklich von der Notwendigkeit spricht, das Publikum gegen belästigende Einflüsse zu sichern und die Möglichkeit städtischen Zusammenlebens aufrechtzuerhalten (Althaus u. a., 1968, S. 8). Seit der Jahrhundertwende reißt die Kontinuität wissenschaftlicher Beschäftigung mit dem Problem der Luftverschmutzung nicht mehr ab. Eine kleine Bibliographie zur Luftreinhaltung mag das illustrieren; die Titel sind weitgehend dem frühen Versuch des

Ökonomen K. William Kapp entnommen, die volkswirtschaftlichen Kosten der mit kapitalistischer Produktionsweise verbundenen Umweltbelastung zu bestimmen (Kapp, 1950).

1913: University of Pittsburgh, Mellon Institute of Industrial Research, Smoke Investigation
Bulletin No. 3: Psychological Aspects of the Problem of Atmospheric Smoke Pollution
Bulletin No. 4: The Economic Cost of Smoke Nuisance to Pittsburgh
Bulletin No. 5: The Meteorological Aspects of the Smoke Problem
Bulletin No. 6: Papers on the Effect of Smoke on Building Materials

1918: Manchester Air Pollution Advisory Board (studiert Luftverunreinigung, indem die Waschkosten pro Haushalt zwischen Manchester und Harrogate verglichen werden)

1923: J. Stoklasa: Die Beschädigung der Vegetation durch Rauchgase und Fabrikexhalationen, Berlin.

1925: W. N. Shaw/J. S. Owens: The Smoke Problems of Great Cities, London.

1927: H. Cristiani/J. Stoklasa: The Loss to Agriculture Caused by Factory Fumes, Rom (International Institute of Agriculture).

1930: J. E. Ives: A Study of the Loss of Light due to Smoke on Manhattan Island, New York City, during the Year 1927 (U.S. Public Health Service. Studies in Illumination, Public Health Bulletin No. 197).

1933: J. R. Ashworth: Smoke and the Atmosphere, Manchester.
H. B. Meller/M. E. Warga: Effects of Air Contaminants on the Natural Light of Cities (American Journal of Public Health, 23).
H. Obermeyer: Stop That Smoke, New York.

1935: H. B. Meller/L. B. Sisson: The Municipal Smoke Problem, Pittsburgh.

1936: J. E. Ives/R. R. Sayes: City Smoke and its Effects (U.S. Public Health Reports, Bd. 51).
F. E. Smith: Coal, Power, and Smoke (The Journal of the National Smoke Abatement Society, 7).

1949: Air Pollution in Donora, Pa. (Public Health Bulletin No. 306).

Nach dem 2. Weltkrieg war es in der Bundesrepublik Deutschland die VDI-Kommission »Reinhaltung der Luft« (1958), in der sich einschlägiger Sachverstand organisierte. Die Kommission vergab allein im Zeitraum 1958-1968 über 100 Forschungsvorhaben; ihre Ergebnisse werden in Richtlinien niedergelegt, um »Gesetz und Verwaltung die Grundlagen zu geben und gleichzeitig die Planer und Betriebsingenieure zu beraten.« Die selbstgesetzten Aufgaben werden dabei, in einer Stellungnahme zur Vorbereitung des Bundesberichts Forschung II (1968), folgendermaßen umrissen (Althaus u. a., 1968, S. 9):

»Meßmethoden zu entwickeln, um die Konzentrationen der Schadstoffe in den Abgasen und in der Atmosphäre zu ermitteln,

- die Ausbreitungsvorgänge zu erkennen, die den quantitativen Zusammenhang zwischen den Emissionen und der Konzentration in der Atemzone, der sogenannten Immission liefern,
- Konzentrationsbereiche zu umschreiben, in denen Schäden mit Sicherheit eintreten oder in denen Schäden noch möglich sind,
- Verfahren zur Emissionsbegrenzung zu entwickeln; diese können die Produktionsverfahren selbst betreffen oder dazu dienen, Abgase von Staub und belästigenden oder schädlichen flüssigen oder gasförmigen Stoffen zu reinigen;
- Grenzwerte für die Emission luftverunreinigender Stoffe und für die Immission zu ermitteln und schließlich
- die Bedingungen für eine günstige Verteilung und Verdünnung der emittierten Stoffe zu erkunden (Bestimmung von Schornsteinhöhen).«

Parallel zu der VDI-Kommission »Reinhaltung der Luft« gibt es seit 1965 die VDI-Kommission »Lärmminderung«, die aus dem 1956 gebildeten Ausschuß »Technische Lärmabwehr« der VDI-Fachgruppe Schwingungstechnik hervorgegangen ist. Ein Überblick über die bis 1970 veröffentlichten Richtlinien kann die Tätigkeit dieser VDI-Kommission verdeutlichen (Fünfter Sachbericht, 1970, S. 9 ff.):

VDI 2058, Blatt 1 (Entwurf)	»Beurteilung von Arbeitslärm in der Nachbarschaft« (August 1968)
VDI 2058, Blatt 2	»Beurteilung von Arbeitslärm am Arbeitsplatz hinsichtlich Gehörschäden« (Oktober 1970)
VDI 2550	»Lärmabwehr im Baubetrieb und bei Baumaschinen« (September 1966)
VDI 2560	»Persönlicher Schallschutz« (Juli 1968)
VDI 2561	»Die Geräuschemission von Gesenk- und Freiformschmieden und Maßnahmen zu ihrer Minderung« (Juli 1968)
VDI 2562 (Entwurf)	»Schallmessungen an Bahntunneln« (August 1967)

VDI 2563	»Bestimmen der Geräuschanteile von Straßenfahrzeugen mit Verbrennungskraftmaschinen« (Oktober 1970)
VDI 2564	»Lärmminderung bei der Blechbearbeitung«
Blatt 1 (Entwurf)	– Übersicht – (August 1969)
Blatt 2 (Entwurf)	– Pressen – (August 1969)
Blatt 3 (Entwurf)	– Transporteinrichtungen (April 1970)
VDI 2566 (Entwurf)	»Lärmminderung an Aufzugsanlagen« (Dezember 1969)
VDI 2567 (Entwurf)	»Schallschutz durch Schalldämpfer« (Dezember 1969)
VDI 2571 (Entwurf)	»Schallabstrahlung von Industriebauten« – »Nachbarschaftsschutz« – (April 1970)
VDI 2572 (Entwurf)	»Die Geräuschemission von Textilmaschinen und Maßnahmen zu ihrer Minderung« (August 1969)
VDI 2712	»Geräusche in Betrieben der Steine- und Erden-Industrie und Maßnahmen zu ihrer Minderung«
Blatt 1	– Allgemeines – (Dezember 1969)

Wasser- und Luftreinhaltung sowie Lärmminderung stehen hier stellvertretend für die breite Palette von Umweltproblemen im urban-industriellen Kontext. Schon 1950 reichte das einschlägige Material dem deutsch-amerikanischen Ökonomen Kapp aus, um in seinem erwähnten Buch die volkswirtschaftlichen Kosten folgender »Spezies« von Umweltbelastungen zu erfassen: Berufskrankheiten; Luft- und Wasserverschmutzung; Ausrottung von Tieren; Erschöpfung der Energiequellen; Erschöpfung des Bodens. Von dieser Art nüchterner, rechnender Analyse scheint ein Weg zu den Studien des Club of Rome zu führen, in denen die Umweltbelastung ja auch eine Variable der »Grenzen des Wachstums« darstellt. Eine im Ton ganz andere, kulturkritisch gewendete Zusammenfassung der verschiedenen Umweltbelastungen und deren Rückwirkungen auf den Menschen legte Reinhard Demoll 1954 unter dem mahnenden Titel »Ketten für Prometheus« vor. Demoll, Zoologe, Leiter der Bayerischen Biologischen Versuchsanstalt, Begründer der Gesellschaft für Ernährungsbiologie, spannte den Bogen vom Raubbau am Boden über die (ihm besonders wichtige) Wasserverschmutzung, den Schutz der Tierarten, die Schädlingbekämpfung, die Tierernährung und -züchtung bis zur Radioaktivität, um sich dann den Zivilisationskrankheiten des Menschen zuzuwenden. Sein Buch erlebte drei Auflagen (1954, 1957, 1960). In dieser Zeit, also nach dem zweiten Weltkrieg, nahm freilich die Umweltverschmutzung erst mit jenen beunruhigenden Wachstumsraten zu, die eine immer stärkere und genauere wissenschaftliche Erforschung und Abwehrstrategie auf den Plan riefen.

Aus der Vielzahl der Studien zu diesem Prozeß soll hier nur eine vorgestellt werden, die über mehrere Vorzüge verfügt: Sie erfaßt einen Zeitraum von etwa 20-25 Jahren (zwischen 1945 und 1970) und dokumentiert damit die Wachstumsvorgänge, was angesichts des weitgehenden Fehlens von Zeitreihen zur Umweltbelastung eine große Ausnahme darstellt; sie bezieht eine Reihe wichtiger »Umweltverschmutzer« (pollutants) aus Landwirtschaft und Industrie ein; und sie zerlegt die jeweiligen Gesamtmengen an Umweltbelastung in verschiedene quantitative Ursachen-Komponenten. Der Titel knüpft an Kapp an, nur daß hier nicht der Ökonom nach den volkswirtschaftlichen Kosten der Umweltbelastung, sondern der Biologe und Ökologe nach den »Umweltkosten« des Wirtschaftswachstums fragt: Barry Commoner, »The Environmental Cost of Economic Growth« (1972). Da es (auch für die USA) an Zeitreihen zur jeweiligen *Konzentration* von »pollutants« in der Umwelt fehlt, geht Commoner von der (nachgewiesenen oder berechenbaren) jährlichen *Emission* von »pollutants« im Zuge von Produktion und Konsumtion wirtschaftlicher Güter aus. Er konstruiert einen Umweltbelastungsindex, der sich aus drei Komponenten zusammensetzt: (1) Bevölkerungszahl; (2) Produktion/Konsumtion des jeweiligen (die Umwelt belastenden) Wirtschaftsgutes pro Kopf (z. B. Getreideproduktion pro Kopf); (3) Emissionsmenge des jeweiligen »pollutant« pro Einheit des betrachteten Wirtschaftsgutes (z. B. Stickstoffdünger pro Getreideproduktionseinheit). Mit diesem Umweltbelastungsindex kann Commoner die z. T. riesigen Zunahmen an Emissionen von umweltschädigenden Stoffen oder Stoffen mit solchen Nebenwirkungen quantitativ auf drei Quellen zurückführen: den Anstieg der Bevölkerung; den Anstieg des Pro-Kopf-Verbrauchs; und, als Residualgröße, die Art der verwandten Produktionstechnologie, oder, als Prozeßgröße, das Ausmaß des technologischen Fortschritts, der Ablösung älterer Technologien durch neuere (Tabelle 1).

Tabelle 1
Wachstum (in Prozent) der Umweltbelastung in den USA, 1945–1970

Emission	Zeitraum	Belastungsindex (Anfangsjahr = 100)	Komponenten		
			Bevölkerung	Verbrauch	Technologie
Stickstoffdünger	1949–1968	648	34	11	405
Pestizide	1950–1967	267	30	5	168
Synthetische Waschmittel	1946–1968	1 845	42	0	1 270
Einweg-Bierflaschen	1950–1967	595	30	5	408
Stickstoffoxyde (Kfz-Verkehr)	1946–1967	630	41	100	158
Benzinblei	1946–1967	415	41	100	83

Nach: Barry Commoner: The Environmental Cost of Economic Growth (1972).

Commoner interpretiert diese Zahlen dahingehend, daß, abgesehen von dem großen Zuwachs der Autokilometer pro Kopf, der Verbrauchszuwachs nur einen kleinen bis sehr kleinen Anteil an der wachsenden Umweltbelastung rechnerisch »verursache«. Demgegenüber geht diese Umweltbelastung meist bis zu 80 oder 90 % auf technologischen Wandel zurück, ein Wandel, der sich im wesentlichen kennzeichnen lasse als Ersatz älterer Produkte und Aktivitäten mit negativen Wachstumsraten (Seife, Baumwolle und Wolle, Gummi, Milch, Eisenbahnverkehr) durch neuere Produkte und Aktivitäten mit steilen Zuwachsraten (Synthetische Fasern, Plastik, synthetische Waschmittel, Aluminium, Zement, Lastkraftwagenverkehr, Kunstdünger, Einwegflaschen). Dieser Ersatz ist im wesentlichen mit einer konstanten oder nur geringfügig steigenden Wirtschaftsproduktion pro Kopf verbunden, gleichzeitig aber mit sekundären Folgen dieser neuen Technologien: dem großen Verbrauch von synthetischen organischen Chemikalien, dem damit verbundenen großen Bedarf an Chlor und an Quecksilber (für die Elektrolyse von Chlor). Diese Argumentation mündet in die (keineswegs überraschende) These, daß die moderne Technologie (der Nachkriegszeit) die Hauptursache der gegenwärtigen Umweltkrise sei: »Produktionsaktivitäten mit intensiven Auswirkungen auf die Umwelt haben solche mit weniger ernsten Auswirkungen ersetzt; der Wachstumsverlauf war kontraökologisch« (Commoner, 1972, S. 63).

Von diesem Punkt der Diagnose sind die verschiedenen Aufgaben des Umweltschutzes und der Umweltforschung für jede entwikkelte Industrienation klar vorgeschrieben: (1) Technischer Umweltschutz, von Abwehrmaßnahmen über die Verringerung der Emissionsmengen bis zur Entwicklung neuer, umweltfreundlicher Technologien. (2) Medizinisch-hygienischer Umweltschutz, von der unmittelbaren Therapie über die präventive zur Erstellung von Orientierungsdaten. (3) Ökologischer Umweltschutz, von der Erhebung der tatsächlichen Belastung der Umwelt über die Erforschung von Belastbarkeitsgrenzen zu Funktions- und Kausalanalysen in den verschiedensten Mikrobereichen, schließlich zu Ökosystemanalysen höherer Komplexität.

Umweltforschung in der BRD

Es ist zu fragen, auf welchen Stand an Aktivitäten und Institutionen auf dem Gebiet der Umweltforschung die deutsche Bundesregierung zurückgreifen konnte, als sie, im Zuge des in den späten 1960er Jahren sich allgemein durchsetzenden Umweltproblembewußtseins, Umweltschutz und Umweltforschung zu nationalen Prioritäten erklärte. Um das Hauptergebnis vorwegzunehmen: Die Durchsicht verschiedener Materialkomplexe vermittelt den Eindruck, daß der technische sowie der medizinisch-hygienische Umweltschutz relativ gut entwickelt waren, der ökologisch-biologische weniger. Dieser Tatbestand korrespondiert mit dem bisherigen Bild zur Geschichte des Umweltschutzes; und er macht verständlich, daß die Federführung für das Umweltprogramm bei dem für Sicherheitsfragen zuständigen Innenministerium lag.

Ein sich anbietender Ausgangspunkt ist die 1971, also nach der Regierungserklärung von 1969 und dem Sofortprogramm der Bundesregierung zum Umweltschutz (1970) vorgelegte Darstellung der Deutschen Forschungsgemeinschaft (DFG): »Umweltforschung. Aufgaben und Aktivitäten der DFG 1950 bis 1970.« Die hier dokumentierte deutsche akademische Umweltforschung der Nachkriegszeit läßt sich in einigen Tabellen zusammenfassen (Tabellen 2 bis 5).

Tabelle 2
Kommissionen der DFG auf dem Gebiet der Umweltforschung, 1950–1970

1951	Lebensmittel-Farbstoffe
1952	Lebensmittelkonservierung
1953	Berufskrebs
1954	Lebensmittelbleichung
1955	Silikoseforschung
1955	gesundheitsschädliche Arbeitsstoffe
1956	Wasserforschung
1958	Ernährungsforschung
1960	Pflanzenschutzmittel
1960	Ozeanographie
1961	Lebensmittel-Fremdstoffe
1962	Lärmforschung
1962	Luftverunreinigung
1963	Tierernährung-Zusatzstoffe
1963	Teratologische Fragen (Mißbildungen)
1964	Mutagenitätsprüfung
1967	Medizin. Epidemiologie und Sozialmedizin
Dazu:	
1959	Forschergruppe Präventivmedizin
1965	Schwerpunkt Experimentelle Ökologie
1966	Schwerpunkt Chronische Bronchitis und Staubbelastung am Arbeitsplatz
1970	Schwerpunkt Quantifizierung der Sozialfunktionen des Waldes

nach: Umweltforschung. Aufgaben und Aktivitäten der DFG 1950 bis 1970 (1971).

Tabelle 3
Finanzielle Schwerpunkte der von der DFG geförderten Umweltforschung, 1950–1970

Forschungsgebiet	Millionen DM
Ozeanographie	55
Wasserforschung	37
Ernährungsforschung	30
Luftverunreinigung	12,5
Teratologische Fragen	11
Silikoseforschung	8
Präventivmedizin	6
Mutagenitätsfragen	5
Lärmforschung	4
Staubbelastung am Arbeitsplatz	3
Experimentelle Ökologie	2,5

nach: Umweltforschung. Aufgaben und Aktivitäten der DFG 1950 bis 1970 (1971).

Tabelle 4
Die wissenschaftlichen Disziplinen der Mitglieder in den Kommissionen der DFG für Umweltforschung, 1950-1970

I. *Lebensmittel, Pflanze, Tier; Mensch (Ernährung, Krebs, Silikose, Teratologie, Mutagenität, Lärm)*

a) *Grundlagen – Naturwissenschaften*
Chemie
  Analyt. Chemie
  Physikal. Chemie
  Organ. Chemie
  Biochemie
  Physiolog. Chemie
Pharmakologie
Toxikologie
Biologie
  Zoologie
  Mikrobiologie
  Genetik
  Humangenetik
Physiologie
Physik
  Techn. Physik
  Akustik

b) *Angewandte Naturwissenschaften*
Lebensmittel und Ernährung:
Lebensmittelchemie
Fettchemie
Lebensmitteltechnologie
Lebensmitteltoxikologie
Lebensmittelhygiene

Lebensmittelmikrobiologie
Ernährungsphysiologie
Ernährungswissenschaft
Ernährungsindustrie
Lebensmittelindustrie
Chem. Industrie
Milchwirtschaft
Pflanze:
Pflanzenernährung
Phytopathologie
Pflanzenschutz
Forstbotanik
Tier:
Angewandte Zoologie
Veterinärpharmakologie
Tierhygiene
Tierpathologie
Tierernährung
Tierzucht
Kleintierzucht
Versuchstierkunde
Fischverarbeitung

c) *Medizin*
Innere Medizin
Anatomie
Pathologie
medizin. Mikrobiologie
Dermatologie
Orthopädie
Frauenheilkunde
Kinderheilkunde
medizin. Statistik
Arbeitsmedizin
Sozialmedizin
Gewerbemedizin
Gewerbetoxikologie
Silikosebekämpfung
Hygiene
Betriebshygiene
Krebsforschung

II. Luft und Wasser

a) *Grundlagen – Naturwissenschaften*
Meteorologie
Geographie
Geophysik
Kernphysik
Biophysik
Botanik
Zoologie
Mikrobiologie
Mineralogie

b) *Angewandte Naturwissenschaften*
Hygiene
Angewandte Physik
Bioklimatologie
Bodenkunde
–
Limnologie
Hydrologie
Hydrobiologie
Fischereibiologie
Tierernährungsphysiologie
Wasserchemie
Wasserhygiene
–
Meereskunde
Meeresgeologie
Meeresphysik
Meeresgeophysik
Ozeangeographie
Planktonforschung
Küstenforschung
–
Wasserbau
Siedlungswasserbau
Wasserversorgung
Wasserrecht
Wasserwirtschaft
Schiffahrt
Schiffbau

nach: Umweltforschung. Aufgaben und Aktivitäten der DFG 1950 bis 1970 (1971).

Tabelle 5. Umweltrelevante Veröffentlichungen der DFG, 1954–1976

Jahr	insgesamt	Luft, Klima	Wasser, binnenländisch	Wasser, marin	Geopotentiale	Lebensmittelforschung, Ernährung	Lärmforschung	Schadstoffe	Ökosysteme	Umwelt und soziales System
1954	1	–	–	–	–	1	–	–	–	–
1955	1	–	–	–	–	1	–	–	–	–
1956	2	–	–	–	–	1	–	1	–	–
1957	1	–	–	–	–	1	–	–	–	–
1958	3	–	–	–	–	1	1	1	–	–
1959	1	–	–	–	–	1	–	–	–	–
1960	1	–	–	–	–	–	–	1	–	–
1961	5	–	–	–	–	3	–	2	–	–
1962	3	1	–	–	–	1	–	1	–	–
1963	2	–	–	–	–	1	–	1	–	–
1964	6	1	–	–	–	2	1	2	–	–
1965	4	–	1	–	–	1	–	2	–	–
1966	5	1	1	–	–	1	–	2	–	–
1967	4	–	1	–	–	2	–	–	1	–
1968	6	2	1	–	–	2	–	1	–	–
1969	6	–	1	–	–	–	–	5	–	–
1970	4	–	–	–	–	2	–	2	–	–
1971	7	1	1	1	–	–	–	4	–	–
1972	5	–	1	–	–	1	–	3	–	–
1973	5	2	–	1	–	–	–	2	–	–
1974	15	5	1	–	–	1	1	7	–	–
1975	11	1	–	1	1	2	–	6	–	–
1976	8	–	1	–	–	2	–	5	–	–
1954–76	106	15	9	3	1	27	3	48	1	–

… für Umweltfragen der Deutschen Forschungsgemeinschaft (1976).

Es soll hier gar nicht diskutiert werden, ob der beeindruckenden Breite von, vor allem in ihren Anwendungsbezügen, ungeheuer spezialisierten wissenschaftlichen Aktivitäten mit Recht nachträglich das Etikett »Umweltforschung« umgehängt wurde oder nicht. Immerhin verdient es festgehalten zu werden, daß die DFG-Kommission für Pflanzenschutz-, Pflanzenbehandlungs- und Vorratsschutzmittel schon 1960 und damit zwei Jahre vor Rachel Carsons »Stummem Frühling« eingerichtet wurde, mit den Abteilungen Toxikologie, Analytik und Phytopathologie. Und die Kommission für Wasserforschung wandte sich ebenfalls schon 1960 den Problemen der Detergentien (synthetische Waschmittel) und der Pestizide (Pflanzenschutzmittelrückstände im Wasser) zu, in Zusammenarbeit mit den Kommissionen für Pflanzenschutz und für Luftreinhaltung. Es sei dahingestellt, ob derartige vielfältige Aktivitäten der deutschen Forschung das Urteil des damaligen Präsidenten der DFG rechtfertigen, »die Ergebnisse (hätten) ausgereicht, um praktisch wesentlich mehr zum Schutz unseres Wohlbefindens zu tun, als dies bis heute geschehen ist« (Umweltforschung, 1971, S. 9). Mit Sicherheit stimmt jedoch ein Satz aus der Einleitung (S. 12): »Derartige Fragestellungen sind ... von jeher (!) Bestandteil der Forschung in den verschiedenen wissenschaftlichen Disziplinen gewesen.« Zumindest in dem Sinne, daß eine sich um Umweltschutz sorgende Bundesregierung auf ein Arsenal an spezialisierter Umweltbelastungsforschung und Umweltschutztechnik zurückgreifen konnte: auf die, von ihr im Umweltprogramm anerkannte, Tradition an technischem und medizinisch-hygienischem Umweltschutz.

Zu dieser Tradition gehört nicht nur die (von der DFG repräsentierte) akademische Wissenschaft, sondern auch die staatliche Ressortforschung, die seit dem späten 19. Jahrhundert zunehmend staatliches Verwaltungshandeln wissenschaftlich vorbereitet und begleitet. Für den Bereich der Umweltforschung listet das Umweltprogramm die in Tabelle 6 zusammengestellten Anstalten und Tätigkeitsgebiete auf, die erneut die Breite existierender und spezialisierter Umweltforschung (im agrarwissenschaftlichen, technischen und medizinisch-hygienischen Sinne und mit starker Anwendungsorientierung) belegen. Vergegenwärtigt man sich Stand und Organisationsform einer derartigen Umweltforschung, dann fällt es schwer, sich eine Alternative zu der tatsächlichen Rekrutierung der Experten für die verschiedenen Ausschüsse vorzustellen, deren Berichte in den Materialienband (als Anlage zum Umweltprogramm) eingegangen sind: Naturschutz und Landschaftspflege; Abfallbeseitigung; Umweltchemikalien und Biozide; Umweltradioaktivität und Strahlenbelastung; Wasserwirtschaft; Hohe See und Küstengewässer; Reinhaltung der Luft; Lärmbekämpfung; Umweltfreundliche Technik (mit den Arbeitsgruppen Montanindustrie, Chemische Industrie, Verkehr, Glas-Keramik-Steine-Erden, Energie); Raumordnung und Städtebau.

Tabelle 6
Ressortbezogene Umweltforschung in der BRD, 1970

A. Behörden und Anstalten des Bundes

Ressort	Einrichtung	Gebiet
Inneres	Statist. Bundesamt	Umweltstatistik
	Bundesforschungsanstalt f. Landeskunde u. Raumordnung	Raumordnung
Wirtschaft und Finanzen	Bundesamt f. gewerbl. Wirtschaft	Wasser- u. Luftreinhaltung, Abfallbeseitigung
	Bundesanstalt f. Bodenforschung	Immissionsschutz, Hydrogeologie, Geophysik
	Physikalisch-Technische Bundesanstalt	Luft- u. Wasserreinhaltung, Lärmbekämpfung, Dosimetrie
	Bundesanstalt für Materialprüfung	Luft- u. Wasserreinhaltung, Lärmbekämpfung
Landwirtschaft	Bundesanstalt für Vegetationskunde, Naturschutz und Landschaftspflege	Naturschutz u. Landschaftspflege, Immissionsschutz, Abfallbeseitigung, Biozide
	Bundesforschungsanstalt f. Lebensmittelfrischhaltung	Rückstandsuntersuchungen in Lebensmitteln

	Bundesanstalt für Qualitätsforschung pflanzlicher Erzeugnisse	Verminderung oder Beseitigung von Rückständen in Lebensmitteln, radioaktive Belastung d. Gewässer, Abfallbeseitigung
	Biologische Bundesanstalt für Land- u. Forstwirtschaft	Pflanzenschutz, Immissionsschutz
Verkehr	Bundesanstalt für Gewässerkunde	Wassergüte- u. Wassermengenforschung, Radioaktivität in Oberflächengewässern
	Luftfahrt-Bundesamt	Lärmbekämpfung
	Deutscher Wetterdienst	Luftreinhaltung, Klimaforschung, Radioaktivität in der Atmosphäre
	Bundesanstalt f. Straßenbau	Immissionsschutz, Lärmbekämpfung
	Deutsches Hydrographisches Institut	Meereskunde, Radioaktivität des Meerwassers u. d. Meerbodens
Post	Posttechnisches Zentralamt	Lärmbekämpfung an Maschinen
	Fernmeldetechnisches Zentralamt	Lärmbekämpfung, Raum- u. Bauakustik
Gesundheit	Bundesgesundheitsamt; darunter:	Öffentliche Gesundheitspflege, medizin. Statistik
	– Robert-Koch-Institut	Aspekte des Umweltschutzes im Rahmen der Seuchenhygiene
	– Institut für Wasser-, Boden- u. Lufthygiene mit Zentralstelle für Abfallbeseitigung	Wasseraufbereitung, Abwassertechnik, Lärmbekämpfung, techn. Bauhygiene, Toxikologie der Luftverunreinigungen, Abfalltechnik
	– Max-von-Pettenkofer-Institut	Lebensmittelchemie, Biozide u. Umweltchemikalien in Lebensmitteln; Toxikologie

	– Abteilung für Strahlenhygiene	Umweltradioaktivität (Strahlenbelastung und Strahlenschutzmaßnahmen)
	– Institut für Sozialmedizin und Epidemiologie	Umweltschäden, Zivilisationskrankheiten (medizinische Ökologie und Epidemiologie der Umweltschäden)
Arbeit	Bundesinstitut für Arbeitsschutz	Arbeitsschutz, Unfallforschung, Lärmbekämpfung
Wissenschaft	Biologische Anstalt, Helgoland	Meeresbiologie, Verhütung der Meeresverschmutzung

B. Durch den Bund finanzierte Forschungseinrichtungen

Ressort	Einrichtungen	Gebiet
Wissenschaft	Gesellschaft für Mathematik und Datenverarbeitung	Systemanalytische Untersuchungen; thematisches Modell des Rheineinzugsgebiets; Programme für Gewässerdatenbank
	Max-Planck-Institut für Plasmaphysik	Umweltfreundliche Technik
	Kernforschungsanlage Jülich	Umweltradioaktivität; Strahlenschutz; Biozide und Umweltchemikalien; Wasserwirtschaft; Luftreinhaltung
	Institut für Meereskunde (Univ. Kiel)	Verhütung der Meeresverschmutzung
	Gesellschaft für Strahlen- u. Umweltforschung	
	– Institut für ökologische Chemie	Umweltchemikalien, Metabolismus; Umsetzungen unter ökologischen Bedingungen

– Arbeitsgruppe für Toxikologie	Umweltchemikalien; subtoxische Wirkungen; Kombinationswirkungen
– Institut für Biologie	Chemie- u. Strahlengenetik; Aerosol- u. Strahlenbiophysik; Nuklearbiologie
– Institut für Strahlenschutz	Radiochemie; angewandter Strahlenschutz; Dosimetrie
– Institut für Tieflagerung	Endlagerung radioaktiver Abfälle
– Institut für Radiohydrometrie	Radiohydrometrie
Hahn-Meitner-Institut	Umweltradioaktivität, Strahlenschutz-Dosimetrie
Deutsche Forschungs- und Versuchsanstalt für Luft- und Raumfahrt	Ausbreitung und Nachweis von Verschmutzungszonen; Abwassertechnik; Luftreinhaltung; Lärmbekämpfung
Gesellschaft für Kernforschung	Ausbreitung und Verhalten von Bioziden; Umweltradioaktivität, Strahlenschutz; Abwassertechnik; Luftreinhaltung; systemtechnische Arbeiten zu den Auswirkungen ökologischer Störungen; umweltfreundliche Technik; Beseitigung radioaktiver Abfälle
Gesellschaft für Kernenergieverwertung in Schiffbau u. Schiffahrt	Umweltradioaktivität und Strahlenschutz; Biozide und Umweltchemikalien; Wasserwirtschaft und Meerestechnik

nach: Umweltprogramm der Bundesregierung (1971).

Die breite Palette spezialisierten Expertenwissens und wissenschaftlicher Aktivitäten im Bereich der Umweltforschung bürgt indessen dann nicht für eine prinzipiell adäquate Bewältigung des

Umweltproblems, wenn dessen Dimension gerade in dem Ineinandergreifen der verschiedenen »Interventionen des Menschen« beruht; wenn man eines systemaren Ansatzes bedarf, um nicht nur Symptome zu kurieren, sondern das »ökologische Gleichgewicht« langfristig sicherzustellen. Solche Überlegungen sind es, die seit einer Reihe von Jahren der Ökologie die Funktion einer Umweltwissenschaft besonderer Qualität zuschreiben. Letztlich richtet sich eine derartige Argumentation kritisch gegen das departmentalisierte, disziplinär abgegrenzte Wissenschaftssystem, fordert Abkehr zugunsten einer problemorientierten interdisziplinären Zusammenarbeit bei Studium komplexer Systeme.

Als Beispiel für diese Grundsatzdiskussion sei noch einmal auf Barry Commoner verwiesen. Seine Analyse der »Umweltkosten des wirtschaftlichen Wachstums« hatte zu dem Ergebnis geführt, daß die Nachkriegstechnologie der quantitative Hauptverursacher der zunehmenden Umweltbelastung ist. Hier knüpft Commoner in seinem Buch »The Closing Circle« (1971) an. Er kennzeichnet diese Art Technologie einerseits als so erfolgreich, weil sie sich isolierte Teilprobleme vornimmt und deren Lösung an rein technischen Standards mißt; andererseits als ökologisch schädlich, weil sie die außerhalb ihres begrenzten Teilproblems liegenden Nebeneffekte nicht bedenkt. Diese Vorgehensweise sei deswegen letztlich zum Scheitern verurteilt, weil Ökosysteme sich nicht in einzelne handhabbare Teile zerlegen lassen. Die technologische Vorgehensweise basiere allerdings auf einem Wissenschaftssystem, das weitgehend ebenfalls seinen großen Gegenstand »Natur« für die Untersuchung in isolierten Teilen und Aspekten betrachte. Dieser methodische Reduktionismus sei zwar sehr erfolgreich, führe aber zu einigen schwerwiegenden Nachteilen: Er isoliert tendenziell die einzelnen Disziplinen voneinander; er entfernt tendenziell die jeweiligen Disziplinen von dem natürlichen, realen Naturgegenstand und damit auch von praktisch relevanten Fragen; er ist in der Biologie verantwortlich für den Trend zu Zell- und Molekularbiologie und damit indirekt verantwortlich für die relative Vernachlässigung von Ökologie; und er ist für das Studium von Ökosystemen mindestens teilweise, wenn nicht prinzipiell unzureichend.

Man mag die spezifische Bedeutung der hier angesprochenen Reduktionismusproblematik unterschiedlich hoch veranschlagen. Ein Blick auf die in Tabelle 4 verzeichneten Wissenschaftsdisziplinen spricht jedenfalls nicht gerade gegen diese Sicht der Wissenschaftsentwicklung. Ob allerdings die Ökologie sich diesem Trend entzieht, ob sie eine systemare Perspektive in die Biologie oder gar in die Umweltforschung bringt, und wenn ja, ob diese Perspektive methodisch einlösbar ist, ob die Erwartungen der Öffentlichkeit an die Ökologie als besondere Umweltwissenschaft gerechtfertigt sind – diese und ähnliche Fragen verlangen eine gesonderte Betrachtung der Ökologie nach ihrer wissenschaftlichen Tradition, ihrer Theorieentwicklung, ihrem Leistungsstand und ihrem Verhältnis zum Umweltproblem.

II.
Ökologie in wissenschaftshistorischer Perspektive

Historische Ursprünge der Ökologie

»Die Ökologie hat in Deutschland eine bedeutende Vergangenheit. Während sie aber im Ausland unter Einsatz zahlreicher Wissenschaftler, nicht zuletzt im Hinblick auf ihre Bedeutung in der Praxis, rasch weiterentwickelt wurde und heute in vielen Ländern eine besondere Unterstützung erfährt, fehlt es in Deutschland an den notwendigen Forschungsstellen.« (Weyl, 1958, S. 6). »Noch vor fünf Jahren [1965] mußte man langatmig erklären, was ein Ökologe ist. Wenn man sich heute als Ökologe vorstellt, wird man mit dem respektvollen Kopfnicken dessen, der weiß, wovon die Rede ist, begrüßt« (Murdoch/Conwell, 1973, S. 156). Diese beiden Zitate, die sich auf den ersten Blick zu widersprechen scheinen, verweisen auf mehrere Tatbestände aus der Geschichte der Ökologie: (1) Die Ökologie ist keineswegs eine junge Wissenschaft, sondern hat eine (etwa 100jährige) Geschichte. (2) Der deutsche Beitrag zu dieser Geschichte war zu Beginn besonders groß und hat dann relativ abgenommen. (3) Unabhängig vom internationalen Gefälle hatte die Ökologie lange ein relativ geringes Prestige, und zwar sowohl innerhalb der Wissenschaften wie in der außerwissenschaftlichen Einschätzung. (4) In jüngster Zeit dagegen gehört es zur Allgemeinbildung bewußter Zeitgenossen, die Ökologie (zumindest dem Namen nach) zu kennen und als wichtige Wissenschaft einzuschätzen.

Was ist Ökologie? Eine Betrachtung der Ökologie in wissenschaftshistorischer Perspektive wird gut daran tun, diese Frage zu Beginn zu stellen. Ihre Beantwortung kann den systematischen Stellenwert der Ökologie innerhalb der Biologie deutlich machen und zugleich leitende Gesichtspunkte für die Geschichte der Ökologie (und ihrer Beziehungen zur Biologie im allgemeinen) liefern. Ökologie wird in den meisten Definitionsversuchen auf leicht verschiedene Weise umschrieben als Erforschung der Beziehungen zwischen Organismen und Umwelt. Dieser begriffliche und forschungsprogrammatische Ansatz geht auf Ernst Haeckel zurück. Von Haeckel liegen zwei Definitionen vor, die auf zwei unterscheidbare Wurzeln der Ökologie verweisen und mit den zwei Seiten der Biologie, als einer analytischen und einer historischen Naturwissenschaft, korrespondieren.

Im Jahre 1866 entwarf Haeckel in seiner »generellen Morphologie der Organismen« ein System der zoologischen Disziplinen. Hier setzte er sich polemisch mit einer Tradition auseinander, die die Beziehungen der Organismen (Pflanzen, Tiere) zur Umwelt (z. B. Abhängigkeit von Wasser und Licht, Anpassungserscheinungen) als Gegenstand der »Biologie« im speziellen Sinne, vor allem als »Biologie der Pflanzen«, bezeichnete (Möbius, 1937, S. 363 ff.; Mägdefrau, 1973, S. 215 ff.). Haeckel schlug vor, für diesen Gegenstandsbereich die »Ökologie« als Wissenschaft zu konzipieren, die »Wissenschaft von der Ökonomie, von der Lebensweise, von den äußeren Lebensbeziehungen der Organismen zueinander« (van der Klaauw, 1937, S. 146). Diese Definition gilt als Grundlegung desjenigen Zweiges der Ökologie, den man seit C. Schröter (1896) Autökologie nennt. Ihr Erkenntnisziel ist die Beschreibung und das Kausalverständnis der einzelnen Organismenarten (Pflanzen-, Tierarten) nach Bau, Funktion und Lebensbedürfnissen unter dem Gesichtspunkt der Anpassung an die Faktoren der unbelebten Umwelt wie Temperatur, Licht, Feuchtigkeit u. a. (Biologie II, Zoologie, 1972, S. 218). Autökologie in dieser Fassung ist von der Physiologie der Organismen nur schwer abzugrenzen (Bornkamm, 1971, S. 468; Elster, 1974, S. 17). Folgerichtig interpretiert Kühnelt Haeckels Definition der Ökologie von 1866 als »die Physiologie der Organismen zur Außenwelt« (Bornkamm, 1971, S. 467). Die Physiologie erforscht bekanntlich die Lebensvorgänge und -funktionen, die im wesentlichen Stoffwechselvorgänge sind. Dabei arbeitet sie unter konstanten und reproduzierbaren Bedingungen und dringt in ihrem Bemühen, die chemischen und physikalischen Gesetzmäßigkeiten zu erkennen, in immer tiefere Schichten vor, die von neuen Spezialdisziplinen erforscht werden (Biochemie, Molekularbiologie). Die »Physiologie der Organismen zur Außenwelt« kennt demgegenüber keine konstanten Bedingungen bei der Variation eines Faktors, sondern nur (wechselnde) Faktorenkomplexe. Die Lebensbeziehungen einer Organismenart zu seiner natürlichen Umwelt lassen sich damit, physiologisch gesprochen, in ihrer komplizierten Gesamtheit als

»Haushalt des Einzellebewesens« kennzeichnen, und die Autökologie, in Anlehnung an Haeckel (»Wissenschaft von der Ökonomie«), als »Lehre vom Einzelhaushalt«. Als Spezialfall der Autökologie läßt sich unter systematischen Gesichtspunkten die Demökologie fassen. Diese ökologische Disziplin untersucht für jeweils eine einzelne Organismenart (z. B. das Rotwild) die Struktur der Population (Dichte, Verteilung, Altersaufbau, Geschlechterbestand, zeitliche Dynamik) in Abhängigkeit von der Umgebung.

Die zweite Definition der Ökologie von Haeckel stammt aus seiner Jenaer Antrittsrede von 1869. Mit Bezug auf die Zoologie faßte er die Ökologie als »die Lehre von der Ökonomie, von dem Haushalt der tierischen Organismen. Sie hat die gesamten Beziehungen des Tieres sowohl zu seiner anorganischen, als auch zu seiner organischen Umgebung zu untersuchen, ... die Bedingungen des Kampfes ums Dasein...« (Friederichs, 1934, S. 277). Wiederum ist vom »Haushalt« die Rede, aber die allgemeine Interpretation läuft darauf hinaus, hier die Konzeption einer Wissenschaft als der Lehre vom »Haushalt der Natur« (im Gegensatz zum Einzelhaushalt) zu sehen (Illies, 1973, S. 19, mit Bezug auf die führenden älteren deutschen Ökologen wie Thienemann und Friederichs; Elster, 1974, S. 17). Anlaß dazu bietet vor allem der zweite Teil der Definition, der auf die Beziehungen des Tieres zu seiner Umgebung unter dem Gesichtspunkt des Kampfes ums Dasein abstellt. Hier rückt der Konkurrenzkampf der einzelnen Arten sowie die Herausbildung von bestimmten Lebensgemeinschaften, die an bestimmte Lebensräume gebunden sind, in den Mittelpunkt des Interesses, und es ist einsichtig, daß gerade ein Mann wie Haeckel als Darwinist diese »Ökologie« definiert. Er knüpft damit an eine biologiegeschichtliche Tradition an, die bis zu diesem Zeitpunkt unter dem Namen »Naturgeschichte« lief (van der Klaauw, 1937; Dawes, 1952, S. 342). Naturgeschichte befaßte sich mit der räumlichen und zeitlichen Verteilung der Organismen auf der Erde und zielte damit auf einen Ausschnitt dessen, was man heute ökologische Beziehungen nennen kann (Kühnelt, 1970). Und Disziplinen wie die Pflanzen- und Tiergeographie sowie die Pflanzensoziologie haben schon im 19. Jahrhundert diese Dimension der Ökologie grundsätzlich mit abgedeckt. Die Evolutionstheorie Darwins muß für Haeckel in diesem Zusammenhang den Ansatz geboten haben, die ökologischen Befunde (im Sinne der beschreibbaren raum-zeitlichen Verteilung von Organismengemeinschaften) unter dem Gesichtspunkt der Anpassung an die Umwelten »erklären«, kausal verstehen zu können. Diese Art Forschung konnte dann, wenigstens grundsätzlich, als »Lehre vom Haushalt der Natur« begriffen werden. Sie läßt sich in der üblichen Nomenklatur der Ökologie von der Autökologie unterscheiden, wird als Synökologie bezeichnet und zielt auf Beschreibung und Kausalverständnis von Organismengemeinschaften nach Verbreitung und Lebensbedürfnissen unter dem Gesichtspunkt der Beziehungen der Organismenarten untereinander und mit der unbelebten Umwelt.

Das Forschungsprogramm der Ökologie, aus heutiger Sicht mit Autökologie und Synökologie umschrieben, geht in historischer Perspektive, wie die vorstehenden Ausführungen deutlich machen sollten, auf zwei verschiedene Wurzeln zurück, zwei Forschungsrichtungen der Biologie: die analytisch-physiologische und die historisch-geographisch-soziologische. Und ihre programmatische Vereinigung durch Haeckel enthält im Keim jene Ansprüche an die Ökologie als eine »Brückenwissenschaft« zur Überwindung der Grenzen zwischen den vielen spezialisierten Naturwissenschaften, als ganzheitliche »Wissenschaft von der Natur«, wie sie besonders in den 1930er Jahren proklamiert wurde. Denn Haeckel wollte in der Tat, das zeigen die beiden angeführten Definitionen in ihrer Ähnlichkeit, beide Aspekte berücksichtigt wissen, da sie sich, sobald man vom Labor zur natürlichen Umgebung übergeht, ohnehin nicht scharf trennen lassen: Stoffkreisläufe, Lebensgemeinschaften, Konkurrenz, Anpassung, Selektion – eben der Haushalt der Natur, ein wahrlich anspruchsvolles, integrierendes, utopisch anmutendes Programm (vgl. Elster, 1974, S. 17). Haeckel selbst konnte es zwar theoretisch im System der zoologischen Disziplinen fordern, aber damit war es noch nicht praktisch durchführbar. Und so läßt sich denn die Geschichte der Ökologie, was ihre empirischen Forschungen betrifft, knapp zusammenfassend vielleicht dahingehend kennzeichnen, daß meist eine der beiden traditionellen Wurzeln dominierte. Die Physiologie nahm in ihrer Hauptentwicklung jenen an das Labor gebundenen Weg, der bis zur Biochemie und Molekularbiologie führte, aber zugleich eine weitgehende Vernachlässigung der ökologischen Dimension bedeutete. Die geographisch-historische Biologie war lange weitgehend identisch mit einer Ökologie, die sich in der Beschreibung von Lebensgemeinschaften erschöpfte, im Inventarisieren, ohne die physiologische Dimension einzubeziehen, experimentelle Methoden anzuwenden und zu einem Kausalverständnis vorzustoßen.

Der Weg von einer beschreibenden und beschreibend-messenden Wissenschaft zu einer kausalanalytischen und experimentellen ist freilich für viele Wissenschaften typisch. Er hinderte die Ökologie nicht daran, schon in ihrer ersten Phase die zentralen Begriffe der Biozönose (Lebensgemeinschaft), des Biotop (Lebensraum einer Lebensgemeinschaft) und des Ökosystems (Biozönose plus Biotop) zu entwickeln. Damit war auch schon im 19. Jahrhundert die langsame Ablösung von der Tier- und Pflanzengeographie impliziert. Denn diese, der klassischen Trennung von Zoologie und Botanik folgende Einteilung ist obsolet gegenüber der Betrachtung einer Organismengemeinschaft (von Pflanzen *und* Tieren), ihren Beziehungen zueinander und zur unbelebten Umwelt. Als Gliederungsprinzip der Ökologie setzte sich daher schon frühzeitig der wichtigste Einzelfaktor der jeweiligen Umwelt durch, die Frage nach Wasser oder Land als Umweltmedium. Jetzt hieß die Aufgabe, Biozönosen bzw. Ökosysteme (– die Abgrenzung ist etwas künstlich und praktisch oft überflüssig –) im Meer, im Süßwasser und auf dem Festland zu studieren. Und es ist verständlich, daß diese Aufgabe zuerst für leichter isolierbare und überschaubare Ökosysteme im Wasser vorgenommen wurde. Demgemäß gehören die Meeresökologie und die Limnologie (Süßwasserökologie) zu den älteren, schneller sich entwickelnden Zweigen der Ökologie, zumal auch das praktische Interesse der Fischereiwirtschaft hier einen förderlichen Impuls auf die Wissenschaftsentwicklung ausübte. Die terrestische Ökologie hat in der Pflanzensoziologie ihre älteste Wurzel, die sich unter den Namen »Geobotanik« und »Vegetationskunde« bis heute selbständig neben der »Ökologie« erhalten hat, während der angelsächsische Terminus »ecology« die soziologische Geobotanik immer mit einschloß (Ellenberg, 1968, S. 465). Auch hier gilt übrigens, ebenso wie für die Hydrobiologie, daß eine frühzeitige Anwendungsorientierung der Vegetationskunde für Forst- und Landwirtschaft festzustellen ist, etwa über die von R. Tüxen 1935 geschaffene »Zentralstelle für Vegetationskartierung des Reichs«, der Vorläuferin der heutigen Bundesanstalt für Vegetationskunde, Naturschutz und Landschaftspflege. Das grundlegende Werk der modernen Pflanzensoziologie von J. Braun-Blanquet erschien immerhin schon 1928 in 1. Auflage (3.

Auflage 1964). Es findet seine spezifisch anwendungsbezogene Fassung z.B. in der dreibändigen landwirtschaftlichen Pflanzensoziologie von H. Ellenberg, 1950-1954. Ellenberg gründete auch, ganz auf dieser Linie, 1951 eine »Forschungsstelle für Obstanbauplanung« in Südwestdeutschland. Alle diese Einzelheiten bezeugen einen Entwicklungsstrang angewandter Ökologie, der *neben* den (noch näher zu kennzeichnenden) Richtungen einer Ökophysiologie und einer philosophierenden (holistischen) Ökologie-Auffassung existierte, sich noch nicht einmal des Namens »Ökologie« bediente, sich um die Zeitschrift »Angewandte Pflanzensoziologie« (R. Tüxen) scharte und gleichwohl »Biozönosen«, Pflanzengemeinschaften in ihrem natürlichen Lebensraum zum Gegenstand wissenschaftlicher Beschäftigung hatte.

Der Terminus »Biozönose« wurde 1877 von Karl Möbius geprägt und synonym mit Lebensgemeinschaft gebraucht. Er definierte sie als »eine Gemeinschaft von lebenden Wesen, eine den durchschnittlichen äußeren Lebensbedingungen entsprechende Auswahl und Zahl von Arten und Individuen, welche sich gegenseitig bedingen und durch Fortpflanzung in einem abgemessenen Gebiete dauernd erhalten.« Spätere Definitionsversuche faßten den gleichen Sachverhalt kürzer, etwa P. D. Reswoy (1924): »ein sich in einem beweglichen Gleichgewichtszustand erhaltendes Bevölkerungssystem, das sich bei gegebenen (ökologischen) Verhältnissen einstellt« (Thienemann, 1956, S. 119). Empirisch studierte Möbius eine derartige Biozönose, zu der, wenn sie alle Elemente prinzipiell enthalten soll, auch Tiere gehören, bezeichnenderweise im Bereich der Hydrobiologie und für quasi standortgebundene Tiere, nämlich am Beispiel der Austernbank (»Die Auster und die Austernwirtschaft«, Berlin, 1877). Für Landtiere haben insbesondere F. Dahl, F. Doflein und R. Hesse in den ersten zwei Jahrzehnten des 20. Jahrhunderts bahnbrechende ökologische Arbeiten vorgelegt; in die gleiche Zeit fallen die ersten Veröffentlichungen des Altmeisters der deutschen Limnologie, A. Thienemann. Sie alle haben die Biozönose oder, wie vor allem bei geschlossenen Lebensraumen (z.B. Seen) sich frühzeitig einbürgerte, das Ökosystem in den Mittelpunkt ihrer Analyse gestellt. Dieser Ausdruck wurde zwar erst 1935 von A. G. Tansley geprägt, aber schon 1928 sprach R. Woltereck von »ökologischen Gestaltsystemen«, 1918 faßte Thienemann »Lebensraum« und »Lebensgemeinschaft« zusammen, und schon 1887 studierte S. A. Forbes den See als einen

»Mikrokosmos« und entwickelte damit das erste Konzept eines limnologischen Ökosystems (Elster, 1974, S. 10 f.).

Es kann nun hier nicht unsere Aufgabe sein, eine Art bibliographische (oder gar noch quantifizierende) Übersicht zur Geschichte der Ökologie über einen Zeitraum von 100 oder 50 Jahren auch nur zu versuchen. Vielmehr gilt es, auf dem Hintergrund der gekennzeichneten Dimensionen und Hauptarbeitsgebiete der Ökologie (vgl. dazu Tabelle 7) und der historischen Analyse der Ursprünge der Ökologie einzelne grundsätzliche Entwicklungslinien und Probleme der Ökologiegeschichte herauszuarbeiten. Als solche sollen hier betrachtet werden: (1) Die Entwicklung von der deskriptiven zur systemanalytischen Ökologie. (2) Die Diskussion des Umweltbegriffs. (3) Die Holismus-Problematik. (4) Ökologie und Biologie. (5) Ökologie und Umweltproblem.

Von der deskriptiven zur systemanalytischen Ökologie

Das volle Programm einer Ökologie als Lehre vom »Haushalt der Natur«, wie es Haeckel in den 1860er Jahren formuliert hatte, nahm erstmals der dänische Botaniker und Pflanzengeograph E. Warming wieder auf, als er bereits 1896 feststellte: »Die erste und leichteste Aufgabe ist, zu ermitteln, welche Arten [Pflanzenarten] an den gleichartigen Standorten (Stationes) vereinigt sind. Dieses ist eine einfache Feststellung oder Beschreibung von Tatsachen. Eine andere, auch nicht schwierige Aufgabe ist, die Physiognomie der Vegetation und der Landschaft zu schildern. – Die nächste und sehr schwierige Aufgabe ist die Beantwortung der Fragen: *Weshalb* schließen sich die Arten zu bestimmten Gesellschaften zusammen, und *weshalb* haben diese die Physiognomie, die sie besitzen? Dadurch kommen wir zu den Fragen nach der Haushaltung der Pflanzen, nach ihren Anforderungen an die Lebensbedingungen, zu den Fragen, wie sie die äußeren Bedingungen ausnutzen und wie sie in ihrem äußeren und ihrem inneren Bau und ihrer Physiognomie an sie angepaßt sind« (Bornkamm, 1971, S. 468).

Auf der Betrachtungsebene der Synökologie wird hier der (natürliche) Gang der ökologischen Forschung gekennzeichnet als Fortschreiten von der deskriptiven Erfassung der Biozönosen oder Ökosysteme zu deren kausaler Analyse. Für den Pflanzengeographen Warming war gerade die erste Stufe eine vertraute Tradition,

Tabelle 7
Dimensionen und Arbeitsgebiete der Ökologie und angrenzender biologischer Disziplinen

	Autökologie			Synökologie			
	Organismenarten Pflanze	Organismenarten Tier	Demökologie Tierpopulation	Assoziationen und Regionen von Pflanzen	Tierregionen	Biozönosen	Ökosysteme
Umweltmedien							
Meer (Meeresökologie)	×	×	×	×	×	×	×
Süßwasser (Limnologie)	×	×	×	×	×	×	×
Festland (terrestische Ökologie)	×	×	×	×	×	×	×
Angrenzende Disziplinen	Pflanzenphysiologie	Tierphysiologie	Ethologie	Pflanzensoziologie, -geographie	Tiergeographie		
Erkenntnisziele	Beschreibung und Kausalverständnis von Organismenarten nach Bau, Funktion und Lebensbedürfnissen unter dem Gesichtspunkt der Anpassung an die Faktoren der unbelebten Umwelt (Einzelhaushalt)			Beschreibung und Kausalverständnis von Organismengemeinschaften nach Verbreitung und Lebensbedürfnissen unter dem Gesichtspunkt der Beziehungen der Organismenarten untereinander und mit der unbelebten Umwelt (Haushalt der Natur)			

und der Ausdruck »Physiognomie« der Vegetation geht auf A. von Humboldt zurück, den Illies an den Anfang der Ökologiegeschichte stellt: mit ihm »beginnt eine Betrachtung der Pflanzenorganismen in ihrer natürlichen Umgebung, die als ›Physiognomik der Gewächse‹ ein echtes Verständnis für die Beziehungen zwischen Standort und Lebensform eröffnet« (Illies, 1973, S. 15). Humboldt ist es auch, der einen zentralen Begriff der Pflanzensoziologie, den der »Assoziation«, konzipiert und damit, schon 70 Jahre vor Möbius, das Äquivalent zu der späteren »Biozönose« in die Botanik einführt (Thienemann, 1956, S. 132 f.). Für die zoologische Seite beginnt die Ökologiegeschichte nach Illies mit Charles Darwin, mit dessen »Entstehung der Arten« die Einsicht in die »Beziehungen zwischen Standort und Lebensform auch in der Tierkunde ihren Siegeszug antritt.« »Vor allem der ›Kampf ums Dasein‹ ist ein Ausdruck ökologischer Erfassung der Wirklichkeiten« (Illies, 1973, S. 15). Diese Linie führt, wie gezeigt wurde, über Haeckel zu Möbius. Man wird also sagen dürfen, daß die naturgeschichtlich-geographische Wurzel der Ökologie, besonders nach ihrer theoretischen Verankerung durch die Evolutionstheorie, in der Ökologiegeschichte zunächst die dominante ist; und daß deshalb viele ökologische Studien der ersten Jahrzehnte dieser Wissenschaft, von etwa 1880 bis etwa 1930/40, von jener deskriptiv-inventarisierenden Art sind, wie sie Warming als erste Aufgabe der Ökologie bezeichnet hatte.

Das klingt vielleicht bescheiden, stellte aber in Wirklichkeit nicht nur eine notwendige Vorstufe, sondern eine anspruchsvolle Aufgabe von eigenem Gewicht dar. Denn immerhin lag ja schon dieser deskriptiven Ökologie das Konzept der Biozönose bzw. des Ökosystems zugrunde, und damit lief das Forschungsprogramm auf die Erfassung des komplexen Wechselspiels vieler Teile eines Systems hinaus. Man wollte ein »Ganzes« erfassen, man verstand die Ökologie als eine »synthetische« Wissenschaft, die nicht nur biologische, sondern auch andere Naturwissenschaften zu berücksichtigen hatte. Damit aber war letzten Endes der Weg vorgezeichnet, der von der Beschreibung zur Wirkungsanalyse führte und Ökosysteme in ihren dynamischen Prozessen durchschaubar werden ließ. Am deutlichsten läßt sich diese wissenschaftsgeschichtliche Entwicklung für die Limnologie nachzeichnen, jenen Zweig der Ökologie, der es mit besonders geschlossenen, relativ überschaubaren Ökosystemen zu tun hat.

Elster (1974) unterscheidet in einer kleinen, aber hervorragenden Arbeit zur Geschichte der Limnologie die deskriptiv-komparative Phase von der analytisch-experimentellen. Das Bemühen der frühen Limnologie, die 1922 ihre internationale Vereinigung gründete, konzentrierte sich auf die Klassifizierung von Seen und Flüssen, die Herausarbeitung von Typen, sofern man überhaupt von der reinen Beschreibung etwa eines einzelnen Sees zum Vergleich überging. Eine auszugsweise Liste einschlägiger Arbeiten, zusammengestellt nach Thienemann (1956) und Elster (1974), mag diesen Ansatz verdeutlichen.

1908: G. Enderlein: Biologisch-faunistische Moor- und Dünenstudien. Ein Beitrag zur Kenntnis biozönotischer Regionen in Westpreußen.
1912: G. Schneider: Das Plankton der westfälischen Talsperren des Sauerlandes.
1913: A. Thienemann: Die Salzwassertierwelt Westfalens.
1921: A. Thienemann: Biologische Seetypen.
1921: E. Naumann: Einige Grundlinien der regionalen Limnologie.
1924: O. Harnisch: Studien zur Ökologie der Moorfauna.
1925: A. Thienemann: Die Binnengewässer Mitteleuropas. Eine limnologische Einführung.
1927: P. A. Chappius: Die Tierwelt der unterirdischen Gewässer.
1928: F. Lenz: Biologie der Süßwasserseen.
1931: A. Thienemann: Tropische Seen und Seetypenlehre.
1934: A. Remane: Die Brackwasserfauna.
1950: A. Thienemann: Verbreitungsgeschichte der Süßwassertierwelt Europas.
1953: J. Illies: Die Besiedlung der Fulda.
1961: J. Illies: Versuch einer allgemeinen biozönotischen Gliederung der Fließwässer.
1962: H. Elster: Seetypen, Fließwässertypen und Saprobiensystem.

Das Schwergewicht dieser Arbeiten lag zeitlich in den ersten Jahrzehnten dieses Jahrhunderts. Methodisch beruhte ihr Vorgehen entweder darin, möglichst viele beobachtbare Details zusammenzutragen, ohne daß deren Zusammenhang schon immer klar gewesen wäre, oder bestimmte Indikatoren auszuwählen, die sich für eine auf dem Vergleich aufbauende Klassifizierung (Typenlehre) zu eignen schienen. Dabei stieß man auf besondere Schwierigkeiten, weil Ökosysteme sich stärker als zoologische Arten einer Taxonomie entziehen wegen der ihnen innewohnenden Variabilität und Plastizität von Form und Funktion (Elster, 1974, S. 13, 16). Diese Schwierigkeiten vermochten indessen nicht, die Limnologen in ihrem Selbstverständnis als Vertreter einer »synthetischen Wissenschaft« irrezumachen. Sie hielten an dem Konzept des Ökosystems fest, betrachteten rein zoologische oder botanische Studien als notwendige Vorabeiten und forderten die Zusammenarbeit der verschiedensten Disziplinen, insbesondere der physiographischen und der biologischen. Die Spannung zwischen dem hohen Anspruch und den spezifischen Schwierigkeiten dieser Ökologie führte in den 1930er Jahren zu einer lebhaften Diskussion, die in anderem Zusammenhang unter allgemeineren Gesichtspunkten noch aufgegriffen werden soll (Holismus). Diese Kontroverse wurde insbesondere in Deutschland ausgetragen, und so mag es zu erklären sein, daß dem analytisch-experimentellen Ansatz, wie er für die internationale *Biologie* seit langem gültig war, in der deutschen *Ökologie* zeitweilig besonders skeptisch begegnet wurde (Elster, 1974, S. 16).

Dennoch ließ sich nicht verkennen, »daß eine vergleichende Analyse und Synthese, besonders wenn es sich um komplexe Systeme handelt, keine kausalen Zusammenhänge und Funktionen erhärtet, sondern lediglich Annahmen und Arbeitshypothesen begründet. Korrelationen, wie sie in komplexen Systemen durch Berechnungen aufgedeckt werden, sind kein Ersatz für Kausalanalysen, die nur im Experiment geleistet werden können« (Elster, 1974, S. 18). Nun sind der Verwendung des Experiments in der Ökologie gewisse Grenzen gezogen, die nicht in der Idiosynkrasie des Forschers liegen, sondern im Gegenstand: Die Grundbedingungen jedes Experiments, das Konstanthalten der Bedingungen und die Isolierung eines Faktors, sind im Ökosystem besonders schwer erreichbar und obendrein möglicherweise unerwünscht, weil zu Fehlschlüssen verleitend. Die praktische Arbeit der modernen Ökologie läuft daher auf einen Kompromiß hinaus: Die Fülle der im Vergleich gewonnenen Feldbeobachtungen führt zur Konstruktion eines vorläufigen Modells, das seinerseits dazu anleitet, Fragen zu formulieren, die einer experimentellen Überprüfung zugänglich sind.

Ein zentrales Gebiet der experimentellen Ökologie ist die Produktionsbiologie. Hier konnte man Einzelfragen analysieren, aber das damit angesprochene Interesse an Stoffwechselkreisläufen in Ökosystemen führte endgültig von der deskriptiven zur systemanalytischen Ökologie: durch die Konzentration auf die dynamischen Prozesse in biologischen Gleichgewichtszuständen. Hierfür waren nicht nur die Stoffkreisläufe als solche (etwa die Nahrungskette, der Stoffabbauprozeß, die Eutrophierung usw.) gefragt, sondern genaue Mengenmessungen pro Flächen- und pro Zeiteinheit. Das bedeutete den Einsatz moderner Methoden und methodischer Hilfsmittel in der experimentellen Ökologie, und es öffnete die Ökologie gegenüber den inzwischen so erfolgreichen, jüngsten und »modernsten« biologischen Spezialdisziplinen wie etwa Mikrobiologie, Biochemie, Molekularbiologie.

Obwohl einzelne Ökologen sich schon in den 1920er und 1930er Jahren produktionsbiologischen Fragen zuwandten, folgte der eigentliche Durchbruch der »modernen Limnologie« etwa 1940 (Lindeman), und hierbei spielten amerikanische Wissenschaftler die größte Rolle. Wie sehr dieser »dynamische« Ansatz lediglich als *Beginn* einer neuen Epoche in der Ökologiegeschichte erscheint, bestätigen indirekt jene zwei amerikanischen Ökologen, die zu Beginn dieses Kapitels einleitend zur allgemeinen Einschätzung der Ökologie zitiert wurden und die von ihrer eigenen Wissenschaft sagen: »Sie ist eine junge Wissenschaft, wahrscheinlich nicht älter als vierzig Jahre; infolgedessen ist sie noch weitgehend deskriptiv« (Murdoch/Conwell, 1973, S. 161). Direkt können die moderne, produktionsbiologisch fundierte Ökologie und ihre Geschichte hier vorgestellt werden durch eine ebenfalls auszugsweise Bibliographie, die die genannten zeitlichen und nationalen Schwerpunkte erkennen läßt.

1906: E. A. Birge: The oxygen dissolved in the waters of Wisconsin lakes.
1911: E. A. Birge/C. Juday: The inland lakes of Wisconsin. The dissolved gases and their biological significance.
1926: A. Thienemann: Der Nahrungskreislauf im Wasser.
1927: R. Demoll: Betrachtungen über Produktionsberechnungen.
1931: A. Thienemann: Der Produktionsbegriff in der Biologie.
1934: K. Heinrich: Atmung und Assimilation im freien Wasser.
1939: V. S. Ivlev: Transformation of energy by aquatic animals.
1941: R. L. Lindeman: Seasonal food-cycle dynamics in a senescent lake.
1942: R. L. Lindeman: The trophic-dynamic aspect of ecology.
1954: H. Elster: Einige Gedanken zur Systematik, Terminologie und Zielsetzung der dynamischen Limnologie.
1955: W. Ohle: Beiträge zur Produktionsbiologie der Gewässer.
1957: H. T. Odum: Trophic structure and productivity of Silver Springs, Florida.

1962: W. Ohle: Der Stoffhaushalt der Seen als Grundlage einer allgemeinen Stoffwechseldynamik der Gewässer.

Für die experimentellen Methoden in der modernen Ökologie mögen folgende Titel als Beleg dienen:

1949: C. C. Coffin et al.: Exchange of materials in a lake as studied by the addition of radioactive phosphorus.

1952: F. R. Hayes et al.: The kinetics of phosphorus exchange in lakes.

1952: E. Steemann-Nielsen: The use of radioactive carbon (C 14) for measuring organic production in the sea.

1959: R. F. Foster: Radioactive tracing of the movement of an essential element through an aquatic community with special reference to radiophosphorus.

1967: T. Lewis/L. R. Taylor: Introduction to Experimental Ecology.

Lewis und Taylor sind es auch, die eine moderne Definition der Ökologie, auf der Basis der dynamischen Betrachtung, vorlegen, eine Definition, die schon den Konnex zu den Umweltproblemen herstellt, wenigstens als Forschungsprogramm: Ökologie studiert, »wie Biozönosen auf Veränderungen der Umwelt reagieren« (Bornkamm, 1971, S. 470). Man wird zusammenfassend sagen dürfen, daß die alte deskriptiv-komparative Ökologie durch die Einführung des experimentell-analytischen Ansatzes nicht nur eine große Erweiterung des Gegenstandes und Vertiefung seines Verständnisses erfahren, sondern damit überhaupt erst die Bedingung der Möglichkeit gewonnen hat, ihrem eigenen Anspruch gerecht zu werden: eine synthetische Wissenschaft zu sein. Dieser Anspruch ist sicherlich heute noch aktuell, wie die obige Definition der Ökologie verdeutlicht. Er kann aber nicht die empirische Leistung einer einzelnen Wissenschaftsdisziplin sein, auch nicht die der vielfältigen konkreten Einzelarbeit der Ökologen. Die Synthesis bleibt Aufforderung an viele Wissenschaften, die ökologisch relevant sind. In diesem Sinne schreibt Illies über die Ökologie: »Sie ist eigentlich eine besondere Einstellung, sozusagen eine Geisteshaltung des betreffenden Forschers, nämlich die Überzeugung, daß nur beim Betrachten aller wirksamen Faktoren innerhalb eines Lebensraumes dessen innere Gesetzmäßigkeit erkannt werden kann und daß daher Tierkunde, Pflanzenkunde, Chemie und Physik, Wetterkunde und sogar Zivilisationsgeschichte und Technik nur Hilfsmittel sind bei dem großen Plan, einen Ausschnitt der Natur in seiner ganzen Wirklichkeit zu begreifen« (Illies, 1973, S. 19).

Ein derartiges ökologisch orientiertes und integriertes interdisziplinäres Studium »aller wirksamen Faktoren innerhalb eines Lebensraumes« nennt man Ökosystemforschung. Man kann ihre Geschichte, wie angedeutet, zwar bis in das späte 19. Jahrhundert zurückverfolgen, aber den entscheidenden Durchbruch gewann sie erst unter Betonung der »trophisch-dynamischen Aspekte der Ökologie«, der Produktionsbiologie in Ökosystemen (Ellenberg, 1973 (a), S. 19). Insbesondere war es das Internationale Biologische Jahr (IBP), das große Fortschritte in der Anwendung exakter Messungen und experimenteller Untersuchungen für die Ökosystemforschung brachte. Seit 1958 geplant, in formaler Anlehnung an das Internationale Geophysikalische Jahr (1957), stand es unter dem Rahmenthema »biologische Grundlagen der Produktivität und der menschlichen Wohfahrt«. Die einzelnen Sektionen lassen den Charakter eines grundlegenden Programms der Ökosystemforschung erkennen (1964 veröffentlicht):

1. Produktivität von Land-Lebensgemeinschaften (PT=Productivity of Terrestrial Biological Communities), insbesondere von Wäldern, Graslandtypen und Ackerkulturen,
2. Produktions-Teilprozesse (PP=Production Processes), namentlich Kohlendioxyd-Assimilation und Bindung des Luftstickstoffs,
3. Schutz und Erhaltung von Land-Lebensgemeinschaften (CT=Conservation of Terrestrial Biological Communities), vor allem der durch die Intensivierung der Wirtschaft in Entwicklungsländern bedrohten,
4. Produktivität von Süßwasser-Lebensgemeinschaften (PF=Productivity of Freshwater Biological Communities), insbesondere von Seen, Teichen und Staubecken,
5. Produktivität von marinen Lebensgemeinschaften (PM=Productivity of Marine Biological Communities) mit Schwergewicht auf Lagunen und anderen küstennahen Gebieten,
6. Nutzung und Bewirtschaftung der biologischen Hilfsquellen (UM=Use and Management of Biological Resources),
7. Anpassung des Menschen an besondere Lebens- und Ernährungsbedingungen (HA=Human Adaptability). (IBP, 1967, S. 6)

Träger des IBP waren das International Council of Scientific Unions (ICSU) und die ihr angehörige International Union for Biological Sciences, in Zusammenarbeit u. a. mit der International Union for Conservation of Nature and Natural Resources. In den einzelnen Ländern übernahmen unterschiedliche Wissenschaftseinrichtungen (z. B. Akademien, Nationalfonds) die Trägerschaft, in der Bundesrepublik die DFG, nirgendwo jedoch eine Regierungsstelle.

Für die Sektion PF (Süßwasser-Lebensgemeinschaften) konnte an das schon seit 1960 laufende Bodensee-Projekt angeknüpft, konnten dessen Untersuchungsergebnisse eingebracht werden. Anders für die Sektion PT (Land-Lebensgemeinschaften). Hier hatte Ellenberg 1964 für das IBP als Leiter der entsprechenden Arbeitsgruppe maßgeblich in der Ausarbeitung der Rahmenrichtlinien mitgewirkt: »Produktions-Ökologie von Land-Lebensgemeinschaften im Rahmen des Internationalen Biologischen Programms« (Ellenberg/Ovington, 1964). Diese Richtlinien wurden von den Landesausschüssen übernommen, und die DFG konzentrierte ihre Mittel, was die Inangriffnahme eines *neuen* Projekts als deutschen Beitrag zum IBP betraf, auf das sogen. Sollingprojekt im Rahmen des Schwerpunktprogramms »Experimentelle Ökologie«.

Das IBP lief offiziell von 1967-1972, wird aber in manchen Ländern noch heute fortgesetzt. Die Forschungsvorhaben des Sollingsprojekts sind, ebenso wie die allgemeinen Rahmenrichtlinien, an den Grundfragen der Ökosystemforschung orientiert und knüpfen zugleich an die ältere Tradition der angewandten Pflanzensoziologie an (IBP, 1967, S. 4):

A. *Produktionsbestimmende Klimaelemente*
1. Energiebilanz, insbesondere Wärme- und Wasserhaushalt
2. Lichtverteilung in verschiedenen Pflanzenbeständen

B. *Produktionsbestimmende Bodenfaktoren*
3. Niederschläge, Bodenfeuchte und Bodenwasser-Bilanz
4. Bodenkundliche Charakterisierung der Standorte
5. Mikromorphologische und mikromorphometrische Bodencharakterisierung

C. *Sonstige Einflüsse auf die Stoffproduktion*
6. Nacheiszeitliche Vegetationsentwicklung
7. Geschichte der Forsten, des Grünlandes und des Wildbestandes

D. *Am Aufbau der Lebensgemeinschaften beteiligte Pflanzen und Tiere*
8. Gefäßpflanzen und grüne Kryptogamen der Wälder
9. Gefäßpflanzen der Wiesen und des Ackerlandes
10. Pilzflora der Probeflächen
11. Mikroorganismen des Bodens
12. Wirbeltiere, insbesondere Kleinsäuger
13. Wirbellose Tiere, insbesondere Insekten

E. *Primäre Produktion der grünen Pflanzen*
14. Kohlendioxyd-Assimilation und Transpiration
15. Assimilierende Blattflächen
16. Gesamte Stoffproduktion der Waldbestände
17. Forstliche Ermittlung der Holzproduktion
18. Gesamte Produktion der Wiesenbestände bei verschiedener Düngung
19. Maximale pflanzenbauliche Produktion auf Ackerland

F. *Kreislauf der Elemente und Abbau organischer Stoffe*
20. Kreisläufe der für Primärproduzenten wichtigen Elemente
21. Untersuchungen zum Kohlenstoff-Kreislauf
22. Mikrobiell bedingte Umsetzungen im Boden
23. Kreislauf des Phosphors
24. Mineralstickstoff-Produktion der Böden
25. Produktionsbiologische Rolle der Mykorrhizapilze
26. Mikromorphologische Untersuchungen der Streuzersetzung

G. *Sekundäre Produktion der Tiere*
27. Stoff- und Energieumsatz von blattfressenden Insekten und deren Einfluß auf die Primärproduktion
28. Arthropoden im Kronenraum des Buchenwaldes
29. Abhängigkeit der Sekundärproduktion von den Inhaltstoffen der Primärprodukte und von Klimafaktoren
30. Produktionsbiologie streuzersetzender Kleinarthropoden und Oligochaeten
31. Nahrungs- und Energieumsatz räuberischer Arthropoden der Bodenoberfläche

H. *Gültigkeitsbereich der Ergebnisse*
32. Kartierung der Waldgesellschaften im Solling
33. Phänologische Untersuchungen im Solling im Vergleich zu anderen Mittelgebirgen
34. Kartierung der Wiesengesellschaften im Hochsolling
35. Kartierung der Bodentypen im Solling

Die ersten Forschungsergebnisse des Sollingsprojekts hat Ellenberg 1971 unter dem Titel »Integrated Experimental Ecology« vorgelegt, mit 12 Aufsätzen zur Primärproduktion, 6 zur Sekundärproduktion, 7 zu den Umweltfaktoren sowie 2 zum Gültigkeitsbereich der Ergebnisse. Die Verfasser dieser Beiträge zu einer interdisziplinären Ökosystemforschung verteilen sich auf folgende Disziplinen: Bodenkunde und Waldernährung (6), Botanik (5), Geobotanik (4), Angewandte Botanik (3), Forstwirtschaft (3), Holzwirtschaft (2), Grünlandwirtschaft (2), Pflanzenbau und

Saatgutforschung (2), Zoologie (2), Meteorologie (1), Mikrobiologie (1), Landschaftspflege (1). Im gleichen Jahr 1971 räumte die Deutsche Botanische Gesellschaft auf ihrer Jahrestagung dem Thema »Ökosystemforschung« einen ganzen Vortragstag ein, und anschließend veranstaltete die Gesellschaft für Angewandte Botanik ein zweitägiges Symposium über »Stoffproduktion« (Ökosystemforschung, 1973, S. V). Eine Auswahl der damaligen Vorträge liegt in dem Sammelband »Ökosystemforschung« vor (1973). In einem einleitenden Referat gibt Ellenberg als Herausgeber einen Überblick über Ziele und Stand der Ökosystemforschung, mit dem wir diesen Kapitelteil enden lassen wollen.

Die Ziele der Ökosystemforschung faßt Ellenberg unter systematischen Punkten zusammen, für die sich in unterschiedlichem Ausmaß noch große Wissenslücken ausmachen lassen: (1) Strukturbeschreibung der Ökosysteme (Feststellung der pflanzlichen und tierischen Lebensformen), Typisierung und Klassifikation von Ökosystemen. Für diese Ebene der Untersuchung, die besonders an die Tradition der Pflanzensoziologie anknüpft, legt Ellenberg einen eigenen »Versuch einer Klassifikation der Ökosysteme nach funktionalen Gesichtspunkten« vor (Ellenberg, 1973 (b), S. 235 ff.), der sich allerdings »nur« auf die »natürlichen oder naturnahen Ökosysteme« erstreckt. Die »urban-industriellen Ökosysteme« als zweite Hauptgruppe entziehen sich vorerst noch, gemessen am Stand der Forschung, selbst dieser zunächst deskriptiv-klassifikatorischen Erfassung; die Erforschung von »anthropogenen Ökosystemen« ist demnach als besonders eindeutige, dringliche Aufgabe auszumachen (Ökosystemforschung, 1973, S. 23; vgl. S. V, 2, 29, 263).

Weitergehende Ziele der Ökosystemforschung sind: (2) Analyse der Funktion und Leistung von Teilvorgängen und einzelnen Komponenten. Hier sind insbesondere die produktionsbiologischen Arbeiten verortet (Energieumsätze, Stoffkreisläufe). (3) Studium der Stabilität und der Selbstregulation von Ökosystemen. Für diese zentrale, auch in der Öffentlichkeit unter dem Stichwort »ökologisches Gleichgewicht« diskutierte Frage bezeichnet Ellenberg den Wissensstand als vergleichbar mit dem Entwicklungsstand der Pflanzenökologie um die Jahrhundertwende, und er kritisiert die Bereitschaft, mangelndes Wissen durch vorschnelle Behauptung von »Gesetzmäßigkeiten« zu ersetzen (Ellenberg, 1973 (a), S. 24).

Diese drei Ziele der Ökosystemforschung stellen gleichsam wachsende Komplexitätsstufen der Analyse dar. Sie werden ergänzt durch zwei methodologisch gefaßte Ergänzungen: (4) Experimentelle Abwandlungen von Ökosystemen, etwa zur Überprüfung der Belastbarkeit von Ökosystemen. (5) Modellbildung und mathematische Systemanalyse. Während die experimentelle Ökosystemforschung, nach Ellenberg, im ganzen »noch in den Anfängen« steht, hat sich die elektronische Datenverarbeitung auf dem Gebiet der Ökologie bereits einen unverzichtbaren Platz erobert, leistet wertvolle Dienste bei der Registrierung von Meßdaten. Ob allerdings damit die Berechenbarkeit von Ökosystemen schon möglich ist, muß noch offen bleiben und kann bezweifelt werden (Ellenberg, 1973 (a), S. 28 f.).

Insgesamt ist jedoch der Weg der Ökologie von einer deskriptiven zu einer systemanalytischen Wissenschaft eindeutig erkennbar; er mündet ein in eine interdisziplinär angelegte Ökosystemforschung, und dies schon mindestens seit den frühen 1960er Jahren, also *vor* der großen öffentlichen Umweltdiskussion. Diese selbst geht allerdings zeitlich parallel, wenn sie nicht ursächlich verbunden ist, mit der Bereitschaft der allgemeinen Biologie und ihrer großen Fachgesellschaften, sich in immer stärkerem Maße auch ökologischen Themen zuzuwenden. Insofern teilt die Biologie mit der nichtwissenschaftlichen Öffentlichkeit die Anerkennung der Ökosystemforschung als zentrale Umweltwissenschaft auf dem Hintergrund der politisierten Umweltproblematik.

Die Diskussion um den Umweltbegriff

Die Grundlinien der Ökologiegeschichte, wie sie vorstehend unter dem Gesichtspunkt »von der deskriptiven zur systemanalytischen Ökologie« skizziert wurden, haben sich ganz oder doch vorwiegend auf die Synökologie konzentriert und, jedenfalls für die deskriptive Ökologie, sich auf die geographisch-naturgeschichtliche Wurzel und Traditionslinie der Ökologie gestützt. Daneben gibt es aber, wie gezeigt, die Autökologie und die physiologische Traditionslinie der Ökologie. Und wiewohl in der modernen, systemanalytischen Ökologie diese Trennung kaum noch sinnvoll und praktisch durchführbar ist, so ist sie doch in der Geschichte der Ökologie erkennbar. Die autökologisch-physiologische Ökologie verlangt daher eine eigene Betrachtung, wenn die moderne Ökologie in historischer Perspektive richtig gesehen werden soll. Dieser Aspekt der Ökologiegeschichte soll hier anhand der Diskussion um den Begriff der »Umwelt« dargestellt werden.

»Der Begriff Umwelt wurde von dem Biologen Jakob von Uexküll (1864-1944) in die Ökologie eingeführt für die ein Lebewesen umgebende Außenwelt, soweit sie von den Merk- und Wirkorganen der Tiere erfaßt wird und diese zu einem bestimmten Verhalten veranlaßt« (Illies, 1973, S. 16). Uexküll, Physiologe und zunächst längere Zeit Privatgelehrter, hatte sich mit Studien über den Bewegungsapparat der Tiere (vor allem der niederen Tiere) beschäftigt und einen Namen gemacht. Als zugleich philosophisch und biologietheoretisch interessierter Geist setzte er sich mit der Biologie der Jahrhundertwende auseinander, insbesondere mit der mechanistischen Physiologie, die die Lebewesen als Reflexmaschinen interpretierte (Uexküll/Kriszat, 1956, S. 21, S. 167). Demgegenüber bezog Uexküll zwei biologietheoretische Positionen, die jedoch innerlich zusammenhängen. Einmal stellte er, in Anknüpfung an Kants Raum- und Zeittheorie, das Tiersubjekt in den Mittelpunkt der Forschung und versuchte, das Verhalten als Zusammenspiel von arteigener Umwelt und arteigener Anpassung zu deuten. Hierfür entwickelte er sein Modell des Funktionskreises. Zum anderen wollte er jedes Lebewesen als »funktionelle Einheit« (Uexküll, 1921, S. 3) verstehen und führte die Kategorie des Bauplanes ein, die Umwelt und Innenwelt im Funktionskreis verbindet: »Der Bauplan schafft selbsttätig die Umwelt des Tieres« (Uexküll, 1921, S. 4). Damit reihte sich Uexküll ein in die Reihe der Kritiker an der reduktionistischen Biologie und biologischen Physiologie, der von verschiedenen Seiten (Gestalttheoretiker, Ganzheitstheoretiker) vorgeworfen wurde, sie isoliere »Teilfunktionen, um diese als rein physikalisch-chemische Probleme behandeln zu können«, verfehle damit aber gerade den Lebensprozeß, den sie studieren wolle (Uexküll, 1921, S. 3).

Im Jahre 1909 legte Uexküll sein lange isoliert gebliebenes Buch »Umwelt und Innenwelt der Tiere« vor. Hier entwickelte er den »Funktionskreis« als »ein allgemeines Schema..., das die Beziehungen eines jeden Tieres zur Welt darstellt« (Uexküll, 1921, S. 45): Der Tierkörper bildet den »Mittelpunkt einer speziellen Umwelt dieses Tieres«, und die Beziehungen zwischen Lebewesen und Umwelt sind doppelter Art: die Umweltdinge (z. B. Beute, Feind,

Hindernis) entsenden »spezielle Reize zu den Rezeptoren (Sinnesorganen) des Tieres, andererseits bieten sie spezielle Angriffsflächen seinen Effektoren (Wirkungsorganen)«. Die arteigene Umwelt umfaßt daher »eine Merkwelt, die die Reize der Umweltdinge umfaßt, und ... eine Wirkungswelt, die aus den Angriffsflächen der Effektoren besteht.« Merkmalträger und Wirkungsträger (Reize und Angriffsflächen) konstituieren das Objekt für das Tiersubjekt, dessen Verbindung zu dieser Objekt-Umwelt über die eigenen Merk- und Wirkorgane (nervöse Netze) der tierischen Innenwelt hergestellt ist. Der damit zustandekommende Funktionskreis bedeutet, »daß eine in sich geschlossene Kette von Wirkungen bei jeder tierischen Handlung Subjekt und Objekt aneinander bindet«; daß also »ein jedes Tier eng mit seiner Umwelt verbunden« ist (Uexküll, 1921, S. 45 f.).

Es ist unschwer zu erkennen, daß Uexküll mit seinem Umweltbegriff in die Ahnenreihe der Verhaltensforschung (Ethologie) gehört (Portmann, Vorwort zu Uexküll/Kriszat, 1956, S. 11). Auf der Basis seines Modells des Funktionskreises stellte er der speziellen Biologie eines Tieres die Aufgabe, eine volle Anschauung davon zu gewinnen, »mit welchen Bändern der Körper ringsum in seiner Umwelt aufgehängt erscheint« (Uexküll, 1921, S. 47). Als er nach dem Ersten Weltkrieg sein Privatvermögen verloren hatte und eine Honorarprofessur in Hamburg übernahm, gründete er dort ein »Institut für Umweltforschung«. Eine auszugsweise Liste von Arbeiten, die aus diesem Institut hervorgegangen sind, macht den ethologischen Forschungsansatz deutlich, zeigt aber auch autökologische und physiologische Fragestellungen (nach Brock, 1934, S. 209 ff.).

Beniuc, M.: Bedeutungswechsel der Dinge in der Umwelt des Kampffisches Betta splendens Regan. 1933

Brecher, G. A.: Die Entstehung und biologische Bedeutung der subjektiven Zeiteinheit, – des Momentes. 1932

Brock, Fr.: Das Verhalten des Einsiedlerkrebses Pagurus arrosor Herbst während der Suche und Aufnahme der Nahrung. 1926

ders.: Das Verhalten der ersten Antennen von Brachyuren und Anomuren in bezug auf das umgebende Medium. 1930

ders.: Die Orientierung höherer Krebse im Beutefelde als Beispiel einer idealistischen Funktionsplantypologie. 1931

Brüll, H.: Bedeutung und Waffen unserer Raubvögel. 1932

Frank, H. R./Neu, W.: Die Schwimmbewegungen der Tauchvögel (Podiceps). 1929

Gettkandt, A.: Die Analyse des Funktionskreises der Nahrung bei der Kutscherpeitschenschlange Zamenis flagelliformis L. 1931
Heinrich, A.: Sperrung und Bewegung als Grundlage zur Deutung der Muskelfunktion. 1934
Kriszat G./Ferrari, R.: Untersuchungen über den Stoffwechsel des Maulwurfs. 1933
Kühl, H.: Beobachtungen zur Plastizität des Nervensystems bei langschwänzigen Krebsen (Hummer, Flußkrebs). 1932
Lissmann, H. W.: Die Umwelt des Kampffisches (Betta splendens Regan). 1932
Neu, W.: Untersuchungen über den Schiffsbewuchs. 1932
Sarris, E. G./Uexküll, J. v.: Das Duftfeld des Hundes. 1931
Sarris, E. G.: Versteht der Hund Worte? 1932
ders.: Können Menschenaffen denken? 1932
Sarris, E. G./Uexküll, J. v.: Dressur und Erziehung der Führhunde für Blinde. 1932

Ob man Uexkülls Inaugurierung der »Umweltforschung«, deren Bedeutung für die Verhaltensforschung unbestritten ist, auch in die Traditionslinie der Ökologie stellen kann (Illies, 1973, S. 16; v. Weizsäcker, 1972, S. 9), ist allerdings fraglich. Denn dafür erscheint sein Umweltbegriff doch zu eng und subjektivistisch (A. Thienemann, 1956, S. 8). Und auch Uexküll selbst nahm eine klare Abgrenzung von der Ökologie vor: »Wenn wir den Körper eines Tieres mit einem Hause vergleichen, so haben bisher die Anatomen die Bauweise und die Physiologen die im Hause befindlichen maschinellen Anlagen genau studiert. Auch haben die Ökologen den Garten, in dem sich das Haus befindet, abgegrenzt und untersucht. Man hat aber den Garten immer so geschildert, wie er sich unseren menschlichen Augen darbietet, und darüber verabsäumt, sich Rechenschaft davon abzulegen, wie sich der Garten ausnimmt, wenn er von dem Subjekt, das das Haus bewohnt, betrachtet wird« (Uexküll/Kriszat, 1956, S. 153).

Die kritische Auseinandersetzung mit der Umweltlehre Uexkülls hat vor allem Hermann Weber geführt (1937, 1939). Er kritisiert den subjektivistischen Umweltbegriff, der alle Faktoren der Umgebung, die nicht mit den Merkorganen erfaßt werden, ausschließe. Dadurch entstehe eine Kluft zwischen Ökologie und der Umweltlehre Uexkülls, denn die Ökologie »kann mit gar nichts anderem arbeiten als mit dem, was von Uexküll Umgebung nennt« (Weber, 1937, S. 99). Nun will freilich auch Weber »Umwelt« von »Umgebung« geschieden wissen, »denn ›Umwelt‹ enthält stets eine Bezugnahme auf einen bestimmten Organismus oder gar auf eine bestimmte Person; der Umweltbegriff ist ein Beziehungsbegriff« (Weber, 1939, S. 636). Uexküll habe nun zwar »am meisten dazu beigetragen, den Umweltbegriff als Beziehungsbegriff aufzuzeigen«, seine konkrete Fassung (im Modell des Funktionskreises) sei dagegen zu eng ausgefallen und deshalb für viele Teile der Biologie so nicht brauchbar. Im einzelnen kritisiert Weber: Uexkülls Umweltbegriff sei mehr ein psychologischer als ein biologischer Begriff; er bedeute nicht »einen Ausschnitt aus einer (potentiellen oder aktuellen) adäquaten Außenwelt, sondern vielmehr das, was man beim Menschen als ›Weltbild‹ bezeichnen würde«; der Anwendungsbereich dieses engen Umweltbegriffs schließe viele Dimensionen der biologischen Umwelt aus, wie z. B. die nicht auf dem Weg über das Nervensystem wirkenden Umgebungseinflüsse beim Tier und den gesamten Bereich der Botanik vielzelliger Pflanzen. Demgegenüber brauche die Biologie, mit Rücksicht auf ihre verschiedenen Zweige und deren Anwendungsgebiete, einen Umweltbegriff, der im Kern auf jenen »Ausschnitt aus einer Umgebung« hinauslaufe: »Unter (Minimal-)Umwelt soll in der Biologie die im ganzen Komplex einer Umgebung enthaltene Gesamtheit der Bedingungen verstanden werden, die einem bestimmten Organismus gestatten, sich kraft seiner spezifischen Organisation zu halten, d. h. die ihm in einem zeitlich bestimmt abgegrenzten Abschnitt einer Entwicklung innewohnenden Möglichkeiten der Lebensäußerungen (mit Einschluß der Fortpflanzung) in einem die individuelle Sterblichkeit wenigstens ausgleichenden Maß zu entfalten« (Weber, 1939, S. 636).

Dieser Umweltbegriff hat sich grundsätzlich durchgesetzt, auch wenn die Diskussion weiterging und einzelne Modifikationen vorgenommen wurden. So versteht etwa Thienemann unter »Umwelt« »den Komplex der Beziehungen einer Lebenseinheit zu ihrer Umgebung«, aber auch, enger, »den Komplex der Lebensbedingungen für eine bestimmte Lebenseinheit an einer bestimmten Lebensstätte« (Thienemann, 1956, S. 8). Demgegenüber haben Schüler und Nachfolger Uexkülls (F. Brock, H. Petersen) dessen (subjektivistische) Umwelt richtiger mit »Eigenwelt« bezeichnet (Weber, 1939, S. 637.

Uexküll selbst hat die Nähe seiner »Umweltforschung« zur Tierpsychologie gesehen, lehnte diese jedoch ab. Er hielt Aussagen über die Erlebensseite des Subjekts für jenseits der Biologie und beschränkte sich auf die Erforschung der Übereinstimmung von Struktur und Gebaren (Portmann, in: Uexküll/Kriszat, 1956, S. 13): »Das ganze Leben eines jeden Tieres, soweit es sich um sein ausgebildetes Gefüge handelt, kann und soll mechanisch begriffen werden« (Uexküll, 1921, S. 47). Man wird freilich der »Umweltlehre« Uexkülls nur gerecht, wenn man ihre Verankerung in einer biologietheoretischen Position berücksichtigt, die mit den Worten »Bauplan« und »Planmäßigkeit« umschrieben werden kann und die in den weiteren Zusammenhang der Problematik des Holismus gehört.

Die Holismus-Problematik

In seiner kritischen Analyse des Uexküllschen Umweltbegriffs zeigt H. Weber auf, wie dieser Begriff auf dem »Axiom des Plans« beruht. Am Beispiel einer Arbeit des Uexküll-Schülers Brock (»Suche, Aufnahme und enzymatische Spaltung der Nahrung durch die Wellhornschnecke«, 1936) weist er nach, daß Uexküll, in den Worten Portmanns, trotz seiner Ablehnung der Tierpsychologie Vitalist geblieben sei, insofern er an einer besonderen Naturmacht festhielt, der »Planungsmäßigkeit« (Portmann, in : Uexküll/Kriszat, 1956, S. 16). Denn dieser »Plan«, der, wie bereits zitiert, selbsttätig die Umwelt des Tieres schafft (Uexküll, 1921, S. 4), hat entelechialen Charakter, und Brock spricht folgerichtig auch von der Tier-Umwelt-Monade (Weber, 1937, S. 98). Das Schlüsselwort der damit angesprochenen biologietheoretischen Diskussion ist das der Ganzheit, der ganzheitlichen (holistischen) Betrachtung von Lebensvorgängen. So sollte das Modell des Funktionskreises ein »grobmechanisches Bild« sein und die biologische Forschung anleiten: »Da die Biologie immer vom Ganzen ausgehend den Zusammenhang der Teile untersucht, wird sie solcher vorläufiger Hilfsvorstellungen nicht entraten können, die, sobald die wirklichen Vorgänge erforscht sind, auszuscheiden haben. Darin unterscheidet sich die Biologie von der Physiologie, die die wirklichen Vorgänge an jeder ihr zugänglichen Stelle festzustellen sucht, die Erkenntnis des allgemeinen Zusammenhangs aber auf später verweist« (Uexküll, 1921, S. 48). Ähnlich Brock für die »ganzheitliche Deutung der Vorgänge im Beute- und Verdauungsfeld« der Wellhornschnecke: Pläne, Funktionskreise sind »ideelle

Schemata, die alle Funktionen des Beute- und Verdauungsfeldes eines Tieres umschließen. Durch sie erst erhält die einzelne Leistung einen Ordnungsplatz in einem größeren Ganzen« (Weber, 1937). Und Uexkülls wissenschaftsgeschichtliche Leistung beruhe denn auch, nach Brock, darin, die theoretischen Forderungen von Hans Driesch, »Ganzheiten« als unableitbare Grundkategorien alles Lebendigen aufzufassen und zu behandeln, mit den notwendigen methodischen Anweisungen versehen zu haben (Brock, 1934 [b], S. 479).

Uexküll und seine Schule glaubte, das Problem der Ganzheit in der Biologie mit Hilfe der Konzeption von den Bauplänen zu meistern, ja sie sahen darin die eigentliche Aufgabe der Biologie und deren Spezifikum gegenüber anderen Naturwissenschaften. »Die Erforschung des Bauplanes kann... allein die gesunde und gesicherte Grundlage der Biologie abgeben« (Uexküll, 1921, S. 5). Und über Max Hartmann, den Direktor des Max-Planck-Instituts für Biologie, konnte Uexküll 1940 sagen, er sei »ein ausgezeichneter Zellforscher und Chemiker, aber mit der Biologie als der Lehre vom Leben haben seine Arbeiten nichts zu tun. Nur wer nach der Planmäßigkeit der Lebensvorgänge forscht und ihre wechselnde Bedeutung feststellt, ist ein Biologe«. Im gleichen Zusammenhang finden sich Sätze, die die Nähe dieser Ganzheitsauffassung (Holismus) zur idealistischen und organologischen Naturphilosophie vollends deutlich machen: »Grundsätzlich muß ich bemerken, daß es eine Irreführung ist, wenn man 1. statt eines Kunsthistorikers einen Chemiker beauftragt, ein Bild zu beurteilen; 2. wenn man statt einem Musiker einem Physiker die Beurteilung einer Symphonie anvertraut; 3. wenn man, statt einen Biologen heranzuziehen, einem Mechaniker das Recht zugesteht, die Realität der Handlungen aller Lebewesen nur soweit anzuerkennen, als sie dem Gesetz der Erhaltung der Energie gehorchen« (Uexküll/Kriszat, 1956, S. 160 f.).

Die Ganzheits- oder Holismusproblematik in der Biologie wurde in Deutschland besonders intensiv in den 1930er Jahren diskutiert, läßt sich aber bis zum heutigen Tage verfolgen. Es ist freilich weder möglich noch nötig, diese Debatte hier um ihrer selbst willen nachzuzeichnen. Vielmehr reicht es aus, einige Grundpositionen zu verdeutlichen und vor allem den Bezug zur Ökologie herauszuarbeiten. Die Biologengruppe, die man im weiteren Sinne zu den Holisten rechnen darf, läßt sich in den 1930er Jahren fassen etwa im Herausgeberkreis der Reihe »Bios«, der »Abhandlungen zur theoretischen Biologie und ihrer Geschichte, sowie zur Philosophie der organischen Naturwissenschaften, unter Mitwirkung von [u. a.] F. Alverdes, L. v. Bertalanffy, H. Driesch, C. J. van der Klaauw, K. Sudhoff, A. Thienemann, J. Baron v. Uexküll, E. Ungerer herausgegeben von Adolf Meyer.« Einer dieser Mitarbeiter, Bertalanffy, hat vorgeschlagen, »innerhalb der Bestrebung, den Ganzheitsgedanken in die Biologie hineinzutragen, zwei Haupttendenzen zu unterscheiden«: »Die eine, von ihm selbst vertretene, gehe dahin, die ›ganzheitliche‹ Auffassung als eine *naturwissenschaftliche Arbeitshypothese* aufzustellen, die ihr wichtigstes Ziel darin erblicke, der biologischen Forschung konkrete Fragestellungen und Lösungen zu bieten. Die andere Richtung aber habe das Ziel, ein *allgemeines Weltbild* zu entwerfen, sei also in ihren Absichten wesentlich philosophisch, für sie seien nicht so sehr naturwissenschaftlich begründete Theorien der einzelnen Lebenserscheinungen das Ziel als vielmehr eine Gesamtschau der Zusammenhänge in der ganzen Wirklichkeit und im ganzen Gebäude der Wissenschaft« (Weber, 1939, S. 633).

Der Begründer des philosophischen Holismus, der zugleich auch den entsprechenden Terminus einführte, war der Burengeneral Jan Christiaan Smuts mit seinem erstmals 1925 erschienenen Buch »Holism and Evolution«. Sein wichtigster Anhänger und das Haupt der deutschen holistischen Schule war Adolf Meyer (Meyer-Abich), der Smuts' Buch 1938 in deutscher Sprache herausbrachte und mit einem großen Geleitwort versah, nachdem er schon vorher in eigenen Schriften die holistische Weltanschauung vertreten hatte, so in seinem Buch »Krisenepochen und Wendepunkte des biologischen Denkens«, 1935; aber auch noch nach dem 2. Weltkrieg hielt er an dieser Position fest, wie in dem Buch »Geistesgeschichtliche Grundlagen der Biologie«, 1963. Smuts und Meyer sowie deren Anhänger gehen von einem Krisengefühl aus, das in den 1920er und 30er Jahren zweifellos bestand und sich als Kluft zwischen Welt- und Lebenserfahrung, dem Bedürfnis nach Welterklärung und nach dem Leben zugewandter Wissenschaft einerseits, dem Ungenügen an spezialistischen und abstrakten Einzelwissenschaften und der Enttäuschung über die sozialen Auswirkungen der Wissenschaft andererseits artikulierte (Smuts, 1938, S. XI). Sehr viel schärfer und deutlicher formulierte Meyer für seine Diagnose der Gegenwart: »Zusammengebrochen sind die aus den Ideen der französischen Revolution stammenden liberaldemokratischen und sozialistisch-marxistischen Ideologien nebst den ihnen zugrundeliegenden mechanistisch-materialistisch-positivistischen Philosophien, die ebenso wie die politischen Ideale der französischen Revolution ihre Wurzel in der Aufklärung haben« (Meyer, in: Smuts, 1938, S. XXIII). Für die »Suche nach neuen Idealen des Lebens und der Erkenntnis« glaubten Smuts und Meyer, daß der Holismus »den Boden abgeben« könne, »auf dem sich die Wissenschaften, Ethik und Religion doch noch in ihrem Dienst an der Menschheit zusammenfinden können« (Smuts, 1938, S. XII, S. XXIV).

Die Reichweite des holistischen Anspruchs, Ganzheiten zu erfassen, geht hier deutlich über die Grenzen der Biologie oder auch aller Naturwissenschaften hinaus. Denn Ganzheiten, das ist die zentrale These, sind ein konstitutives Element *jeder* Wirklichkeit. Die Gesamtheit der Wirklichkeit wird dabei als abgestufte Gliederung verstanden: Physisches – Organisches – Psychisches – Soziales – Geistig-Geschichtliches. Für die biologietheoretische Diskussion mußten die ersten beiden Glieder dieser Kette im Mittelpunkt des Interesses stehen, und die Holismusproblematik der Biologie läßt sich mit der Frage umschreiben, ob Organismen mit Hilfe der physiologischen Wissenschaften adäquat verstanden werden können oder ob es einer zusätzlichen Annahme (Kraft, Ordnungsprinzip) bedarf. Der ältere Streit zwischen Mechanismus und Vitalismus hat hier seine Wurzel, und der Holismus stellte nach Meyer »die für unsere Epoche mögliche und gültige Lösung des Mechanismus – Vitalismusproblems« dar (Meyer, 1934, S. 8 f.). In den Worten Smuts': »Ganze von verschiedenen Abstufungen sind die wirklichen Einheiten der Natur. Ganzheit ist der am stärksten charakteristische Ausdruck des Wesens der Welt in ihrer zeitlichen Vorwärtsbewegung«. »Man muß sich jedoch darüber klar sein, daß das Ganze kein tertium quid über und jenseits der sie bildenden Teile ist; es ist die Teile in ihrer engen Vereinigung und es ist die neuen Reaktionen, die sich aus dieser Vereinigung ergeben« (Smuts, 1938, S. 101, S. 127). Die Kurzfassung dieser Auffassung ist das bekannte Diktum: »Das Ganze ist mehr als die Summe seiner Teile«.

Für Smuts und Meyer war die Ganzheit »ein wesenhafter und realer Faktor, der in allen Teilen zum Ausdruck kommt..., ein tatsächlich zur Auswirkung kommender kausaler Faktor in der Wirklichkeit« (Smuts, 1938, S. XI). Uexkülls »Baupläne« kommen dieser »realistischen« Position (im Gegensatz zu einer »nominalistischen«) sehr nahe, und Meyer bezieht sich mehrfach auf Uexküll. Gleichzeitig sprach Uexküll jedoch vom »grobmechanischen Bild« seiner Funktionskreise, und Brock von den »ideellen Schemata«. Damit nähern sie sich einer nominalistischen oder positivistischen Position, für die »Ganzheit« oder »Plan« methodologische Konstrukte sind, um die Wirklichkeit zu erfassen. Portmann beschreibt diese Auffassung für die Biologie der 1950er Jahre dahingehend, daß es um die Erforschung des Spiels der Faktoren gehen, deren Wirken ein Ganzes zeigt; um die Bestimmung der Gefügeart, die den Eindruck eines Planes entstehen läßt (Portmann, in: Uexküll/Kriszat, 1956, S. 16). Dies ist ein pragmatischer Holismus, der das Ganzheitsproblem nicht einfach leugnet (und damit eine mechanistische Philosophie vertritt, die ebenso dogmatisch sein kann wie eine vitalistische oder holistische), sondern die »Ganzheit« als eine naturwissenschaftliche Arbeitshypothese konzipiert und benutzt. In den 1930er Jahren wurde diese Position etwa von L. v. Bertalanffy (»Das Gefüge des Lebens«, 1937) und von H. Weber (1939) vertreten.

Weber faßt die wesentlichen Punkte zum Begriff der Ganzheit knapp zusammen: »*Begriff*: Unter »Ganzheit« verstehen wir die naturgesetzlichen Zusammenhänge innerhalb eines *raumzeitlichen* Gefüges, gleichgültig, ob es sich um einen Einzelorganismus, eine Population, eine Biozönose oder um ein abiotisches System, wie z.B. das »Klima«, handelt. *»Ganzheit« bedeutet also allgemein eine naturwissenschaftlich begriffene Gefügegesetzlichkeit. Arbeitshypothese*: Die dabei vorausgesetzten naturgesetzlichen Zusammenhänge sind Kausalzusammenhänge. *Der Begriff schließt ausdrücklich aus*: Nicht-naturgesetzliche Zusammenhänge, wie z.B. eine außerweltliche ordnende Macht, die in das Gefüge eingreifen kann, ohne dabei an Naturgesetze gebunden zu sein ... *Der Begriff schließt ein*: die Voraussetzung, daß die naturgesetzlichen Zusammenhänge, die die Ganzheit ausmachen, im Gefüge selbst begründet sind. *Der Begriff schließt nicht ein*: die Forderung, die Gefügegesetzlichkeit müsse mit den derzeitigen Mitteln der Physik und Chemie in allen Fällen restlos »erklärt« werden können ... *Der Begriff schließt daher nicht ausdrücklich aus*: die Möglichkeit einer Zielgesetzlichkeit (Zielstrebigkeit, Finalität) oder die Möglichkeit einer Sondergesetzlichkeit des Lebendigen ... Allerdings wird eine solche Sondergesetzlichkeit auch nicht ausdrücklich in den Begriff aufgenommen, *es werden also nicht etwa organismische Ganzheiten von vornherein als etwas grundsätzlich anderes definiert als abiotische raumzeitliche Gefüge*« (Weber, 1939, S. 633 ff.).

Auf der Basis einer derartigen undogmatischen, naturwissenschaftlichen Position ließ sich empirisch in verschiedener Richtung weiterforschen, und die Fülle der Einzelbefunde findet bis heute sowohl eine mechanistische wie eine organismische Interpretation, wie etwa der Band »Wohin führt die Biologie?« (1970) belegt. Hier konzediert Georg Melchers, mit Bezug auf die durch Mutationen und Selektionen gesteuerte Entwicklung der Arten, zwar den »Eindruck der Zielgerichtetheit«, glaubt aber, daß dieser Eindruck täusche, daß man von einer zufallsbedingten Entwicklung sprechen könne, daß man keine nicht-mechanistischen Annahmen benötige und daß sich mehr und mehr Teilfragen »restlos auf ein Zusammenspiel objektiv erfaßbarer Faktoren zurückführen« lassen (Melchers, 1970, S. 33 ff.). Viel mehr behauptet aber auch Bertalanffy nicht, wenn er zwar der mechanistischen Erklärung einen Pseudovitalismus vorwirft, weil diese mit dem Selektionsprinzip die Selbsterhaltung organischer Systeme bereits voraussetze, dann aber fragt: Welche modernen Modelle für zielstrebiges Verhalten, als Ersatz der »Lebenskraft«, haben wir? Seine Antwort heißt: Die allgemeine Systemtheorie, die es gestattet, »die Welt... nicht [als] ein blindes Spiel von Atomen, sondern als eine große Organisation« zu sehen, insbesondere die lebenden Systeme (Organismen und Ökosysteme) als Fließgleichgewichte zu begreifen (Bertalanffy, 1970, S. 13 ff.). Ganz ähnlich argumentiert George G. Simpson mit Bezug auf die modernste biologische Disziplin, die Molekularbiologie, die gemeinhin als vorderste Front einer reduktionistischen Biologie, einer Zurückführung oder Zerlegung von Lebensprozessen in physikalische und chemische, gilt: Die Molekularbiologie klärte das genetische Fundament der Evolution, indem es die Mechanismen der Selektion aufdeckte. Aber nicht die Moleküle evoluieren durch Anpassung, sondern Organismen in Populationen. Die molekularen Vorgänge sind »gesteuert«, weil sie auf der Ebene von Populationssystemen und deren Umwelt erfolgen. Leben ist damit kein molekularer Vorgang; das Spezifikum organischer Systeme besteht in Organisation (Simpson, 1972, S. 7, 14, 33 f.).

Die Verweise auf die Systemtheorie und die Steuerung von Prozessen durch Organisation dürften unmittelbar einleuchtend machen, welche Bedeutung holistische Konzepte in der Biologie erst gewinnen mußten, wenn man sie nicht nur auf Einzelorganismen, sondern auf Organismengemeinschaften, auf Populationen, Biozönosen und Ökosysteme anwandte. Das haben natürlich auch Vertreter eines philosophischen Holismus gesehen, und so nimmt denn etwa bei Meyer die Ökologie einen ganz hohen Stellenwert ein. In der Geschichte der Biologie unterscheidet Meyer vier biologische Grundwissenschaften, die »historisch nacheinander in ganz verschiedenen Epochen der Geistesgeschichte des Abendlandes entstanden« sind: Morphologie (Antike), Physiologie (Renaissance und Aufklärung), Phylogenie (Romantik, Hegelschule) und Ökologie, die jüngste Grundwissenschaft, die dem »sozialen zwanzigsten Jahrhundert« angehört (Meyer-Abich, 1963). Und die Ökologie selbst gliedert er in Morphologische Ökologie (Biozönologie und Biosoziologie), Physiologische Ökologie (Kausale Ökologie, Autökologie), Phylogenetische Ökologie (Historische Ökologie) und Autonome Ökologie (Synökologie). Von den älteren deutschen Ökologen selbst ist ihm wohl am stärksten K. Friederichs gefolgt, zeitweise und teilweise aber auch A. Thienemann. Friederichs sah, ganz in Übereinstimmung mit Smuts und Meyer, die Möglichkeit, die Ökologie »für die Naturwissenschaften zur Grundlage ihrer Wiedervereinigung und Sinngebung« zu machen (Friederichs, 1937, S. V): »Die Welt ist integriert. Sie ist Gestalt und aus Gestalten zusammengesetzt, ist Ganzheit.« Und nur die Anwendung des organischen, vom Ganzen ausgehenden Denkens betrachtet »das Ganze der Natur, Leben und Umwelt ... in ihrer Ganzheit als Kosmos« (Friedrichs, 1937, S. 4, 11). Ökologie wird damit zur überfachlichen, verbindenden Naturwissenschaft: »die oberste Synthese nicht nur aus den drei biologischen Elementarwissenschaften (wie Adolf Meyer sagt), sondern ... der gesamten Naturwissenschaften zur Wissenschaft von der Natur« (Friederichs, 1934, S. 282).

Friederichs war freilich nüchtern genug, um der Ökologie gleichzeitig den Charakter einer Fachwissenschaft zuzuerkennen, und er selbst hat gerade für anwendungsorientierte Aspekte der Ökologie (Forstwirtschaft und Schädlingskunde) bedeutende empirische Beiträge geliefert. In noch stärkerem Maße gilt diese Arbeitsteilung zwischen philosophischer Gesamtschau und empirischer Detailforschung auf dem Gebiet der Ökologie für A. Thienemann, hier mit deutlichem Übergewicht der konkreten limnologischen Arbeit. Für die »allgemeine Ökologie« beruft sich Thienemann ausdrücklich auf Meyer und Friederichs, wenn er die Ökologie charakterisiert: »synthetisch in erster Linie ihrem Wesen nach, die Totalität des Seins erfassend, zeitnahe, naturnahe, von höchster Wichtigkeit für die Erkenntnis und noch mehr für die Praxis. Ihr Wirkungsbereich ist so weit gezogen, daß sie alle speziellen Naturwissenschaften ohne Ausnahme einschließt, zu einer Gestalt verbindet« (Thienemann, 1956, S. 128).

Auf dem Hintergrund dieser Auffassung ist einsichtig, daß die ökologische Forschung (jedenfalls im Deutschland der 1930er Jahre) zwar gerade wegen ihres holistischen Ansatzes Ökosystemforschung war, daß sie aber (wohl wegen der damit verbundenen philosophischen Prätentionen) in erster Linie deskriptiv-komparativ blieb, es als eine Hauptaufgabe der allgemeinen Ökologie ansah, Ökosysteme zu beschreiben und dabei »die Typen dieser überindividuellen Ganzheiten aus Lebensraum plus Lebensgemeinschaft – größeren oder geringeren Umfangs – in ihrer charakteristischen Eigenart herauszuarbeiten« (Thienemann, 1956, S. 125 f.). Das Zurückscheuen vor einer experimentellen und damit kausalanalytischen Ökosystemforschung läßt sich jedenfalls, wie schon in anderem Zusammenhang erwähnt, hier wissenschaftsgeschichtlich festmachen (Elster, 1974, S. 16).

Die ökologische Forschung auf der Basis eines pragmatischen Holismuskonzepts ließ es dagegen nicht nur lohnend erscheinen, sich den verschiedensten Fragen, auch aus anwendungsorientierten Interessen, zuzuwenden; ein solches arbeitshypothetisches Konzept verbot auch keineswegs die experimentelle und analytische Methode. Wie denn überhaupt der Gegensatz zwischen Reduktionismus und Holismus meist überspitzt wird, vor allem wohl von der (philosophisch-)holistischen Seite, weil natürlich auch die Reduktionisten theoretische Annahmen über »Ganzheiten« machen, die zu experimentell überprüfbaren Fragestellungen bezüglich des Verhaltens und der Funktion von Teilen führen. Und so lassen sich denn, in der neueren Diskussion, die weniger philosophisch und mehr methodologisch orientiert ist, einige Positionen ausmachen, die weniger einen grundsätzlichen Gegensatz zwischen Reduktionismus und Holismus behaupten, sondern mehr die Schwierigkeiten reflektieren, die es macht, das methodische Instrumentarium des (ansonsten so erfolgreichen) Reduktionismus auf komplexe Systeme (Organismen, Organisationen, Ökosysteme) anzuwenden; und die Rückwirkungen, die diese Schwierigkeiten auf die Wissenschaftsentwicklung selbst haben.

Eine skeptische Position vertreten Murdoch und Conwell: »Ökologie ist eine der wenigen biologischen Disziplinen, wo nicht klar ist, daß die Verlagerung von Teilen des Problems in das Labor zur experimentellen Untersuchung eine angemessene Technik ist. Es könnte sein, daß die damit verbundene notwendige Vereinfachung genau jene Elemente aus dem System entfernt, die seine Funktion bestimmen. Darüber hinaus ist Ökologie das einzige Gebiet der Biologie, das nicht einfach eine Frage angewandter Physik und Chemie ist... Das Individuum oder die Population ist die grundlegende Einheit der Ökologie. Es erscheint daher sicher, daß eine direkte Ausweitung von Physik und Chemie den Ökologen nicht helfen wird. Schließlich gibt es noch das Problem, daß jede ökologische Situation eine eigene Geschichte hat und von jeder anderen ökologischen Situation verschieden ist« (Murdoch/Conwell, 1973, S. 161 f.). Ein derartiger Katalog von Problemen gibt noch nicht an, was man tun kann und soll. Simpson, der die Gegensätze zwischen Biologie und Physik/Chemie gleichfalls und eher noch schärfer betont, zögert keinen Augenblick, der Biologie zu sagen, die ihr »adäquate Forschungsarbeit erfordere gleichermaßen Reduktion und Komposition«, wobei freilich Organisation, als das spezifisch Biologische, nicht völlig reduzierbar sei (Simpson, 1972, S. 38). Boughey sieht, wie auch Bertalanffy, die Lösung des methodischen Problems in der Anwendung von Techniken der Systemanalyse, die den Gegensatz zwischen Holisten und experimentellen Ökologen überbrücke: »Früher isolierte der experimentelle Ökologe sorgfältig eine Population, einen Faktor, oder eine Interaktion, während er damit experimentierte, und hielt alles andere konstant. Heute wissen wir, daß Populationen, Lebensgemeinschaften und Ökosysteme ohne manipulierende Eingriffe untersucht werden können, wenn man die Vorgänge in einfache Stufen zerlegt, die mit Hilfe von Computersimulationsmodellen als eine Folge logischer Prozeduren wiederholbar sind« (Boughey, 1971, S. 31). Handler schließlich betont die Zäsur der 1940er Jahre in der Geschichte der Ökologie, wenn er 1970 feststellt: »In den vergangenen 30 Jahren hat sich die Ökologie radikal gewandelt. Neue physikalische und chemische Technologien haben dazu geführt, daß sie sich als eine Wissenschaft in der freien Natur stark unterscheidet von der eine Generation älteren ›Botanik vom Autofenster‹ aus.« Handler fügt freilich hinzu: »Das allgemeine Problem der Ökosystemanalyse ist, abgesehen von soziologischen Problemen, die ebenfalls ökologisch sind, das schwierigste Problem, das dem Menschen je gestellt wurde« (Handler, 1970, S. 465, 471).

Wie immer man die Chancen der Ökologie beurteilen mag, ihre spezifischen methodischen Probleme zu meistern, eines scheint gewiß und wird nicht ernsthaft bestritten: Der erfolgreiche methodische Reduktionismus der Naturwissenschaften förderte nicht gerade eine Beschäftigung mit ökologischen Gegenständen, führte zu einer relativ einseitigen Konzentration wissenschaftlicher Aktivität auf diejenigen Gegenstände, die sich (zumindest leichter und eher) einer reduktionistischen Forschungsweise zugänglich zeigten. Man wird diese Aussage ohne Vorwurf, ja als bare Selbstverständlichkeit einer autonomen Wissenschaftsentwicklung artikulieren dürfen und dennoch die Konsequenzen dieser Entwicklung unter den Gesichtspunkten von »Vernachlässigung«, »Verspätung«, »unbeabsichtigten Nebenfolgen«, »disproportionalem Wachstum« bedenken können. Andeutungen dazu wurden in anderem Zusammenhang schon gemacht, als Barry Commoners Analyse der Ursachen der ökologischen Krise vorgestellt wurde. Derartige Gedanken gilt es hier wieder aufzunehmen, freilich in Beschränkung des damit eröffneten »weiten Feldes« auf zwei Fragenkomplexe, die für unser Gesamtthema sowohl wie für die Einschätzung der hier untersuchten »Ökologie in historischer Perspektive« einschlägig sind: (1) Das Verhältnis zwischen Ökologie und Biologie, mit den zum Teil schon angesprochenen Fragen nach innerwissenschaftlichen Determinanten der konstatierten Ökologiegeschichte; und nach dem gegenwärtigen Status der Ökologie innerhalb der Community, nach ihrer Selbst- und Fremdeinschätzung. (2) Das Verhältnis zwischen Ökologie und Umweltproblem, mit Fragen nach dem Auseinanderfallen von wissenschaftlicher Entwicklung, wissenschaftlicher Problemlösungskapazität und drängenden gesellschaftlichen Problemen; und nach dem Stellenwert der Ökologie im Rahmen der Umweltforschung. Die Ökologie, deren Geschichte bisher hier gleichsam »aus sich selbst heraus« unter verschiedenen Aspekten untersucht und dargestellt wurde, soll damit nunmehr auf zwei Folien abgebildet und von daher interpretiert werden: die Geschichte der Biologie, und die Geschichte des Umweltproblems.

Ökologie und Biologie

Es liegt begreiflicherweise völlig außerhalb der Reichweite dieser Studie, neben einer (wie immer fragmentarischen) Geschichte der Ökologie nun auch noch eine Geschichte der Biologie selbständig zu erarbeiten, und die Aufgabe dieses Abschnitts kann nur sein, für die Fragen nach dem Verhältnis zwischen Ökologie und Biologie einige Indizien sowie Forschungsergebnisse und Meinungen anderer zur Beantwortung heranzuziehen. Zunächst soll dabei betrachtet werden, wie die Wissenschaftsentwicklung der Biologie im Verhältnis zu derjenigen von Physik und Chemie gesehen wird. Auf dieser Betrachtungsebene herrscht, unter den Gesichtspunkten relativ starker Förderung und relativ schnellen Wachstums, ein Urteil zuungunsten der Biologie vor. So sieht Nicholson eine seit etwa 1870 zu beobachtende »überproportional aufgeblähte Förderung von Physik, Chemie und bestimmter anderer Sparten, wie etwa des Weltraumwettrennens der neuesten Zeit«, wodurch die Biologie in den Hintergrund gedrängt worden sei und »eine traurige Abwertung ihres Status seit den großen Tagen eines Darwin und eines Huxley erfahren« habe (Nicholson, 1972, S. 185, S. 206). Ganz ähnlich diagnostiziert Melchers, daß die Biologie heute weniger populär sei als im letzten Drittel des 19. Jahrhunderts, und Sprecher des Verbandes Deutscher Biologen beklagen den untergeordneten Stellenwert des Biologieunterrichts an den höheren Schulen, aber auch das Mißverhältnis zwischen der Forschungsförderung und dem Unterrichtsanteil von Physik und Chemie und der Vernachlässigung der Biologie (Melchers, 1970, S. 33 f.; Pringsheim, 1967, S. 623; Heinemann, 1967, S. 636; auch schon Friederichs, 1937). Als externe Ursachen für diese disproportionale Förderung und Entwicklung wird meist verwiesen auf die Verwertungsinteressen von Staat, Militär und Wirtschaft, mit deren einseitiger Betonung von Gesichtspunkten der Produktivität und des Machtzuwachses (Nicholson, 1972, S. 185; Kapp, 1958, S. 181; Heinemann, 1967, S. 636). So scheinbar unmittelbar einleuchtend dies Argument sein mag, so global ist es auch, und es bedürfte einer genauen und detaillierten Analyse, die hier weder versucht werden kann noch zur Debatte steht. Es ist jedenfalls nicht einsichtig, wieso nicht auch biologische Kenntnisse Herrschaftwissen darstellen und damit sich einer stärkeren Förderung anbieten würden.

Neben den möglichen externen Ursachen gilt es, gerade auf dem Hintergrund der Ausführungen zur Holismusproblematik, nach internen Ursachen für die unterstellte disproportionale Wissenschaftsentwicklung zu fragen. Auf der Ebene des Vergleichs zwischen Physik/Chemie und Biologie wird diese Frage kaum diskutiert, dagegen auf der Ebene des Vergleichs zwischen verschiedenen biologischen Disziplinen im Rahmen einer Gesamtgeschichte der Biologie. Hier läuft das Hauptargument durchgängig dahin, daß die Biologie, in Verfolgung ihrer reduktionistischen Forschungslogik, sich zielstrebig und schwergewichtig auf die Biologien immer kleinerer Einheiten zubewegt habe, bis hin in die subbiologischen Bereiche der Moleküle. Damit, so könnte man das Argument ausdehnen, partizipierte die Biologie an der »disproportionalen« Entwicklung von Physik und Chemie, indem sie diesen Wissenschaften neue interessante Forschungsgebiete erschloß. Wie immer man diese – hier sehr global zusammengefaßte – Entwicklung der Biologie beurteilen will – und man wird sich kaum eine realistische Alternative vorstellen können – in *einem* Punkt herrscht in der einschlägigen Literatur Übereinstimmung: die Ökologie als biologische Teildisziplin lag abseits von diesem Hauptstrang der Wissenschaftsentwicklung, und sie nahm (deshalb?) lange einen ganz untergeordneten Stellenwert innerhalb der Biologie ein.

Dieser Beurteilung der Ökologie im Rahmen der Biologie liegt eine Reihe von Tatsachen und Überlegungen zugrunde. Eine Art quantifizierenden Indikator zur Einschätzung der Ökologie gewinnt man, wenn man biologiegeschichtliche Arbeiten konsultiert. Die Durchsicht von etwa 15 Werken des Typs »Geschichte der Biologie« ergab, daß die Ökologie meist gar nicht oder aber auf einer oder ein paar Seiten abgehandelt, besser: erwähnt wird. Das Außenseiterdasein der Ökologie gilt dabei sowohl für die Zeit um 1900 wie für das 20. Jahrhundert, das die größten Triumphe einer reduktionistischen Biologie sah (Allee, 1955, S. 43; Ungerer, 1966). So große Triumphe, daß die »biologische Revolution« auch die Aufmerksamkeit der nichtwissenschaftlichen Öffentlichkeit auf sich zog, unter dem Stichwort »Die Zukunft der Menschheit«, ohne daß damit ökologische Probleme gegenüber solchen der Biotechnologie verstärkt ins Blickfeld gerückt wären (Das umstrittene Experiment, 1966). Den gleichen Eindruck vermitteln programmatische Arbeiten über Defizite und Aufgaben der Biologie. In seiner »Denkschrift zur Lage der Biologie« in Deutschland sieht Weyl, unter dem Gesichtspunkt des internationalen Gefälles, die größten Defizite in den Gebieten der Genetik, Mikrobiologie, Biochemie und Biophysik. Für die Ökologie, deren wachsende Bedeutung er betont, wird, wie schon in anderem Zusammenhang erwähnt, das Zurückfallen Deutschlands hinter seine ehemalige Führungsrolle gesehen und insbesondere auf die notwendige Erweiterung nach der experimentellen Seite verwiesen (Weyl, 1958). Und 15 Jahre später zeichnet Florey ein Spektrum der »Aufgaben der Biologie«, in dem die Fülle der analytischen und reduktionistischen biologischen Spezialdisziplinen einen beeindruckenden und erdrückenden Platz einnehmen, während die Ökologie mit zwei Zeilen unter der Rubrik »weitere biologische Wissenschaften« erwähnt wird. Zugleich sieht es Florey jedoch als Zukunftsaufgabe der Biologie an, daß Biologen »durch zielgerichtete Forschung ihren Beitrag zur Durchleuchtung der Umweltprobleme... leisten« (Florey, 1972, S. 43, 76). Schließlich gilt auch für die jüngste Zeit in der Geschichte der Biologie, eine Zeit, in der das allgemeine Umweltproblembewußtsein zu einer Aufwertung der Ökologie geführt hat, daß das Wachstum der Ökologie (gemessen an der Zahl der Veröffentlichungen) immer noch unter den entsprechenden Wachstumszahlen für andere biologische Teildisziplinen (Zytogenetik und Genetik, Verhaltensforschung u. a.) liegt (Schneider, 1975).

Commoner beklagt sich denn auch nicht über eine mangelnde Förderung der Biologie, und er spricht sogar vom spektakulären Wachstum der biologischen Forschung nach 1945. Aber diese Entwicklung verlief, in Fortsetzung der eigenen Tradition, auf der Linie von reduktionistischer Grundlagenforschung, und die Ökologie hatte daran weder teil noch wurden ihre Forschungsaufgaben, weil angeblich »Fußvolk-Forschung«, in der Community geschätzt (Commoner, 1971, S. 190 f.). Diese Abwehr ging soweit, daß sich auch institutionelle Barrieren gegenüber der Ökologie nachweisen lassen, wie Widerstände gegen die Beteiligung von Fakultätsmitgliedern an konkreten Projekten in der Praxis oder gegen die Einrichtung von Universitätsinstituten (Commoner, 1971, S.

90 f.; Nicholson, 1972, S. 188). Solche Vorkommnisse sind Belege dafür, daß die Ökologie offensichtlich um Anerkennung innerhalb der »scientific community« zu kämpfen hatte.

In diesem Zusammenhang lassen sich unterschiedliche Urteile bilden. Man kann die faktisch disproportionale Entwicklung in der Biologie konstatieren: »Es gibt viele Forscher, die vom Menschen bis zu den Molekülen herabsteigen, aber nur wenige, die sich jemals an der schwierigen Aufgabe versuchen, ihre molekularen Kenntnisse zu benutzen, um sich mit Problemen des wirklichen Lebens zu befassen«; und diesen Tatbestand als »modischen« Trend einer langen biologischen Tradition interpretieren, dem es entgegenzuwirken gelte (Dubos, 1965, S. 332 f.). Man kann die Folgen dieser einseitigen Tradition bedenken und dabei auf die Vernachlässigung der Erforschung von »höheren, speziell biologischen Organisationsstufen« verweisen sowie auf die (unbeabsichtigten) Nebenwirkungen, wenn eine reduktionistische Biologie isolierte Probleme etwa der Biotechnologie manipuliert, ohne die ökologischen Aspekte zu berücksichtigen (z. B. Entstehung von resistenten pathogenen Mikroorganismen; Wirkungen von Pestiziden) (Simpson, 1972, S. 62 ff.). Man kann schließlich auch nach dem Versagen der Ökologie selbst fragen, ihre Unterentwicklung nicht mit dem Verweis auf den komplexen Gegenstandsbereich entschuldigen, sondern aus einer freiwillig übernommenen und kultivierten Isolierung von praktischen Fragen (und damit von massiver Konsumentennachfrage) erklären (Nicholson, 1972, S. 205 ff.).

Unterschiedliche Erklärungen berühren nicht die weitgehende Einigkeit in der Beschreibung des Tatbestandes, daß die Ökologie in der Perspektive der Biologie (und ihrer Geschichte) lange einen untergeordneten Stellenwert einnahm. Dieses biologieinterne Prestigegefälle sowie die entsprechende Gewichtsverteilung der Forschungsaktivitäten haben sich allerdings etwa seit den 1960er Jahren geändert. Der wahrscheinlich wichtigste Einzelfaktor wissenschaftlich-organisatorischer Art dürfte dabei das Internationale Biologische Programm (1967-1972) gewesen sein, denn hier anerkannte die Internationale Biologenvereinigung die Dringlichkeit und Fruchtbarkeit einer Ökosystemforschung, die auch für die spezialisierten biologischen Einzeldisziplinen interessant war, ja systematisch-integrierende Perspektiven eröffnete. Wir haben diese Zusammenhänge schon an anderer Stelle angesprochen, als es um die »interne« Entwicklung der Ökologie ging, die Entstehung der modernen, interdisziplinär angelegten Ökosystemforschung. Überlagert wurde dieser innerwissenschaftliche Anerkennungsvorgang, die Aufwertung der Ökologie (oder zumindest der ökologischen Perspektive) innerhalb der allgemeinen Biologie, allerdings von der politisierten öffentlichen Diskussion der Umweltproblematik, die ihrerseits die Offenheit der Biologie für ökologische Fragen erhöht haben dürfte.

Wie immer man die Wandlungen im Verhältnis zwischen Ökologie und Biologie im einzelnen erklären, die Determinanten gewichten mag, an der Aufwertung der Ökologie selbst besteht kein Zweifel. Und selbst wenn diese Aufwertung weitgehend im Zusammenhang mit der prominenten Rolle steht, die der Ökologie zur Bewältigung der Umweltprobleme im allgemeinen zugeschrieben wird, so ist damit noch nichts darüber ausgesagt, ob und wieweit die Ökologie selbst diese Rolle gesehen und gesucht hat, ob sie ihr gewachsen ist. Die Frage der Aufwertung der Ökologie innerhalb der Biologie ist daher scharf zu trennen von der anderen Frage, wie es um das Verhältnis zwischen Ökologie und Umweltproblem bestellt ist, wie die Geschichte der Ökologie aussieht, wenn man sie auf die Folie des Umweltproblems und seiner Geschichte abbildet.

Ökologie und Umweltproblem

Wenn man das Verhältnis der Ökologie zum Umweltproblem in historischer und systematischer Perspektive adäquat erfassen will, dann empfiehlt sich eine dreifache Unterteilung nach Gegenstandsbereichen und wissenschaftlicher Konzeptualisierung:

Umweltproblembereiche	Ökosysteme
Naturschutz	natürliche
Landschaftspflege	naturnahe
Raumordnung und Lebensqualität	urban-industrielle

Aus dem Überblick zur Geschichte von Umweltbelastung und Umweltforschung wurde ersichtlich, daß der Großteil faktischer Umweltforschung sich auf Probleme der Städte und der Industrialisierung richtet und getragen wird von einem Kranz vorwiegend medizinischer und naturwissenschaftlich-technischer Disziplinen, unter denen biologische Disziplinen oder gar die Ökologie keinen erkennbar herausragenden Platz einnehmen. Dieser Tatsache entspricht es, wenn für die Ökosystemforschung festgestellt werden konnte, daß sie zwar, wenn auch mit Wissenslücken und Forschungsdefiziten, natürliche und naturnahe Ökosysteme klassifizieren und analysieren kann, nicht oder höchstens ansatzweise jedoch urban-industrielle (Ellenberg, 1973 (a)).

Wenn man als Charakteristikum der hiermit angesprochenen *Humanökologie* die Intervention des Menschen als Faktor in Ökosystemen ansieht, dann muß man konzedieren, daß die Ökologie, zumindest in ihren anwendungsorientierten Zweigen (Angewandte Pflanzensoziologie, Fischereibiologie) schon seit Jahrzehnten auch humanökologische Fragen studiert, anthropogene Veränderungen in natürlichen Ökosystemen und deren Auswirkungen bzw. Begrenzungsmöglichkeiten thematisiert. Nach heutigem Sprachgebrauch meint »Humanökologie« allerdings vorwiegend eine ökologische Betrachtung von Problemen der großen Ballungsräume und von globalen ökologischen Folgen bestimmter industrieller Praktiken und deren Nebenwirkungen, kurz dessen, was in dem Wort »Umweltverschmutzung« zusammengefaßt wird. Und für diese »Ökologie der Technosphäre« (Nicholson, 1972, S. 236) gilt noch stärker, daß sie ein Randgebiet innerhalb der Biologie ist, aber auch innerhalb der Ökologie.

So widmet etwa Ungerer, um ein Beispiel aus der Literaturgattung »Geschichte der Biologie« zu nennen, die letzte halbe Seite seines Buches der »Gefährdung der Lebensbedingungen der Organismen durch den Menschen der Gegenwart«, ohne schon die Gefährdung des Menschen selbst mit einzubeziehen (Ungerer, 1966, S. 307). In den bisher vorliegenden Bänden des großen, von Bertalanffy begründeten »Handbuchs der Biologie« gibt es Abschnitte zur Ökologie der Pflanzen und Tiere, nicht dagegen zur Humanökologie. Indizes und Forschungsberichte wie »Fortschritte der Botanik« und »Fortschritte der Zoologie« kennen nur die Abschnitte »Geobotanik«, »Meeresökologie«, »Ökologie der Süßwassertiere«, »Terristische Ökologie« und »Symbiose und Parasitismus«.

Diese Verhältnisse spiegeln freilich nur die Entwicklung und die vorherrschenden wissenschaftlichen Interessen der Ökologie selbst wider, wie eine Durchsicht entsprechender Nachschlagewerke und Gesamtdarstellungen bestätigt. Der vorliegende Index für die Zeitschrift »Ecology« (1920-1949), herausgegeben von der Amerikanischen Ökologischen Gesellschaft, weist nur ganz vereinzelte Arbeiten zum Problem der Umweltverschmutzung nach. Die laufenden Forschungsberichte »Advances in ecological research« erscheinen erst ab 1962, im achten Band legt hier Gerald L. Young eine »kritische Untersuchung« zum Thema »Humanökologie als ein interdisziplinäres Konzept« vor, in der er sich mit den möglichen und tatsächlichen Beiträgen der verschiedensten Wissenschaften zur »Ökologie der Spezies Mensch« auseinandersetzt; von der Biologie sagt er in diesem Zusammenhang aus, sie habe zwar die allgemeinen Konzepte entwickelt, diese aber nicht oder nur relativ spät auf den Menschen angewandt (Young, 1974, S. 4 f.; S. 87).

Einen ähnlichen Eindruck gewinnt man aus den Lehrbüchern und Grundrissen der Ökologie. W. C. Allee u. a. gliedern ihre »Prinzipien der Tierökologie« (1949) in »Geschichte der Ökologie«, »Analyse der Umwelt«, »Population«, »Lebensgemeinschaft« und »Ökologie und Evolution«. Das sind, abgesehen von der meist vernachlässigten Ökologiegeschichte, in der Tat die klassischen Themenbereiche der Ökologie. Die Umweltverschmutzung durch den Menschen wird mit einer Seite zur Gewässerverunreinigung erwähnt (Allee, 1955, S. 341). George L. Clarke stellt 1954 die »Elemente der Ökologie« zusammen, ohne den Faktor Mensch ins Blickfeld zu bekommen: Umweltmedium, Untergrund, Wasser, Temperatur, Licht, Sauerstoff und Kohlendioxyd, Nährstoffe, Beziehungen innerhalb einer Spezies, Beziehungen zwischen verschiedenen Spezies, Lebensgemeinschaft, Sukzession und Fluktuation, Dynamik des Ökosystems. Der »Grundriß der Ökologie« von Wilhelm Kühnelt (1965) scheint noch stärker die deutsche Tradition der deskriptiven Ökologie widerzuspiegeln: Die räumliche Verteilung der Organismen; die zeitliche Verteilung der Organismen; mit Umweltbedingungen korrelierte Eigenschaften der Organismen; Beziehungen zwischen Organismen derselben Art; Beziehungen zwischen zwei verschiedenen Arten; Beziehungen zwischen mehreren Organismenarten; Lebensgemeinschaften; Veränderungen der Ökosysteme. Immerhin bezieht der letzte Abschnitt »das Element planvoller Veränderung der Umwelt« ein, aber nicht in dem integrierten Sinne, den die Rede vom Zusammenbruch der »ungeplanten Gleichgewichte der frühmenschlichen

Umwelt unter dem Einfluß der Bevölkerungsvermehrung und der Technisierung« impliziert (Weizsäcker, 1972, S. 9). So liegt bei Kühnelt das Schwergewicht der betrachteten menschlichen Eingriffe auf den klassischen Themen des alten anwendungsorientierten Zweiges der Ökologie (Land- und Forstwirtschaft) sowie, bei der Betrachtung der ökologischen Verhältnisse der Großstädte, auf der Fage nach dem Schicksal der Haustiere. Schließlich ist auf den 15. und letzten Band von »Grzimeks Tierleben« zu verweisen, der 1973 unter dem Titel »Unsere Umwelt als Lebensraum« erschienen ist. Hier gibt J. Illies den Teil »Die Umwelt der Tiere« heraus (S. 15-522), W. Klausewitz den über »Die Umwelt des Menschen« (S. 523-698). Das Verhältnis der Seitenzahlen kann symbolisch verdeutlichen, was Klausewitz einleitend feststellt: Seit Haeckel »hat sich die Ökologie..., besonders während der letzten fünfzig Jahre, zu einem gut untermauerten biologischen Forschungszweig entwickelt, der sich aber ausschließlich auf die natürlichen Wechselbeziehungen zwischen Lebewesen und Umwelt bezog. In jüngster Zeit wurde diese moderne Umweltforschung auf unerwartete Weise erweitert – und zwar infolge der vielfältigen Einwirkungen des Menschen auf die natürlichen Ökosysteme« (Klausewitz, 1973, S. 525).

War diese Gegenstandserweiterung der Ökologie wirklich »unerwartet«? Hat nicht die Ökologie zu einer Zeit, als, wie gezeigt wurde, die medizinisch-hygienische und die ingenieurwissenschaftlich-technische Umweltforschung seit Jahren und Jahrzehnten schon betrieben wurde, sich in der »ökologischen Nische« innerhalb der Biologie isoliert? Murdoch/Conwell scheinen dieses Urteil zu rechtfertigen, wenn sie schreiben: »Bis vor kurzem hat man sich auf den Treffen der Ökologen mit den Esoterica einer ›reinen Wissenschaft‹ befaßt, jetzt aber versichern sich Ökologen einander feierlich, daß es notwendig sei, sich auf die Probleme der ›wirklichen Welt‹ einzulassen« (Murdoch/Conwell, 1973, S. 156). Und wenn Klausewitz die Humanökologie beschreibt als »die neue Erkenntnis, daß der Mensch in den Naturhaushalt eingebettet ist«, dann ist diese Erkenntnis so neu nicht (Klausewitz, 1973, S. 530). Man braucht nur zu den »holistischen« Ökologen der 1930er Jahre zurückzugehen, was immer man an ihrem philosophischen und sprachlichen Pathos auszusetzen haben mag, um genau diese Erkenntnis formuliert zu finden, am deutlichsten bei K. Friederichs, auf den sich Thienemann in dieser Frage mehrfach beruft.

Friederichs kam selbst aus der angewandten Biologie, und vielleicht erklärt das seine insistierenden Verweise auf die eminent praktischen Aufgaben der Ökologie, wie Entwaldung, Entwässerung, Bewässerung, Landgewinnung, Forst- und Landwirtschaft, Schädlingsbekämpfung usw. (Friederichs, 1934; 1937). Einige dieser Fragen hatte schon Friedrich Lenz 1931 ganz unprätentiös aufgegriffen und unter den Gesichtspunkt der »Störung von Gleichgewichten« gestellt (Lenz, 1931, S. 106). Thienemann schließlich, in seiner für ein breiteres Publikum geschriebenen Darstellung »Leben und Umwelt. Vom Gesamthaushalt der Natur« (1956), bezieht den Menschen als Glied und Gestalter der Natur und damit als »überorganischen Faktor« (Friederichs) ein und gibt damit zugleich der »angewandten Ökologie« ihren systematischen Stellenwert, verweist auf deren Bedeutung »für die materielle Kultur« (Thienemann, 1956, S. 110 ff.).

Diese Traditionslinie ökologischen Denkens und Mahnens setzte sich fort oder findet sich wieder in Büchern wie Osborns »Geplünderter Planet« oder Demolls »Ketten für Prometheus?«, und selbst R. Carsons »Stummer Frühling« dürfte hierher zu rechnen sein. Gemeinsam ist ihnen einmal eine weitgehende Konzentration auf Probleme des Natur- und Landschaftsschutzes, der Agrar- und Forstwirtschaft; zum anderen sind es Bücher, die nicht auf eine vorhandene, gesicherte oder gar florierende ökologische Forschung zu den angeschnittenen Themen zurückgreifen können, diese Forschung auch nicht selbst durchführen und darüber berichten, sondern vor eingetretenen Schäden oder Gefahren warnen und mögliche Felder für eine ökologische Forschung aufzeigen.

Die Diskrepanz zwischen unzureichender empirisch-humanökologischer Forschung auf der einen Seite, einem globalen Konzept vom ökologischen Gleichgewicht und dessen Störung durch den Menschen auf der anderen – sie gilt freilich erst wirklich für die noch jüngere »Ökologie der Technosphäre«, für die noch nicht einmal die Tradition der angewandten Biologie Pate stehen konnte. Im Vorwort eines Berichts über ein Symposium, das die Britische Ökologische Gesellschaft 1964 zum Thema »Ökologie und Industriegesellschaft« veranstaltete, heißt es charakteristischerweise: Erst vor kurzem sind die besonderen Umweltprobleme, die mit dem städtischen und industriellen Leben verbunden sind, ins Bewußtsein getreten. Und obwohl die praktische Behandlung dieser Probleme die Aufgabe von Industriellen, Ingenieuren, Landschaftsarchitekten und Planungsbehörden ist, haben »viele Biologen jetzt [!] das Gefühl, etwas beitragen zu können zum Erkennen, Analysieren und Lösen dieser Probleme. Durch die Verwendung ökologischen Denkens, das traditionell aus Untersuchungen »natürlicher« Lebensgemeinschaften gewonnen wird, kann der Ökologe oft vorhersagen, wie sich bestimmte städtische oder industrielle Entwicklungen auf die biologischen Vorgänge auswirken werden« (Ecology and the Industrial Society, 1970, S. VIII). Auch dies ist offensichtlich nur eine Möglichkeit, eine Forschungsstrategie, nicht aber eine Frage der Anwendung und Routine, denn der Stand ökologischen Wissens auf der Basis von quantitativen Daten und deren Veränderung in der Zeit ist, nach dem Urteil in der Eröffnungsansprache des Symposiums, »next to nothing« (ebd., S. 7). Dabei hätte es durchaus im rechtverstandenen Interesse auch der Ökologie gelegen, sich früher um den Faktor »Mensch in der Umwelt« zu kümmern, sich nicht nur auf die natürlichen Ökosysteme zu stützen, von denen es tendenziell immer weniger gibt. Denn dieser Faktor, »den eine ältere Ökologengeneration nur ärgerlich fand, bietet eine ganze Serie von quasi-experimentellen Eingriffen an, anhand deren die Stabilität von Ökosystemen auf intelligente Weise untersucht werden kann« (Handler, 1970, S. 465).

Die allgemeine öffentliche Umweltdiskussion seit den 1960er Jahren mußte unter diesen Umständen auf eine Ökologie treffen, die den nunmehr an sie gestellten Anforderungen nicht entsprechen konnte, obwohl es gerade auch Ökologen und Biologen waren, die das ganze Ausmaß der Umweltkrise enthüllten und einer breiten Öffentlichkeit ausmalten. Wenn dabei R. Carson (1962) den Ruhm einer deutlichen Initialzündung für die große Umweltdebatte für sich verbuchen kann, so wird man von dem bekannten Buch »Bevölkerungswachstum und Umweltkrise« des Ehepaars Ehrlich, das immerhin erst 1970 erschienen ist und das wohl erstmalig die gesamte Palette der Umweltkrise abschritt, sagen dürfen, daß es bereits Ausdruck der öffentlichen Diskussion gewesen ist, diese aber zugleich weiter beeinflußt hat. Im übrigen werden auch hier, wie in der nun nach 1970 folgenden Flut populärwissenschaftlicher Krisenbücher, keine neuen Daten, Forschungen oder Konzepte vorgelegt. Dies gilt ebenfalls für Autoren wie René Dubos (1965) und Barry Commoner (1971), die sich allerdings weniger mit dem erneuten Aufweis der Grenzen des Ökosystems »Biosphäre« oder »Erde« aufhalten, sondern nach den Ursachen der unbezweifelbaren Krise fragen, um die Richtung angeben zu können, in der nach Abhilfe zu suchen ist. Sofern sie dabei, wie bereits in anderem Zusammenhang angedeutet, eine Wurzel des Übels in der modernen, so erfolgreichen, aber spezialistischen, das »Ganze« nicht bedenkenden Wissenschaft selbst sehen; und sofern sie daher einem pragmatischen Holismus in der Umweltforschung das Wort reden – so verweist dieser Appell nur erneut auf die Defizienz der gegenwärtigen Wissenschaften und ist selbst ein Ausdruck jener Diskrepanz zwischen dem globalen Konzept (»Alles ist mit jedem anderen verbunden«) und dem mangelnden Vermögen, es empirisch einzulösen.

Wo dieser Versuch aber gemacht wird, ist nicht mehr von einer bestimmten wissenschaftlichen Disziplin die Rede, auch nicht von der Ökologie oder Humanökologie, allenfalls von Ökosystemforschung als »Umweltforschung«. Hier dient die Ökologie als integrierende Perspektive, und Ökosysteme werden zu Gegenstandsbereichen, die eine interdisziplinäre und systemare Forschungsorganisation (oder doch wenigstens Integration von Forschungsergebnissen) erfordern. Erste Versuche, diesem Erfordernis systematisch und nachdrücklich zu entsprechen, beginnen im Bereich der Wissenschaft etwa 1970, also deutlich in Reaktion auf die Politisierung der Umweltproblematik. So organisierte, um ein frühes und wichtiges Beispiel zu zitieren, das Massachusetts Institute of Technology, das mit seinem ohnehin laufenden »Program for the Social Application of Technology« über einschlägige Erfahrungen verfügte, im Herbst 1969 eine multidisziplinäre »Study of Critical Environmental Problems« (SCEP), in deren Rahmen sich im Juli 1970 über 100 verschiedene Wissenschaftler und Beamte, teils als Vollmitglieder, teils als zeitweilige Teilnehmer, teils als Berater und Beobachter vier Wochen lang in mehreren Arbeitsgruppen berieten, um einen Report vorzubereiten. Die vertretenen wissenschaftlichen Disziplinen umfaßten Meteorologie, Chemie der Atmosphäre, Ozeanographie, Biologie, Ökologie, Geologie, Physik, mehrere Zweige der Ingenieurwissenschaften, Wirtschafts- und Sozialwissenschaften, Rechtswissenschaft. Das gemeinsame Thema der Arbeitsgruppen von SCEP war, die Auswirkungen menschlicher Aktivitäten auf die globale Umwelt (im Unterschied zur lokalen, konkreten Bedrohung) zu studieren, also auf Klima und auf die großen Ökosysteme »Ozean« und »Festland«.

Dabei ging es um die Feststellung des gegenwärtigen Wissensstandes und um Empfehlungen für neue, zielgerichtete Forschungsprogramme, für Beobachtungen und Überwachungen sowie für zu ergreifende Maßnahmen. SCEP verstand sich in seiner Anlage als Modell für ähnliche multidisziplinäre Versuche, andere kritische Umweltprobleme in den Griff zu bekommen; und SCEP wollte mit seiner Initiative einen Beitrag leisten für die Stockholmer Umweltkonferenz der UNO (Man's Impact on the Global Environment, 1971, S. XI ff.).

Deutlich kommt das breite Spektrum der Umweltforschung ins Blickfeld, wie diese auch für die Bundesrepublik Deutschland in ihrer medizinisch-hygienischen, ingenieurwissenschaftlich-technischen und agrarwissenschaftlich-technischen Bandbreite belegt wurde. Der Abstand zur Ökologie, aber auch zur Humanökologie, ist beträchtlich, wenn man sich z. B. die Punkte vergegenwärtigt, zu denen SCEP Feststellungen und Empfehlungen formuliert hat: (1) Klimatische Auswirkungen menschlicher Aktivitäten: Kohlendioxyd von fossilen Brennstoffen; Partikel in der Atmosphäre; die Rolle der Wolken; Zirruswolken durch Düsenflugzeuge; Überschallflugverkehr in der Stratosphäre; Sauerstoffgehalt in der Atmosphäre; Oberflächenveränderungen und Klima; Abwärme als Umweltverschmutzung. (2) Ökologische Auswirkungen menschlicher Aktivitäten: DDT und verwandte persistente Pestizide; Quecksilber und andere giftige Schwermetalle; Öl im Ozean; Nährstoffe in Küstengewässern; Atommüll. Zugleich wird aber auch die nicht-naturwissenschaftliche, die gesellschaftswissenschaftliche (und politikberatende) Dimension einer multidisziplinären Umweltwissenschaft deutlich, wenn der SCEP-Report fortfährt: (3) Schlußfolgerungen für Veränderungen und Verbesserungen: Aufstellen neuer Prioritäten; Feststellen der Verantwortlichkeit; Übernahme der Kosten; Untersuchung der verfügbaren Mittel und Wege für Maßnahmen; Unterstützung effektiver Maßnahmen; Ausbildung neuer Fachleute; Kooperation mit anderen Nationen. Im übrigen tauchen in den zahlreichen Empfehlungen zu den Komplexen »Klima« und »globale Ökosysteme« immer wieder drei Worte auf: to study, to measure, to monitor. Und die einleitende Zusammenfassung spricht von gravierenden Defiziten an Daten, empfiehlt internationale standardisierte Meßprogramme. Ein derartiges internationales Unternehmen, analog zu dem Internationalen Biologischen Jahr (1967-1972), liegt in dem Programm »Man and Biosphere« (MAB) der Unesco vor. Seit 1965 in der Planung, an der neben dem Unesco Advisory Committee on Natural Resources Research auch Organisationen wie die FAO, die WHO und die IUCN sowie der Ausschuß für das IBP beteiligt waren, wurde das endgültige Programm 1971 verabschiedet. Es umfaßt 14 Gegenstandsbereiche (MAB, Prospekt):

1. Ecological effects of increasing human activities on tropical and subtropical forest ecosystems.
2. Ecological effects of different land uses and management practices on temperate and mediterranean forest landscapes.
3. Impact of human activities and land use practices on grazing lands: savanna and grassland (from temperate to arid areas).
4. Impact of human activities on the dynamics of arid and semi-arid zones' ecosystems, with particular attention to the effects of irrigation.
5. Ecological effects of human activities on the value and resources of lakes, marshes, rivers, deltas, estuaries and coastal zones.
6. Impact of human activities on mountain and tundra ecosystems.
7. Ecology and rational use of island ecosystems.
8. Conservation of natural areas and of the genetic material they contain.
9. Ecological assessment of pest management and fertilizer use on terrestrial and aquatic ecosystems.
10. Effects on man and his environment of major engineering works.
11. Ecological aspects of urban systems with particular emphasis on energy utilization.
12. Interactions between environmental transformations and the adaptive, demographic and genetic structure of human populations.
13. Perception of environmental quality.
14. Research on environmental pollution and its effect on the biosphere.

Aus der Liste der Arbeitsgebiete geht eindeutig hervor, daß zwar die »Intervention des Menschen« durchgängiges Thema ist, daß aber natürliche und naturnahe Ökosysteme im Vordergrund stehen, ganz im Sinne der Tradition der Ökologie und des Natur- und Landschaftsschutzes. Immerhin ist insbesondere mit Projekt 11 der wohl erstmalige Versuch unternommen, urban-industrielle Ökosysteme international vergleichend zu studieren. Daß dabei der Energiehaushalt den »systemeigenen« Bezug herstellt, kommt nicht von ungefähr, lassen sich doch natürliche und anthropogene Ökosysteme gerade nach diesem Kriterium unterscheiden und klassifizieren (Ellenberg, 1973 (b)). Eine internationale Arbeitsgruppe zu Projekt 11 legte 1975 Forschungsempfehlungen vor.

Hier findet sich der Satz: »Ein ökologischer Forschungsansatz ist nicht die Prärogative irgendeiner traditionellen Disziplin, sondern eine Orientierung...«, die hier nun dazu führen soll, Siedlungsräume durch Integration unterschiedlicher Einzelsystemanalysen (Energie, Bevölkerung, Informationen u. ä.) »innerhalb holistischer Studien für bestimmte geographische Regionen« zu untersuchen (MAB, 31, 1975, S. 14).

Die nationalen Träger des Unesco-Programms MAB sind die Regierungen der Mitgliedsländer. Ohne Zweifel lag in dieser Tatsache ein zusätzlicher Handlungszwang auch für die Bundesregierung, zumal für 1972 die UNO-Konferenz in Stockholm über Regierungsprogramme zum Umweltschutz geplant war und dann durchgeführt wurde. Führt damit eine Linie vom IBP über MAB zum Umweltprogramm der Bundesregierung, so gleichzeitig auch zu einer verstärkten nationalen humanökologischen Forschung. Das Deutsche Nationalkomitee für MAB beschloß, »alle Arbeiten zum Projekt 11 (Internationaler Vergleich urban-industrieller Ökosysteme, besonders im Hinblick auf den Energiehaushalt) und zum Projekt 13 (Umweltqualität) auf den Raum Groß-Frankfurt zu konzentrieren« (Beiträge zur Umweltforschung, 1976, S. 130). Damit scheint die mehrfach als besonders defizient angesehene Großstadtforschung stärker in Gang zu kommen. Dies bedeutet freilich nicht, daß die breite Palette spezialistischer und auf Einzelprobleme konzentrierter Umweltforschung, wie sie gekennzeichnet wurde, schon hinreichend in eine systemare Ökologie der Großstadt integriert werden könnte. Und es bedeutet auch nicht, daß die Attraktivität dieser Aufgabe für die Wissenschaftler-Gemeinschaft hinreichend groß wäre, um den Erfolg des MAB-Programms sicherzustellen (di Castri, 1976, S. 246). Aber es bedeutet, daß die Aufgabe politisch und wissenschaftlich, national wie international bewußt ist und methodisch angegangen werden kann.

Zusammenfassung

1. Umweltforschung im heute üblichen Sinne hat drei hauptsächliche Wurzeln: die bis ins 19. Jahrhundert reichende Naturschutzbewegung; die gleichfalls alte Tradition der angewandten Biologie für den Bereich von Land-, Forst- und Fischereiwirtschaft; und die ebenfalls seit Jahrzehnten getriebene Umweltschutzfor-

schung von Medizin und Ingenieurwissenschaften für den Bereich der Industriewirtschaft.

2. In den 1960/70er Jahren erfolgt eine Politisierung des Themas »Umweltschutz«, teils ausgelöst von der öffentlichen Meinung, teils diese bestimmend.

3. In dieser Phase wird die Integration der verschiedenen traditionellen Zweige der Umweltforschung von wissenschaftlicher und politischer Seite diskutiert. Dabei spielen theoretische Ansätze und Begriffe der Ökologie eine Rolle, so daß die Ökologie sehr bald als zentrale Grundlage der Umweltwissenschaft erscheint.

4. Die Ökologie selbst geht zurück bis ins 19. Jahrhundert. Sie hat zwei hauptsächliche Wurzeln: die physiologisch-autökologische und die geographisch-soziologisch-synökologische.

5. Innerhalb der Biologie nimmt die Ökologie, wie übrigens auch die angewandte Biologie, eine untergeordnete Randstellung ein, die im Laufe der Biologiegeschichte eher noch relativ größer wurde.

6. Die Außenseiterstellung der Ökologie ebenso wie die eigene langsame Entwicklung von einer deskriptiven zu einer analytischen Wissenschaft lassen sich interpretieren im Lichte der Holismusproblematik. Danach erschließt sich ihr Gegenstandsbereich in seiner Komplexität nur schwer (oder, wie manche glauben, prinzipiell nicht) der reduktionistischen Forschungslogik, die den Hauptstrom der Biologie kennzeichnet und bestimmt.

7. Gerade aufgrund ihres holistischen Konzepts gelingt es der Ökologie schon frühzeitig, die entscheidenden Konzepte und Begriffe einer globalen Theorie vom Ökosystem zu entwickeln. Mit Hilfe neuerer Methoden und der Übernahme der experimentellen Technik beginnt etwa seit 1945 eine moderne Ökosystemforschung.

8. Die Ökologie konzentriert sich in ihrer älteren wie jüngeren Phase fast ausschließlich auf »natürliche« und »naturnahe« Ökosysteme; das schließt weder eine Anwendungsorientierung aus noch die Berücksichtigung der »Intervention des Menschen«.

9. Ansatzpunkte, die Ökologie praktisch in die (politisierten) Bestrebungen einer umfassenden Umweltforschung zu integrieren, liegen vor allem im Bereich des Naturschutzes und der angewandten Biologie (Agrarwissenschaften).

10. Für die »urban-industriellen« Ökosysteme kann die Ökologie als »integrierende Perspektive« der klassischen umwelttechnischen

Disziplinen fungieren, ohne daß auf »nicht-integrierte Forschung« verzichtet werden könnte. »Großstadtforschung« und »Raumordnung« scheinen allerdings über Ökologie oder Ökosystemforschung hinauszugehen.

III.
Die Politisierung des Umweltproblems

Die Entstehung einer politischen »issue«

Im Oktober 1969 räumte die sozial-liberale Koalitionsregierung in ihrer Regierungserklärung erstmalig den Problemen des Natur- und Umweltschutzes eine hohe nationale Priorität ein. Ein halbes Jahr später wurde der Kabinettsausschuß für Umweltfragen gebildet, der im September 1970 das Sofortprogramm zum Umweltschutz vorlegte. Bei der Formulierung der programmatischen Vorstellungen, die auch Anforderungen an die Wissenschaft implizieren, waren selbstverständlich Vertreter der Wissenschaft beteiligt. Bevor wir jedoch die eigentliche Programmformulierung untersuchen, gilt es, die verschiedenen Einflüsse näher zu bestimmen, die allererst zur Politisierung des Umweltproblems geführt haben. Denn um feststellen zu können, ob das Umweltprogramm sich steuernd auf die Wissenschaftsentwicklung ausgewirkt hat, ist die Rekonstruktion der komplexen Entstehungsgeschichte des Umweltproblems als einer *politischen* »issue« von zentraler Bedeutung. Hier genügt nicht der Hinweis auf die z. T. hundertjährige wissenschaftliche Tradition umweltrelevanter Disziplinen, und es ist vorderhand keineswegs ausgemacht, ob diese Wissenschaften den entscheidenden Beitrag zur Politisierung des Umweltproblems geleistet haben. Und selbst wenn dies so ist, bliebe die Frage, warum dies gerade in den 1960er Jahren geschieht. Hingegen verspricht eine Analyse der Politisierung des Umweltproblems auch Aufschluß über die Art der Anlässe, die, so die Vermutung, die Inhalte der Steuerungsintentionen in der Programmformulierung bestimmen. Sie muß man kennen, will man deren Auswirkungen auf die Forschung untersuchen.

Der Versuch, die Entstehungsgeschichte des Umweltproblems als einer *politischen* »issue« zu analysieren, stellt uns vor die grundsätzliche Aufgabe, die Bedingungen der politischen Problemwahrnehmung und -formulierung sowie der Politisierung von Problemen klären zu müssen. In der neueren Diskussion um die »Thematisierung politischer Probleme« (bzw. des »agenda-building«, der »issue-formation«) wird die übliche politik-soziologische Sichtweise zurückgewiesen, wonach die Entstehung eines

»politischen Themas«, das »Aufkommen« einer politischen »issue« auf die durch Verbände, Gewerkschaften und Parteien in das politische System eingebrachten Interessen zurückzuführen sei. Ein derartig naives Verständnis des politischen Prozesses blendet die Parameter aus, die die Artikulation der Interessen und vor allem ihre Durchsetzungschancen allererst bestimmen. Offe führt hier einen zweistufigen Interessenbegriff ein und unterscheidet zwischen Interessen, aus deren Verfolgung sich »objektive Problemlagen« für die Politik *ergeben*, und solchen, die bei der Lösung der Probleme mitspielen. Aus dieser Unterscheidung folgt für ihn die u. E. fruchtbare Vorstellung, daß »Politik zwar einerseits nicht »frei« ist in der Wahl von Art und Anzahl der Probleme, deren Bearbeitung sie sich vornimmt, ... es aber andererseits in der Regel niemanden gibt, der ihr ihre Agenda absichtsvoll vorschreibt oder einengt. Entstehende politische Themen haben das eigentümliche Merkmal, weder von der Politik *gewählt* noch von identifizierbaren Akteuren *oktroyiert* zu sein, sondern sich naturwüchsig und anonym zu »ergeben«.« (Offe, 1975, 160) Um die Entstehung eines politischen Problems umfassend erklären zu können, muß die Analyse, so die Konsequenz, die Veränderungen sowohl der »objektiven Problemlagen« als auch der »Organisationsmittel« des politischen Systems (Regeln, Gesetze, Organisation der Verwaltung etc., die als Perzeptionsmechanismen gelten können) umfassen. Letzteren kommt die Bedeutung von Selektionskriterien zu, die über die Wahrnehmung und die Art der Verarbeitung von Probleminhalten entscheiden (Offe, 1975, 166). Es ist also notwendig, die Genese eines politischen Programms im Vorfeld der formalisierten Entscheidungsprozesse von Verwaltung und Parlament zu untersuchen und auf diese Weise den Bereich der »inputs« in die Politikformulierung kategorial zu erweitern.

In dem Ansatz des »agenda-building« bzw. der »issue-formation« sind implizit zwei »input-Bereiche« angesprochen, die im Prozeß der Programmformulierung, d. h. speziell bei der Genese der Umweltdiskussion, sicherlich bedeutsam sind. Es sind dies einmal die »öffentliche Meinung« im Sinne der organisierten Presse, die sowohl »issues« selbst produziert als auch aus dem politischen Raum aufgreift und verstärkt; zum anderen der politische Raum im engeren Sinn, d. h. die Parteien und vor allem die staatliche Verwaltung, die initiativ-antizipierend oder reaktiv-transformierend an der Formierung von politischen »issues« teilhat. Ein dritter Bereich wird in der Regel vernachlässigt, hat im Fall der Umweltdiskussion aber offenkundig eine entscheidende Bedeutung, nämlich die Wissenschaft.

Daß wissenschaftliche Information in vielen Fällen die entscheidende Voraussetzung auch nur dür die Wahrnehmung eines Problems ist, ergibt sich schon aus dem Umstand, daß nur das als Problem wahrgenommen wird, was (vielleicht auch irrigerweise) für prinzipiell lösbar bzw. veränderbar gehalten wird. Der Wissenschaft wird infolgedessen in zunehmendem Maß eine »generalisierte« Problemlösungskapazität zugemutet, d. h. es werden Probleme formuliert und Handlungen begründet im Vertrauen darauf, daß wissenschaftliche Lösungen in absehbarer Zeit gefunden werden. Beispiele dafür sind etwa das politische »sich-Verlassen« auf die Lösung der mit der Nutzung der Atomenergie verbundenen Probleme wie Endlagerung, Wiederaufbereitung bei den Spaltungsreaktoren oder die gesamte Reaktortechnologie im Falle der kontrollierten Kernfusion.

Politische Problemwahrnehmung und Politisierung von Problemen kann demnach *auch* eine Funktion systematischen Wissens (und keinesfalls nur naturwissenschaftlich-technischen Wissens) und somit indirekt der wissenschaftlichen Entwicklung sein. In bestimmten Fällen, wenn nämlich Problem und Problemlösung wissenschaftliches Wissen involvieren, wie z. B. bei Umweltverschmutzung und Umweltschutz, stellt eben dieses Wissen einen wichtigen Bestandteil des »input« dar. Im Gegensatz zu der These der »Technokratietheoretiker« bedeutet dies jedoch keineswegs, wie die weitere Untersuchung zeigen wird, daß die Wissenschaft zu eindeutigen Problemformulierungen und -lösungen führt (vgl. Schelsky, 1965). Insbesondere dort, wo die Wissenschaft zur Operationalisierung von politisch festgesetzten Belastungskriterien und Schwellenwerten herangezogen wird, wo die Problemstellungen die Disziplinengrenzen überschreiten oder wo zwischen Problemformulierung und -lösung ein Forschungsdefizit vorliegt, unterliegt die verfügbare wissenschaftliche Information in aller Regel einem erheblichen Interpretationsspielraum. Unabhängig davon entscheiden überdies die politischen Bedingungen (also z. B. die »Organisationsmittel«) darüber, welches Wissen zur Kenntnis genommen und wie es interpretiert wird. (Diese wahrnehmungs- und problemlösungsselegierende Wirkung der geltenden politischen Bedingungen kann freilich ihrerseits durch die delegitimierende Kraft systematischen Wissens beeinflußt werden). Damit verbietet sich die implizite Annahme, daß die Entwicklung systematischen Wissens ungebrochen die Probleme definiert, die Gegenstand politischen Handelns werden. Tatsächlich besteht zwischen wissenschaftlicher und politischer Problemwahrnehmung keine Identität. Das bezeichnet aber umgekehrt auch den Umstand, daß wissenschaftliches Wissen zumindest im grundlagentheoretischen Bereich nach internen Relevanzkriterien produziert wird; hieraus resultiert auch die problematische Beziehung zwischen politischem und Wissenschaftssystem, die Grundlage unserer Untersuchung der Steuerungseffekte politischer Programme in der Wissenschaft ist.

Neben diesen grundsätzlichen Überlegungen zur Bedeutung der Wissenschaft als »input-Bereich« gilt auch ein in der Einleitung bereits erwähnter methodischer Grund, der sich aus der Zielsetzung dieser Untersuchung ergibt. Wenn eine Aussage über die Steuerungswirkung eines politischen Programms auf die Wissenschaft gemacht werden soll, die Wissenschaft aber zugleich selbst den bestimmenden inhaltlichen »input« für die Programmformulierung liefert, ist die Frage nach der Steuerung aufgrund des vorliegenden Zirkels obsolet oder bedarf zumindest der genauen Qualifizierung der Veränderungen, die die wissenschaftlichen »inputs« im Prozeßverlauf erfahren.

Es ist innerhalb gewisser Grenzen willkürlich, wie weit man die Entstehungsgeschichte eines politischen Programms, einer politischen »issue« in die Vergangenheit zurückverfolgen will. Aus den erwähnten methodischen Gründen haben wir den wissenschaftlichen Vorlauf, d. h. die Geschichte der Ökologie als der Bezugsdisziplin, sehr viel weiter zurückverfolgt als die Entwicklung der Umweltdebatte in den beiden anderen »input-Bereichen«. Für diese gilt, daß die politische Vorgeschichte ihre eigentliche Bedeutung für unsere Analyse erst dort erhält, wo sie in Form von Programmen und Gesetzen schärfere Konturen gewinnt. Analog dazu läßt sich für die öffentliche Diskussion sagen, daß sie erst dort interessant wird für die Entstehung der Umweltdiskussion, wo sie einen erkennbaren Bezug zum Umweltproblem in seiner modernen Fassung erhält.

Der Umweltschutz hat in Deutschland, wie im ersten Kapitel ausführlich dargestellt, eine lange Tradition, die vielfältiges staatliches Verwaltungshandeln zur Folge hatte. Unabhängig von dieser Kontinuität gab es jedoch politische Aktualisierungen des Umweltproblems nach dem 2. Weltkrieg, die deshalb interessant sind, weil sie einerseits die bestehenden Aktivitäten vom Standpunkt ihrer Initiatoren als unzureichend erscheinen lassen, andererseits aber zeitlich *vor* der eigentlichen Entstehung der »Umwelt-issue« liegen. Eine Auswahl von Fällen kann dies illustrieren.

Bereits im Jahre 1952 schlossen sich Abgeordnete des Bundestages sowie aller Länderparlamente zur Interparlamentarischen Arbeitsgemeinschaft (IPA) für naturgemäße Wirtschaft zusammen. Sie gaben sich folgende Grundsätze:

Alles, was der Mensch benötigt, beruht auf der Nutzung der natürlichen Hilfsquellen der Erde. Diese sind die erschöpfbaren, wie Mineralien, Kohle und Erdöl, sowie die unter bestimmten Umständen sich erneuernden Hilfsquellen, wie Kulturboden, Wasser, Pflanzen- und Tierwelt.

Die Begrenztheit der erschöpfbaren Mittel erfordert sparsamsten Verbrauch.

Mit den sich erneuernden Hilfsquellen muß eine naturgemäße Wirtschaft betrieben werden, so daß sie nach dem Grundsatz der Nachhaltigkeit auch noch von den kommenden Generationen für die Deckung des Bedarfs der zahlenmäßig zunehmenden Menschheit herangezogen werden können.

Nutzung und unzureichende Pflege verursachten bisher Schäden. Da die Hilfsquellen jedoch in unmittelbarem Wirkungszusammenhang stehen, kann schon die Schädigung eines Teiles das Gleichgewicht im Gesamthaushalt der Natur nachhaltig stören. Dies wirkt sich nicht nur wirtschaftlich aus, sondern greift auch auf kulturelle und soziale Bereiche über.

Es sind schon mehr Schäden eingetreten, als allgemein angenommen wird. Die Folgen dieses Zustandes sind nicht abzusehen.

Unbedachte Nutzung der natürlichen Hilfsquellen, also Verbrauch, der mit ihrer Erneuerung nicht Schritt hält, beeinträchtigt die Lebensmöglichkeiten und verursacht Seuchen, körperlichen und geistigen Verfall. Dadurch werden Vorbedingungen zur Entwicklung negativer Kräfte gefördert, Freiheit, Gerechtigkeit und Friede bedroht.

Es ist Aufgabe der Politik, das Zusammenleben der Menschen zu regeln. Politische Pflicht ist es deshalb, mit Maßnahmen im Sinne naturgemäßer Wirtschaft die Lebensgrundlagen zu schaffen und zu sichern.

Um die in den heute immer noch überraschend aktuellen »Grundsätzen« genannten Ziele zu erreichen, befaßte sich die IPA mit folgenden Gegenstandsbereichen, die sie in Form von Gutachten, Warnungen oder Gesetzentwürfen den gesetzgebenden und vollziehenden Körperschaften nahebrachte (IPA, Drucksache Nr. 5):

I. sich erneuernde Hilfsquellen (Landschaftsräume, Böden, Binnengewässer, Meer, Pflanzenwelt, Tierwelt, Lufthülle)
II. Erschöpfbare Hilfsquellen (nutzbare Steine und Erden, Mineralien, fossile organische Massen, jungfräuliches Grundwasser)
III. Rechts- und Verfassungsfragen
IV. Wirtschaftspolitik in Zusammenhang mit den natürlichen Hilfsquellen
V. Erziehung und Aufklärung
VI. Unterstützung und Beratung der zuständigen Behörden, Stellen und Organisationen.

Die Schwerpunkte der IPA-Arbeit lassen sich (nach internen Unterlagen) wie folgt chronologisch zusammenfassen:

1953: Flurbereinigungsgesetz
1954: Wasserwirtschaft
1955: Kernenergie
1956: Kernenergie
1957: Strahlengefährdung
1958: Luftreinhaltungsgesetz
1959: Wasserwirtschaft (Bildung der Koordinierungskommission Landeswassergesetze, aus der später die Kommission für Umweltfragen hervorging)
1960: Autoverkehr
1961: Naturschutz (Grüne Charta von der Mainau)
1962: Küstenschutz; Abfallprobleme
1964: Baulärmgesetz
1965: Fluglärmgesetz
1966: Förderung von Wissenschaft und Forschung
1967: Elektrofahrzeuge

Trotz der erkennbaren Kontinuität in dem Bemühen einer überparteilichen Minderheit, das Umweltproblem auf eine hohe politische Prioritätsstufe zu heben, blieb das politische Klima davon lange so gut wie unberührt. Ähnlich erging es anderen entsprechenden Versuchen. Während des Wahlkampfs 1961 versuchte der damalige sozialdemokratische Kanzlerkandidat Willy Brandt die Luft- und Wasserverschmutzung zu einer politischen »issue« zu machen. Mit dem Wahlkampfslogan, »der Himmel über der Ruhr müsse wieder blau werden«, ging er in die Wahlkampagne und verwies in seinen Reden auf Forschungsergebnisse, die die gesundheitsschädlichen Folgen der Umweltverschmutzung offengelegt hatten. Thomas von Randow nahm dies zum Anlaß für eine Reihe von Artikeln in der Wochenzeitung »Die Zeit«, in denen er die gleichen Daten und Diagnosen zitierte, die beinahe ein Jahrzehnt später Gegenstand der Umweltdiskussion wurden (von Randow, 1961; ders., 1962). Diese frühen Versuche einer Politisierung des Umweltproblems blieben vollkommen erfolglos.

Als eine unmittelbare Vorlaufentwicklung, die bei den späteren Verhandlungen im Kabinett um die Kompetenz für den Umweltschutz noch eine Rolle spielte, ist der vom Bundesminister für Ernährung, Landwirtschaft und Forsten bei der Bundesanstalt für Vegetationskunde in Auftrag gegebene Bericht über die Belastung der Landschaft anzusehen. Dieser am 1. Dezember 1967 erteilte Auftrag ging auf einen Bericht des Ausschusses für Kommunalpolitik, Raumordnung, Städtebau und Wohnungswesen über den Raumordnungsbericht 1966 der Bundesregierung zurück, in dem der Abgeordnete Dr. Gleissner als Berichterstatter u. a. ausführte: »Die Bundesregierung sollte bei ihrer Raumordnungspolitik ganz besonders darauf achten, daß die natürlichen Lebensgrundlagen der Menschen nicht gefährdet werden. Von besonderer Bedeutung ist dabei, die *Belastbarkeit des Naturhaushalts zu ermitteln* und die Kosten für die Erhaltung der natürlichen Lebensgrundlagen aufzuzeigen« (Deutscher Bundestag, Drucksache V/1912, 21. Juni 1967, S. 2). Der im Mai 1969 von der Bundesanstalt vorgelegte Bericht nimmt Bezug auf Aufgabenstellungen, die sich aus den Raumordnungsberichten 1966 und 1968 ergaben und insgesamt auf die »*Bestandsaufnahme* über die Belastung der Landschaftsfaktoren Boden, Wasser, Klima, Pflanzen- und Tierwelt ... durch die zunehmenden Eingriffe in den Landschaftshaushalt, wie Ablagerung von Abfällen, Erholungsverkehr, Bergbau und Lärmbelästigung ...« hinausliefen (Zur Belastung der Landschaft, 1969, S. 8 f.). Zusammenfassend stellt der Bericht fest, daß insbesondere die Kenntnis der Wirkungen von Kombinationen von Schadstoffen noch weitgehend unbekannt sei und Untersuchungen über das Verhalten dieser Stoffe innerhalb der komplexen Kreisläufe in der Biosphäre nicht vorlägen. Er fordert u. a. eine Bestandsaufnahme der in der Bundesrepublik laufenden Forschungen auf dem Gebiet der Landschaftsökologie als Grundlage einer besseren Koordination und Planung der Forschung (ebd., S. 64 f.).

Neben dem unmittelbaren Bezug auf die Raumordnungspolitik des Bundes wird der Bericht auch noch in einen anderen politischen Kontext gestellt – die Arbeit der Vereinten Nationen. Im April 1968 hatte die Deutsche UNESCO-Kommission eine Tagung über die Belastung der Biosphäre, im gleichen Jahr die UNESCO in Paris ein internationales Symposium zum gleichen Thema durchgeführt, und die Stockholmer Regierungskonferenz 1972 war bereits in der Planung. Dennoch blieb der Bericht, wohl nicht zuletzt wegen der zuendegehenden Legislaturperiode, ohne politischen Widerhall, wenn er auch später für das Ministerium die Legitimation für eine besondere Rolle im Umweltschutz liefern sollte.

Die Kette dieser Beispiele einer politischen Wahrnehmung des Umweltproblems ließe sich verlängern, ohne ein anderes Ergebnis zu liefern. Wir können davon ausgehen, daß es lange vor dem Umweltprogramm der sozial-liberalen Koalition ein komplexes Gesetzeswerk gibt, das eine Vielzahl von Einzelaktivitäten des Umweltschutzes reguliert. Gerade weil das so ist, kann man vermuten, daß die Aufmerksamkeitsschwelle im Hinblick auf die Politisierung des Umweltproblems relativ hoch liegt. Die vorhandenen Regelungen haben für die Regierungen in Bund und Ländern einen hohen Legitimationswert, und zudem ist nicht ohne weiteres erkennbar, wann sie aufgrund der faktischen Entwicklung als überholt und unzureichend zu gelten haben. Bestehende Gesetze und Kompetenzabgrenzung der Verwaltung konstituieren die Wahrnehmungsstruktur für Veränderungen und zukünftige politische Maßnahmen.

Dennoch läßt sich aufweisen, daß sowohl in Teilbereichen des Umweltschutzes als auch gesamtpolitisch die Politisierung des umfassenden Problemkomplexes langfristig »vorbereitet« wird. Das liegt an der Wahrnehmungsstruktur von Parlament und Verwaltung und den von ihr verarbeiteten Informationen. So zeigt sich am Beispiel des o. gen. Berichts, daß die Probleme der Belastung der Landschaft auf dem Hintergrund der Raumordnungspolitik entstehen, in der an einem bestimmten Punkt das Phänomen der Überschneidung und Konkurrenz verschiedener Nutzungsansprüche an den Landschaftshaushalt auftritt und eine synthetische Beurteilung erzwingt. Diese »gegenstandsspezifische« Eigendynamik führt nun zwar zur Formulierung neuer Fragen und insbesondere zur Reorganisation vorhandener und Beschaffung neuer

Informationen, nicht jedoch schon zur Politisierung des Problems selbst. Gerade das genannte Beispiel macht deutlich, daß die beschriebene Entwicklung des Problems sehr wohl unterhalb der Politisierungsschwelle stattfinden kann. Die Eigendynamik des Problems läßt zugleich den Schluß zu, daß der relevanten Wissenschaftsentwicklung hier keine alleinauslösende Funktion zukommt, wenngleich sie andererseits schon kontinuierlich die Informationen bereitstellt, die die Neuinterpretation der Problemlage bestimmen.

Eine Möglichkeit, die zeitliche Differenz zwischen den Vorlaufentwicklungen und der eigentlichen Politisierung des Umweltproblems zu erklären, könnte darin gesehen werden, daß das Problem im Zeitverlauf eine neue Qualität angenommen hat und diese erst durch wissenschaftliche Forschung erkannt worden ist. Die Genese der Umweltdiskussion in den USA bietet darüber hinaus Anlaß zu der Vermutung, daß die dortige Politisierung auf die Bundesrepublik übergegriffen hat, also gleichsam importiert worden ist. Um diesen Fragen nachzugehen, soll die Entwicklung in den USA kurz dargestellt werden.

»Environmental Quality« als »issue« in den USA

Die amerikanische Entwicklung des Umweltproblems ist der deutschen in vieler Weise ähnlich. Da sie besser dokumentiert ist, läßt sich an ihr mit besonderer Deutlichkeit zeigen, wie sich aus einer relativ lange zurückreichenden gesetzgeberischen Aktivität auf einzelnen Gebieten des Umweltschutzes die Politisierung des Problems ergibt. Das Bezugsdatum, an dem der Umweltschutz zur politischen »issue« kristallisiert, kann aufgrund der besonderen Funktion, die dabei dem Präsidenten zukommt (Neustadt, 1955, S. 1015), in Präsident Johnsons »Message on Natural Beauty« an den Congress vom 8. Februar 1965 gesehen werden, in der er eine Umwelt »that is pleasing to the senses and healthy to live in« zum vorrangigen nationalen Ziel erklärte (The White House Message on Natural Beauty to the Congress of the United States, February 8, 1965). Und es mag mit dem Selbstdarstellungsbedürfnis einer neuen Behörde erklärt werden, daß der erste Jahresbericht des »Council on Environmental Quality« das Jahr 1970 als das Jahr der Umwelt bezeichnete, weil es durch eine neue Betonung der Umwelt charakterisiert sei (Environmental Quality, 1970, S. 5).

Die Vorläufer des Umweltbewußtseins sind in den USA in der bis in das 19. Jahrhundert zurückreichenden Naturschutzbewegung zu suchen, die im ersten Jahrzehnt des 20. Jahrhunderts unter Theodore Roosevelt erheblichen Einfluß gewann. Die in dieser Bewegung begründete Rolle des Naturschutzes (»conservationism«) wirkt in der Umweltschutzdiskussion bis in die jüngste Zeit nach. Abgesehen von ganz wenigen Ausnahmen setzt die Gesetzgebungsaktivität auf dem Gebiet der Wasser- und Luftreinhaltung erst nach dem zweiten Weltkrieg ein, so mit dem »Water Pollution Control Act« von 1948, der bis 1966 durch eine Reihe von Folgegesetzen abgeändert und ergänzt wurde, sowie durch den »Clean Air Act« von 1963, ebenfalls ergänzt durch den »Motor Vehicle Air Pollution Control Act« (1965) und den »Air Quality Act« (1967). Diese Gesetzeswerke stellen jedes für sich auf dem jeweiligen Gebiet eine Entwicklung dar, die vor allem durch eine Ausweitung und Intensivierung der Zuständigkeit der Bundesregierung gegenüber den Einzelstaaten gekennzeichnet ist, und zwar in der Regel durch die Übertragung der Rechte der Emissionsregulierung und der Festsetzung von Belastungsstandards. Die Zeit zwischen 1950 und 1960 ist im Bereich des Umweltschutzes durch den Konflikt zwischen den politischen Kräften im Congress bestimmt, die eine Ausweitung der Zuständigkeit der Bundesregierung befürworten, und jenen, die an der Kompetenz der lokalen und einzelstaatlichen Regierungen festhalten. Noch 1960 legte Präsident Eisenhower sein Veto gegen ein Gesetz über die Ausweitung der Hilfe des Bundes an Kommunen für die Abwasserbehandlung mit der Begründung ein, die Wasserverschmutzung sei eine spezifisch lokale Frage (Sudquist, 1968, S. 323). Eisenhower konnte jedoch die Entwicklung nicht aufhalten, zumal er ohnehin kein prinzipieller Gegner des Umweltschutzes war, sondern sich nur gegen solche Maßnahmen wandte, die Ausgabenerhöhungen des Budgets der Bundesregierung involvierten. Diese Haltung änderte sich mit dem Amtsantritt Kennedys. Kennedy setzte den Bestrebungen der Ausweitung der Kompetenzen der Bundesregierung keinen Widerstand entgegen und unterstützte zumindest verbal auch die Ziele der Naturschutzbewegung (Sudquist, 1968, S. 346). Bedeutsamer war die Ernennung von Stewart L. Udall zum Innenminister (1961), da Udall die verschiedenen Unterbehörden des Ministeriums im Sinne einer umfassenden Umweltpolitik leitete. Der

Wandel der Politik wird nicht zuletzt an den Titeln der vom Ministerium herausgegebenen »Conservation Yearbooks« ablesbar: »The Quest for Quality«; »The Third Wave – America's New Conservation«, »Man – An Endangered Species?« (Congress and the Environment, 1970, S. XIV). Für den Bereich der Wasserreinhaltung enthielt der Gesetzentwurf von Senator Edmund Muskie (1963) zum ersten Mal den Vorschlag, es zur »positiven« nationalen Politik zu erklären, »die Gewässer so sauber wie möglich zu halten« (Sudquist, 1968, S. 349). Aufgrund der schwachen Stellung Kennedys gegenüber dem Congress wurden während seiner Amtszeit jedoch nur wenige wichtige Umweltschutzgesetze verabschiedet, so z. B. die Errichtung des »National Wilderness Reservation System«.

Der Durchbruch zur Politisierung erfolgte erst unter Präsident Johnson, der erstmals in seiner »Great Society«-Ansprache, im Mai 1964, das Umweltproblem in den größeren politischen Kontext seiner Vision von der zukünftigen amerikanischen Gesellschaft stellte. Die Tatsache, daß er sich mit der »issue« der Umweltqualität identifizierte, gab dieser eine neue und stärkere Position. Es stärkte auch die Position jener Gruppen, die gegen die politischen Pragmatiker für eine bessere Umwelt kämpften (Caldwell, 1966). Kurz nach seiner Amtsübernahme setzte Lyndon Johnson eine Reihe von Arbeitsgruppen ein, die mit den Problemen der »Great Society« befaßt waren, darunter eine über »Natural Beauty«. Die Arbeit dieser Gruppe führte zur ersten »Presidential Message« zu diesem Thema im Februar 1965, in der die Stoßrichtung der künftigen Umweltpolitik formuliert wurde: »Unser Naturschutz darf nicht nur der klassische ›Schutz‹ und die Entwicklung der Natur sein, sondern ein kreativer Naturschutz der Restauration und Innovation. Er ist nicht nur mit der Natur allein befaßt, sondern mit allen Beziehungen zwischen dem Menschen und der Welt um ihn herum« (The White House Message on Natural Beauty to the Congress of the United States, February 8, 1965, unsere Übers.).

Der Terminus »Natural Beauty«, die Erklärung des Präsidenten an den Congress und die Konferenz im Weißen Haus, die ihr im Mai 1965 folgte, »vereinten und dramatisierten die einzelnen und engeren Zielsetzungen, die während des vorangegangenen Jahrzehnts unabhängig voneinander verfolgt worden waren, zu einem vorrangigen nationalen Ziel« (Sudquist, 1963, S. 362). In der Folgezeit konnte Johnson, mit Unterstützung der öffentlichen Meinung und aufgrund seiner geschickten Politik gegenüber dem Congress, seine neuen und wegweisenden Vorstellungen zur Umweltpolitik in Form einer Fülle von Gesetzen realisieren: z. B. die Bekämpfung der Wasserverschmutzung an der Quelle ihrer Entstehung durch die Festsetzung nationaler Qualitätsstandards (»Water Quality Act«, 1965, bei dessen Ratifizierung Johnson erklärte: »Heute beginnen wir, Herren unserer Umwelt zu werden...«); »Wilderness Act«, »Federal Water Project Recreation Act«, »Solid Waste Disposal Act«, verschiedene Maßnahmen zur Kontrolle der Verschmutzung von Luft und Wasser, »Highway Beautification Act«, und andere. Eine Reihe dieser Gesetze waren schon vor der Administration Johnsons vorgelegt worden und konnten erst aufgrund der veränderten politischen Bedingungen realisiert werden.

Diese nur oberflächliche Darstellung der Entwicklung der Umwelt-»issue« im politischen Raum läßt trotz aller Skizzenhaftigkeit eine Reihe von Schlüssen im Hinblick auf den Vergleich mit der Entwicklung in der Bundesrepublik zu. Dort wie hier gibt es eine relativ lange »Vorlaufzeit« in der politischen Geschichte des Problems, die sich vor allem im Erlaß von Gesetzen dokumentiert. Dort wie hier spielt der Naturschutz dabei eine große Rolle; in den USA kommt dieser Bewegung, nicht zuletzt aufgrund der besonderen geographischen Bedingungen, wohl noch größere Bedeutung zu. Dennoch ist nicht erkennbar, daß die neue Qualität des Problems auch unmittelbar zu dessen politischer Wahrnehmung und entsprechenden politischen Reaktionen führt. Das Beispiel des »Clean Air Act« von 1963 und seine Ergänzung durch den »Motor Vehicle Air Pollution Control Act« von 1965 illustriert das. Das Gesetz von 1963 traf in seiner Entstehungsphase unter Präsident Kennedy noch auf den erbitterten und zum größten Teil erfolgreichen Widerstand vor allem der (Automobil-)Industrie. Dabei standen die Beratungen über das Gesetz schon unter dem Eindruck der aus einer nationalen Konferenz über Luftverschmutzung hervorgegangenen Forderung nach einem Engagement des Bundes in diesem Bereich sowie der Nachricht über den Smog in London, der 340 Menschenleben gekostet hatte (Dezember 1964). Obgleich der Widerstand der Einzelstaaten und der Industrie gegen die Übertragung der Gesetzgebungs- und Verordungskompetenz an den Bund von den Städten und den Naturschützern mit dem Hinweis auf die Unsinnigkeit einer lokalen Begrenzung des Luftverschmutzungsproblems bekämpft wurde, blieb die politische »issue«, nämlich der Konflikt Bund/Einzelstaaten, das bestimmende Moment. Weniger als ein Jahr später legte der Senatsunterausschuß von Senator Muskie einen Bericht vor, der eine über den »Clean Air Act« hinausgehende Bundesgesetzgebung empfahl und im Januar 1965 zur Vorlage eines Gesetzentwurfs führte. Grundlage der Ausschuß-Empfehlung waren vor allem die Daten über das ständige Ansteigen der Abgase von Automobilen, eine Entwicklung, die etwa in Kalifornien bereits zu weitgehenden Gesetzgebungen geführt hatte, ohne daß eine Reduzierung der Emissionsmenge gelungen war. Ein entscheidender Grund für den endgültigen Erfolg des Gesetzentwurfs war sicherlich die Tatsache, daß die Automobilindustrie aufgrund inzwischen geplanter oder verabschiedeter einzelstaatlicher Regelungen eine Diversifizierung von Standards fürchten mußte und infolgedessen eine bundeseinheitliche Lösung vorzog. Ein weiterer wichtiger Grund war die scharfe Kritik der Presse am vermeintlich zwischen Präsident Johnson und der Automobilindustrie abgestimmten Widerstand gegen den Entwurf Muskies, die den Präsidenten veranlaßte, den Entwurf zu unterstützen.

Obgleich das Problem der Automobilabgase seit den 50er Jahren (zusammen mit anderen Abgasarten in den Städten, wie Müllverbrennung, Hausbrand etc.) immer dringlicher geworden war und sich von Los Angeles, wo es zuerst auftrat, auf alle anderen großen Städte ausgedehnt hatte, war es als Problem schon lange vorher erkannt worden. Der Unterausschuß-Bericht vom Oktober 1964 hatte überdies festgestellt, daß erheblich mehr wissenschaftliche Informationen über die Kontrolle der Luftverschmutzung bekannt waren als angewandt wurden (Sudquist, 1968, S. 367 ff.). Mit anderen Worten, ohne daß sich das Problem der Luftverschmutzung selbst *dramatisch* verändert hatte, liegt zwischen 1963 und 1965 eine Veränderung des politischen Gesamtklimas, die die weitergehende Gesetzgebung ermöglichte. Es muß Spekulation bleiben, ob das Umweltproblem von Präsident Johnson nur deshalb aufgegriffen worden ist, um vom Vietnamkrieg abzulenken. Angesichts der Vorlaufentwicklung und der Eigendynamik des Problems wie auch der Rolle des Congress scheint diese Sicht zu einfach zu sein. Offenkundig ist das Problem von Johnson in sein »Great Society«-Programm eingebettet worden und bildete nicht eine vollkommen eigenständige »issue«. Offenkundig ist auch, daß es der Beseitigung politischer Hindernisse wie z. B. des Konflikts Bund/Einzelstaaten bedurfte, um die erfolgreiche Kristallisation der Umwelt-»issue« zu bewirken.

Wenngleich sich daraus mit einiger Vorsicht schließen läßt, daß der politische Kontext, d.h. die jeweils geltenden politischen Parameter, wie sie von den Interessengruppen innerhalb und außerhalb des Congress verkörpert werden, das Selektionsraster darstellen, das bestimmt, ob und wann das Umweltproblem auf der Agenda erscheint, so ist damit nicht gesagt, daß das Problem selbst im Zeitverlauf identisch bleibt. Die amerikanische Entwicklung zeigt (ebenso wie die deutsche, wie wir noch zeigen werden), daß das Umweltproblem mit seiner Politisierung zugleich auch in einen neuen Interpretationskontext gestellt wird. Die Zusammenfassung der zahlreichen Teilaktivitäten des Congress in Johnsons »Natural Beauty Message« ist zunächst ein politisch-symbolischer Akt, ebenso wie das Abstecken der Gesamtprogrammatik mittels des »Great-Society«-Konzepts. Es ist jedoch zu vermuten, daß hierbei die wissenschaftliche Diskussion eine gewisse Rolle gespielt hat. Sowohl die Zusammenfassung der Teilprobleme der Umweltverschmutzung unter dem Konzept der »Umweltqualität« (»environmental quality«) als auch die Proklamation eines »aktiven«, die Beziehungen zwischen Mensch und Umwelt einbeziehenden Naturschutzes entsprechen der aktuellen faktischen Problemlage wie auch dem wissenschaftlichen Erkenntnisstand. Anders gesagt: die politischen Bedingungen haben darüber entschieden, zu welchem Zeitpunkt das Umweltproblem auf die politische Agenda gesetzt wurde, und sie haben auch in gewissem Ausmaß den politischen Kontext bestimmt (»Great Society«, »Natural Beauty«), in dem dies geschieht. Gleichwohl ist die Problemdefinition nicht beliebig, sondern wird durch systematische, empirische und theoretische Informationen geprägt. Im weiteren Verlauf der politischen Behandlung des Umweltproblems sollte sich diese informations- bzw. wissensbegründete Problemdefinition dann auch stärker durchsetzen. Im »National Environmental Policy Act« von 1969, mit dem der »Council on Environmental Quality« eingerichtet und zu einem jährlichen »Umweltbericht« gesetzlich verpflichtet wurde, rückte der »Umweltbegriff« ins Zentrum auch der politischen Argumentation. ›Ecology‹ (Ökologie) wird zu einem Wort der Alltagssprache. Zu dem Zeitpunkt, als die Entwicklung in den

USA diesen Punkt erreicht hat, beginnt die Diskussion in der Bundesrepublik erst.

Umweltverschmutzung und öffentliche Meinung

Bei der bisherigen Betrachtung der politischen Vorlaufentwicklung des Umweltproblems ist die Rolle eines wachsenden öffentlichen Bewußtseins noch gar nicht berücksichtigt worden. Dabei liegt die Annahme nahe, daß die Programmformulierung der Regierung sowie der Gesetzgebungsprozeß des Parlaments nicht zuletzt ein Reflex von Veränderungen der öffentlichen Meinung sind. Vor allem ließe sich vermuten, daß entweder dramatische Ereignisse von Umweltverschmutzung, wie z. B. der Londoner Smog vom Dezember 1964, die »Torrey Canyon« Katastrophe vom März 1967 oder die Rheinvergiftung durch Thiodan im Juni 1969, oder die Popularisierung der wissenschaftlichen Diskussion oder beides die öffentliche Meinung dergestalt mobilisieren, daß daraus der Druck resultiert, der das Umweltproblem auf die politische Agenda bringt bzw. überhaupt erst zur »issue« werden läßt.

Anders als in den USA ist die Vorphase der Politisierung des Umweltproblems in der Bundesrepublik nicht durch den Konflikt zwischen verschiedenen Gruppen charakterisiert, der als konstitutiv für die Herausbildung von »issues« betrachtet wird (vgl. Cobb/Elder, 1972, S. 141 ff.). Bürgerinitiativen entstehen in nennenswertem Umfang erst, nachdem sich das Problem zur »issue« kristallisiert hat. Wenn irgendwo, dann ist die öffentliche Meinung jedoch in der Presse repräsentiert, der bei der Bestimmung der öffentlichen Diskussion bzw. bei der Übersetzung von »issues« in die breitere Öffentlichkeit die entscheidende Bedeutung zukommt. Die Berichterstattung in der Presse kann daher als Indikator für das öffentliche Bewußtsein im Hinblick auf das Umweltproblem gelten. Eine Analyse der Diskussion in der Presse kann einmal den Verlauf der Diskussion und deren inhaltliche Dimensionen und Schwerpunkte aufweisen, zum andern erlaubt sie eine recht genaue Darstellung der zeitlichen Entwicklung. Um die Rolle der öffentlichen Meinung für die Bestimmung der politischen Agenda einschätzen zu können, ist neben den Inhalten der Presseberichterstattung wiederum der zeitliche Ablauf relativ zum

Zeitpunkt der politischen Programmformulierung entscheidend.

Wir haben zwei Presseerzeugnisse auf ihre Berichte zum Umweltproblem hin näher untersucht: die Wissenschaftsseite der »Süddeutschen Zeitung« und den »Spiegel«. Die »SZ« schien deshalb geeignet, weil sie das Umweltthema in einem anderen Kontext schon sehr früh aufgegriffen hat. »Der Spiegel« verspricht aufgrund seiner Monopolstellung als deutsches Nachrichtenmagazin in etwa ein Abbild der Diskussion in der Tagespresse zu geben. Die Wissenschaftsseite in der »SZ« wurde im Februar 1968 eingerichtet und von diesem Zeitpunkt an bis zum Dezember 1973 analysiert. Dabei ergibt sich folgendes Bild. Durch das gesamte Jahr 1968 und überwiegend auch 1969 liegt das Schwergewicht der Berichterstattung auf den Themen »Gesundheit«, »Ernährung« und (zu einem etwas geringerem Maße) »Energie«, wobei ein übergreifender Bezug zum Umweltproblem kaum einmal hergestellt wird. (Die Ausnahme bildet ein Interview mit Prof. C. F. v. Weizsäcker, in dem dieser auf die Bedeutung der Umwelt hinweist; vgl. SZ vom 18. 12. 68). In der zweiten Hälfte des Jahres 1969 werden u. a. der »Lärm« und die »Überheizung der Flüsse« durch Abwärme thematisiert, vorrangiges Thema sind jedoch die »Forschung in Deutschland« und die »sozialen Folgen der Technik«. Das ändert sich auch 1970 nicht dramatisch. Neben dem weiter bestehenden Schwerpunkt »Gesundheit« stehen Berichte über die »Verschmutzung der Meere«, das »Klima der Großstädte«, die »Bedrohung der Nahrungskette« durch Quecksilber. Gegen Ende des Jahres wird über den Nachweis von DDT in der Muttermilch sowie über umweltpolitische Ereignisse berichtet (vgl. SZ vom 20. 11. und 29. 12. 1970). 1971 flaut die umweltbezogene Berichterstattung eher ab; neben dem unverändert weiter bestehenden Schwerpunkt »Gesundheit« rückt 1972 die Diskussion um die »Grenzen des Wachstums« in den Vordergrund (vgl. SZ vom 3. 4. und 17. 11. 1972), darüber hinaus fehlen umweltpolitische Artikel ganz.

Die Analyse der Wissenschaftsberichterstattung der Süddeutschen Zeitung läßt kaum weitreichende Schlüsse auf den Verlauf der Umweltdiskussion in der Öffentlichkeit zu. Das ist u. a. dadurch zu erklären, daß es sich um eine wissenschaftsjournalistische Berichterstattung, nicht um eine aktuell-politische handelt; überdies mag der Schwerpunkt »Gesundheit«, »Medizin«, »Arzneimittel« aus der Präferenz der verantwortlichen Redakteure erklärt werden. Zieht man das in Betracht, so ergibt sich das Bild, daß auf einem etwa gleichbleibenden Aufmerksamkeitsniveau jeweils öffentlich relevante Einzelprobleme aus dem Umweltkomplex behandelt werden. Das geschieht seit Beginn der Wissenschaftsberichterstattung in dem angegebenen Rahmen in der »SZ«, d. h. also seit Anfang 1968.

Ein wesentlich klareres Bild von der Kristallisation des Umweltproblems ergibt die Analyse des »Spiegel« für den Zeitraum 1968-1974. Die Berichterstattung im »Spiegel« ist nicht auf Wissenschaftsreportagen beschränkt, so daß hier auch Nachrichten aus dem politischen und aktuellen Tagesgeschehen miterfaßt werden. Durch das Jahr 1968 und den größten Teil von 1969 finden sich isolierte, aber wiederholte Berichte über Ereignisse, die mit Umweltproblemen in Verbindung gebracht werden können. Sie reichen von der »Energie« über »Gesundheitsrisiken von Pharmazeutika«, »Stadtplanung« bis zum »Lärm« und »DDT-Verboten« in Schweden und den USA. Im Oktober 1969 beginnt eine Serie über die Bevölkerungsexplosion, und sechs Wochen später (Nr. 48) erscheint zum ersten Mal der Begriff Umwelt in einem Abdruck von Paul Ehrlichs Artikel »Die Ermordung des Planeten«, in dem dieser das Umweltproblem in den Kontext einer neuen Ökologie stellt. 1970 nimmt die Zahl der Artikel über Umweltfragen stetig zu, bis die Umweltdiskussion in der zweiten Hälfte des Jahres zu einem beherrschenden Thema in dieser Zeitschrift wird. Von nun an gibt es von Zeit zu Zeit Titelgeschichten über besondere Umweltprobleme sowie eine spezielle Kolumne (»Umwelt«), die der aktuellen Berichterstattung über Umweltfragen gewidmet ist. Noch 1974 enthält, bei einer Auswertung bis zur Nr. 40, mehr als jede zweite Ausgabe einen Bericht über Umweltprobleme.

Soweit der »Spiegel« ein repräsentatives Bild der Entwicklung der öffentlichen Umweltdiskussion gibt, zeigt sich erstens, daß das Umweltproblem einige Zeit vor der eigentlichen Politisierung diskutiert wird, allerdings auch nur in voneinander isolierten Teilaspekten; zweitens, daß die Kristallisation der Umwelt-»issue« sich zwar in der Presse widerspiegelt, aber zeitlich den Aktivitäten der Regierung nicht vorausgeht und infolgedessen nicht unabhängig von diesen erfolgt; drittens, daß diese Entwicklung zumindest in der Presse durch popularisierte wissenschaftliche Ergebnisse ausgelöst zu werden scheint bzw. durch diese ihren übergreifenden Interpretationsrahmen erhält. Das Umweltprogramm der Regierung erfährt kaum eine besondere Beachtung. Aus alledem läßt sich nicht auf eine von der Regierungspolitik unabhängige Rolle der öffentlichen Diskussion schließen. Es ist nicht ersichtlich, daß Veränderungen des öffentlichen Bewußtseins zu einem Legitimationsdruck auf die Regierung führen oder daß auch nur bestimmte dramatische Ereignisse dazu geführt haben, daß in der Öffentlichkeit Vorstellungen artikuliert wurden, die Einfluß auf die Programmformulierung der Regierung gehabt haben. Information und aktuelle Berichterstattung überwiegen bei weitem gegenüber der Kritik an Planungs- und Politikdefiziten.

Inwieweit die öffentliche Diskussion in besonderer Weise durch Ergebnisse der wissenschaftlichen Forschung ausgelöst oder gesteuert worden ist, kann nicht eindeutig entschieden werden. Die Berichterstattung über Umweltfragen rekurriert vielfach auf Forschungsergebnisse, so daß diese als ein wichtiges Moment der gesamten Information gelten können. Dennoch deutet die zeitliche Entwicklung der Diskussion darauf hin, daß die Forschungsergebnisse als solche nicht die Initialzündung bewirkten. Die großen Themen auf der Grenze zwischen Wissenschaft und öffentlicher Diskussion waren, wie auch aus der Analyse der »Süddeutschen Zeitung« ersichtlich, in den Jahren zwischen 1968 und 1972 die »Grenzen des Wachstums«, die »Bevölkerungsexplosion«, die »gesellschaftlichen und ökologischen Folgen der Technik« und die »Zerstörung der auf der Erde gegebenen Lebensgrundlagen«. Damit untrennbar verbunden stand der Glaube an die »Zukunftsforschung«. Diese umfassende Thematik gibt den Interpretationskontext ab, in dem die vielen Einzelberichte aus der Forschung über Umweltschädigungen erst ihren Stellenwert erhalten. Wenn überhaupt irgendetwas, so erklärt dieser neue Interpretationskontext, warum die gleichen Informationen mehr als ein halbes Jahrzehnt früher ohne Widerhall blieben.

Wenngleich nicht angenommen werden kann, daß der öffentlichen Diskussion eine autonome Bedeutung in der Politisierung der Umweltprobleme zukommt, ist der verstärkende Effekt der Berichterstattung durch die Massenmedien eindeutig nachweisbar. Sowohl das Verständnis der Umweltproblematik als auch die Einschätzung ihrer Bedeutung werden durch die »Umweltwelle« 1969-1971 entscheidend beeinflußt. Noch Ende 1970 stand der Umweltschutz in der Rangliste der Reformen an fünfter Stelle (vgl. Der Spiegel, Nr. 46, 1970, S. 83). Zudem bestanden über den Begriff »Umweltschutz« noch vielfach falsche Vorstellungen. Von September 1970 bis November 1971 stieg der Bekanntheitsgrad des Begriffs von 40 % auf 90 % (Infas, Umweltpolitisches Bewußtsein 1972, S. 4). Im Sommer 1971 rangierte der Umweltschutz an erster Stelle der für besonders wichtig gehaltenen politischen Aufgabenbereiche, um im Frühjahr 1972 wieder auf die zweite Stelle zurückzufallen (ebda., S. 5). Daß die Politisierung des Umweltproblems durch die Medien amplifiziert wird, verdeutlicht u. a. auch die Tatsache, daß sich zum Zeitpunkt der Befragung (April/Mai 1972) 59 % der Bevölkerung *nicht* durch »Umwelteinflüsse belästigt« fühlten – in den großen und sehr großen Städten war das Verhältnis allerdings umgekehrt – und daß der Bewußtseinsgrad im Hinblick auf das Umweltproblem generell mit dem Bildungsgrad korreliert (ebda., Übersicht 2.08 und S. 6).

Daß der Umweltschutz zumindest auch von der Regierung selbst zur politischen »issue« gemacht wurde und die Massenmedien zu diesem Zweck in Dienst genommen wurden, darauf deutet ein Vorgang im Innenministerium hin. Im Januar 1971 bat der damalige Ministerialrat Menke-Glückert, einer der »Motoren« bei der Erstellung des Umweltprogramms im BMI, den Staatssekretär Hartkopf um Zustimmung zur Abhaltung von regelmäßigen Gesprächen mit einem ausgewählten Kreis von Journalisten über spezifische Themen des Umweltschutzes. Außerdem sollte einer Serie von Fernseh-Spots »Freundliche Umwelt« produziert werden. Als Begründung für diese Aktion gab Menke-Glückert an, daß das Umweltprogramm »flankierende Hilfe durch gezielte Öffentlichkeitsarbeit« brauche (interne Unterlage).

Das Umweltproblem und seine Politisierung in der Wissenschaft

In den derzeit gängigen politikwissenschaftlichen Analysen der Entstehung von »issues« und der Bedingungen, unter denen sie auf die Agenda von Parlamenten und Regierungen gesetzt werden, spielt die wissenschaftlich-technische Information keine Rolle (vgl. Offe, 1975, S. 158-171; Cobb/Elder, 1972). Das mag in vielen Fällen gerechtfertigt sein, wenngleich bei dem hohen Grad der Verwissenschaftlichung von Politik Skepsis gegenüber einer derartigen Leerstelle angebracht ist, unabhängig davon, ob wissenschaftlich-technische Informationsgehalte zur Lösung von Problemen oder zur Verhinderung von Entscheidungen, zur Legitimation oder Delegitimation politischer Positionen dienen, ob sie die Perzeption politischer Probleme beeinflussen oder nicht. Im Fall des Umweltschutzes ist es sicherlich nicht gerechtfertigt, die Rolle der wissenschaftlich-technischen Information bei der Entstehung der »issue« zu vernachlässigen, weil das Problem offenkundig wissenschaftliche Dimensionen hat und weil zumindest die popularisierte wissenschaftliche Diskussion in den politischen Prozeß hineinwirkt.

Bisher hat die Untersuchung gezeigt, daß eine Zeitdifferenz zwischen der Vorlage des Umweltprogramms der Regierung und den voneinander unabhängigen Einzelaktivitäten der verschiedenen politischen Einheiten wie auch den in der Öffentlichkeit diskutierten Teilproblemen besteht. Dabei ist aber nicht erkennbar, daß die Eigendynamik vorhandener Verfahren der Verwaltung, die Änderung der »objektiven Problemlage« oder der Legitimationsdruck der öffentlichen Meinung die Politisierung des Umweltproblems bewirkt haben. Da die relevanten Informationen auch vorher zugänglich und bekannt waren, liegt der Schluß nahe, daß es letztlich Faktoren des politischen Systems sind, die zumindest das »Erscheinen« der »issue« bestimmen. Anders formuliert: ein Grund dafür, daß über einen längeren Zeitraum hinweg das Problem im politischen Bereich nicht aktualisiert werden konnte, ist in der Resistenz des politischen Systems zu suchen.

Bevor die Frage nach diesen im politischen System zu suchenden Selektionsfaktoren bzw. Widerständen gestellt wird, ist noch einer anderen möglichen Ursache für das »Erscheinen« der »issue« nachzugehen, nämlich den professionspolitischen Aktivitäten der Wissenschaft selbst. Die Analyse der Vorlaufentwicklung der Ökologie als Disziplin hat jedoch ergeben, daß diese sich humanökologischen Problemen, d. h. also den Umweltproblemen im neuen Wortverständnis, erst zuwendet, als deren Politisierung bereits in vollem Gang ist. Tatsächlich läßt sich zeigen, daß die Wissenschaft, repräsentiert in ihren verschiedenen Fach- und Standesorganisationen, in ganz ähnlicher Form von der Umweltdiskussion erfaßt wird wie die Öffentlichkeit. Während später noch geprüft werden wird, inwieweit die »Politisierung« der Wissenschaft mit dem Fokus »Umweltschutz« andauernde Änderungen der Entwicklungsrichtung der Forschung zur Folge hat und insofern von einer, dann allerdings indirekten, Steuerung gesprochen werden kann, sollen hier zunächst nur Symptome einer solchen Politisierung aufgezeigt werden. Der Umstand, daß eine derartige Politisierung zu beobachten ist, kann zumindest *auch* als ein Indiz dafür gewertet werden, daß weite Teile der »scientific community« ebenso von der »Umweltwelle« erfaßt wurden wie die übrige Gesellschaft und daß die daraus resultierenden Aktivitäten somit nicht Ausdruck der originären wissenschaftsinternen Informationsdiffusion sind.

In den USA setzte dieser Prozeß bereits Mitte der 60er Jahre ein, also synchron mit, wenn nicht sogar mit geringer Verzögerung gegenüber den Maßnahmen der Regierung Johnson. Die Politisierung wurde von den Ökologen als eine längst überfällige Akzeptierung ihrer langjährigen Warnungen begrüßt. Der Vorsitzende einer Kommission der Amerikanischen Ökologischen Gesellschaft (ESA) schrieb Rachel Carsons Buch »Stummer Frühling« eine überragende Wirkung auf die öffentliche Meinung, die Wissenschaftspolitik und die wissenschaftlichen Gesellschaften zu. 1968 forderte L. B. Skobodkin, ein führender Ökologe, neben der Weiterentwicklung der Ökologie als Disziplin müsse es eine stärkere Beziehung zwischen Ökologen und den öffentlichen Angelegenheiten im weitesten Sinn geben (Nelkin, 1975, S. 8 und 9). Im selben Jahr organisierte auch die American Association for the Avancement of Science (AAAS) auf ihrer Jahrestagung mehrere Symposien über unerwartete Umweltgefährdungen durch Technologien und zu den globalen Auswirkungen der Umweltverschmutzung. Überdies errichtete das Direktorium eine Kommission für Umweltveränderungen (Committee on Environmental Alterations) und ergänzte, nach den Worten des Chefredakteurs der Zeitschrift »Science«, die Aktivitäten vieler anderer Gruppen, »weil die Probleme von solch umfassender Bedeutung sind, daß viele Gruppen involviert sein müssen« (Wolfle, 1968, S. 155).

Ein Symposium über ökologische Systeme im Brookhaven National Laboratory 1969 erlebte die Forderung nach einer »Declaration of Interdependence« und ausgedehnte Diskussionen darüber, wie die Wissenschaftler am besten die Kunde vom Nutzen der Ökologie verbreiten könnten. Das Inkrafttreten des »National Environmental Policy Act« (NEPA) im Januar 1970 bestärkte den Enthusiasmus der Ökologen noch einmal, nicht zuletzt deshalb, weil das Gesetz die rechtliche Grundlage für einen größeren Einfluß der Wissenschaft auf den politischen Prozeß gab. Im September 1970 erklärte der Präsident der ESA, daß die zentrale Frage für die Ökologen sei, welche Wirkung die Ökologie in der Formulierung der Umweltpolitik haben werde. Ein Jahr darauf freilich war der Enthusiasmus offenbar umgeschlagen in die Sorge um die Identität und Integrität der Disziplin. Derselbe Präsident der ESA erklärte: »Die Ökologie ist aus dem Schatten herausgezogen und ins Rampenlicht gestellt worden... Es gibt viele Menschen und Organisationen, die versuchen, dieses Rampenlicht mit der Ökologie zu teilen... Es beunruhigt mich, daß die Zukunft der Ökologie zunehmend durch die Gremien der National Science Foundation, durch das Internationale Biologische Programm und vielleicht das Institut für Ökologie bestimmt zu werden scheint« (Nelkin, 1975, S. 10).

Die Gründe für diese Enttäuschung und einsetzende Zurückhaltung der Ökologen sieht Nelkin sowohl in der Überforderung der Wissenschaftler durch die praktischen Anforderungen und die in ihnen sich manifestierenden übersteigerten Erwartungen wie vor allem auch in dem Verlust an Autonomie der Profession und in der Gefahr des Mißbrauchs. Letzteres wird uns, wenn auch in abgeschwächter Form, bei den deutschen Ökologen wieder begegnen. In den USA wurde diese Entwicklung durch den »National Environmental Policy Act« begünstigt, der ein Gutachten der Umweltbelastung (»environmental impact statement«) für jedes aus Bundesmitteln geförderte Bauvorhaben forderte und infolgedessen die Nachfrage nach »Ökologen« erheblich steigerte. Eine Konsequenz dessen war die Entstehung von privaten Beraterfirmen (1974 wurden 1130 derartige Organisationen erfaßt), die ihre ökologische Expertise mit Namen wie »Ecoflow«, »Ecologic Dynamics« oder »Ecology Audit« anpriesen (Nelkin, 1975, S. 10 f.). Der reale oder auch nur scheinbare Anreiz, sich als ökologischer Experte auszuweisen, war groß, eine Möglichkeit der Kontrolle der Qualifikationen durch die wissenschaftliche Gesellschaft bestand jedoch nicht. Die Profession sah sich bedroht durch einen Typ von Experten, der u. a. als »instant ecologist« bezeichnet wurde.

Wir werden die professionspolitischen Strategien, insbesondere der Ökologen, die sich aus dieser Situation ergaben, im Zusammenhang mit der Analyse der Steuerungseffekte des Umweltprogramms noch näher betrachten. Hier sei nur noch hinzugefügt, daß das amerikanische Beispiel zwar nicht im Detail auf die deutsche Situation übertragbar ist, aber im Hinblick auf die Ausgangsfrage nach der Politisierung der Umweltdiskussion in der »scientific community« ein aussagefähiges Indiz ist. In Deutschland fehlte ein dem NEPA vergleichbares Gesetzwerk und eine klar umrissene und etablierte Disziplin der Ökologie, auf die die politische Nachfrage nach wissenschaftlicher Expertise hätte ausgerichtet sein können. Die Analyse der Genese des Umweltprogramms wird noch zeigen, daß die Ökologie als Adressat der Umweltschutzprogrammatik eine viel geringere Rolle spielte, als die Verbreitung und Popularisierung des Begriffs erwarten läßt. Die deutsche »Gesellschaft für Ökologie« (GfÖ) wird erst 1969/71 von einer Gruppe von wissenschaftlich »gestandenen« Ökologen gegründet, mit dem Ziel, eine professionspolitische Kontrolle gegenüber der einsetzenden Scharlatanerie auf dem Gebiet ausüben zu können und gleichzeitig einen Adressaten für die politischen Instanzen zu schaffen. Damit verbunden war das Ziel, eine bessere Vertretung der Ökologie an den Universitäten zu erreichen.

Daß die Ökologie sich in Deutschland trotz ihrer relativ lange zurückreichenden Tradition erst so spät (im Vergleich zu ausländischen Gründungen) in einer wissenschaftlichen Fachgesellschaft organisiert hat, steht somit einerseits in zumindest indirektem Zusammenhang mit der Politisierung der Umweltdiskussion. Andererseits erklärt sie sich aus dem wissenschaftlichen Kontext. So wird sie in Verbindung mit dem ›Internationalen Biologischen Programm‹ gesehen, besonders mit dessen Auswirkungen auf die Stellung der Ökologie innerhalb der Biologie. Ein Bestandteil des Programms war die Grundlagenforschung zum Funktionieren von Ökosystemen. Während jedoch, im Unterschied zum Ausland, die dem dortigen Verständnis von Ökologie entsprechende wissenschaftsorganisatorische Vertretung in Deutschland z. B. von der »Gesellschaft für Vegetationskunde« wahrgenommen wurde, sollte mit der Gründung der deutschen »Gesellschaft für Ökologie« die Ökosystemforschung ins Zentrum gerückt werden. Dies und die Orientierung zur angewandten Forschung wird in der fachübergreifenden Struktur der Gesellschaft dokumentiert, die nicht nur die Ökologie und Biologie, sondern auch Ingenieurwissenschaften und Didaktik umfaßt. (Eine weitergehende Analyse der GfÖ findet sich in Kapitel V).

Ein letztes Beispiel dafür, daß die Politisierung der Umweltdiskussion auch die »scientific community« erfaßt, ist in der Aktivität der DFG zu sehen, wobei die Einsetzung einer Fachgruppe »Umweltforschung« 1971 schon fast als eine Folge des Umweltprogramms der Regierung betrachtet werden könnte. Der von der Fachgruppe herausgegebene Bericht »Umweltforschung«, mit einer Darstellung der Aktivitäten der DFG von 1950-1970, läßt deutlich erkennen, daß es sich um eine durch die Politisierung bedingte Legitimationsstrategie handelt. So verweist der Bericht darauf, daß die Fragestellungen, die unter die Begriffe »Umweltschutz« und »Umweltvorsorge« fallen, »von jeher Bestandteil der Forschung in den verschiedenen wissenschaftlichen Disziplinen gewesen« seien, daß es nun aber sinnvoll sei, »diese Aspekte als »Umweltforschung« zusammenzufassen« (Umweltforschung, 1971, S. 11). Die im DFG-Bericht im einzelnen aufgeführten Forschungsaktivitäten sind in Kapitel I unter dem Gesichtspunkt des *vor* der Formulierung des Umweltprogramms existierenden Forschungspotentials im Bereich der Umweltforschung analysiert worden. Zum Teil sind diese Aktivitäten Reflex der von Regierung und Parlament an die DFG herangetragenen Anforderungen an wissenschaftliche Beratung, zum Teil sind sie Ergebnis innerwissenschaftlicher Entwicklungen. So wenig bestritten werden kann, daß die meisten unter den Begriff »Umweltschutz« subsumiert werden *können*, so deutlich ist andererseits auch, daß sie ursprünglich aus ganz anderen Gründen initiiert worden sind und erst nachträglich das neue Etikett erhalten. Die von der DFG angegebenen Gründe dafür, daß »die bisherigen Arbeiten kein zusammenhängendes Programm darstellen«, bleiben deshalb auch unschlüssig: die Berücksichtigung anderer Institutionen, die Knappheit von Mitteln und der Mangel an Forschungspotential (Umweltforschung, 1971, S. 13).

Das Beispiel der DFG belegt offenkundig und, wie wir sehen werden, im übrigen in der gleichen Weise wie das »Sofortprogramm« der Regierung, daß auch die organisierte Wissenschaft unter dem Einfluß der Politisierung der Umweltdiskussion zu Legitimationsstrategien greift, die darin bestehen, die zeitlich zurückreichende Kontinuität des Problems und die eigene Beteiligung an dessen Bearbeitung und Lösung zu dokumentieren. Dieses Muster gilt für die Wissenschaft genauso wie für die Politik. Das Wort vom »Paradigmenwechsel« drängt sich zum Vergleich auf und läßt sich, wie noch zu zeigen ist, für die Interpretation des Politisierungsphänomens fruchtbar machen.

Unmittelbare Anlässe für die Initiierung des Umweltprogramms

Zum Abschluß der Analyse der verschiedenen »input«-Bereiche im Prozeß der Politisierung soll noch versucht werden, die Bedeutung unmittelbarer Anlässe bzw. spezifischer politischer Konstellationen einzuschätzen. In der Zeit unmittelbar bevor und nachdem die Regierung im Bereich der Umweltpolitik initiativ wurde, sind vor allem im internationalen Rahmen eine ganze Reihe von Aktivitäten, wissenschaftlich wie politisch, entfaltet worden, die Teil des Gesamtkontextes sind, in dem die Politik der Bundesregierung zu sehen ist. So hatte z. B. der Europarat 1968 eine Wasser-Charta und eine Charta zur Reinhaltung der Luft verkündet und schließlich das Jahr 1970 zum europäischen Naturschutzjahr erklärt, das darin erfolgreich war, »den Naturschutzgedanken wieder volkstümlich zu machen« (Willy Brandt vor dem Deutschen Naturschutzring am 29. 11. 1970; vgl. Siebert, 1971, S. 12). Im Dezember 1968 fand in Dallas/Texas das Symposium »Global Effects of Environmental Pollution« der AAAS statt, in dem von Seiten der Wissenschaft eindringlich auf die weltweiten Auswirkungen der Umweltverschmutzung aufmerksam gemacht wurde, wie z. B. Veränderungen des Erdklimas, die chemische Stabilität der atmosphärischen Temperatur, die Abhängigkeit der atmosphärischen Temperatur von Kohlendioxyd-Konzentrationen, die weltweite Verschmutzung der Meere usw. Die Ergebnisse dieser Konferenz blieben allerdings weitgehend auf die Wissenschaft beschränkt. Ebenfalls 1968 wurde in Paris das internationale Symposium »Mensch und Biosphäre« (MAB) von der UNESCO veranstaltet, das zu ähnlichen Ergebnissen wie die Konferenz von Dallas kam. Ein Jahr darauf fand in New Delhi ein Kongreß der Internationalen Union zum Schutze der Natur und der natürlichen Ressourcen (IUCN) statt. Im November 1970 trat auch das Komitee für Aufgaben der modernen Gesellschaft der NATO mit einem Kongreß über »Maßnahmen zur Verhinderung von Meeresverschmutzung« in die Diskussion ein. Alle diese Aktivitäten zeigen, daß unabhängig von den einzelstaatlichen Aktivitäten auf dem Gebiet des Umweltschutzes zwischen 1968 und 1972 auch international die Umweltdiskussion sowohl in der Wissenschaft als auch in den internationalen (wissenschafts-)politischen Organisationen zum beherrschenden Thema wird. Diese Aktivitäten bilden den gesamtpolitischen Kontext, in dem die einzelnen Länder ihre umweltpolitischen Maßnahmen einleiten.

Den größten Einfluß auf die Initiierung des Umweltprogramms der Bundesregierung hat unter den internationalen Aktivitäten ganz offenkundig die UN-Umweltkonferenz in Stockholm gehabt, die vom 5.-16. Juni 1972 stattfand. Fragt man Informanten aus dem Umkreis derer, die an der Formulierung des Umweltprogramms beteiligt waren, so wird ein Einfluß der amerikanischen Umwelt- und Ökologiediskussion abgestritten, ebenso ein Einfluß der öffentlichen Diskussion und der Wissenschaft. Der Anstoß zu der Aktivität der Bundesregierung wird vielmehr der Stockholmer Konferenz, d. h. ihrer notwendigen Vorbereitung zugerechnet. Wenngleich dies u. a. durch den Zeitplan bestätigt wird, nach dem das Programm formuliert und verabschiedet worden ist, so bleibt doch offen, warum gerade dieses Ereignis die Bundesregierung veranlaßte, sich auf ein derartig umfangreiches und komplexes Unternehmen einzulassen. Eine Antwort liegt nahe und wird noch dadurch bestätigt, daß die Arbeiten des »Club of Rome« zu den Grenzen des Wachstums sowie das britische »blueprint for survival« ein weiteres Einflußmoment waren: Die Tatsache, daß das Umweltproblem international aufgegriffen wurde, mußte Industrienationen wie Entwicklungsländer gleichermaßen zu einer Repräsentation ihrer Interessen zwingen, da hier möglicherweise »Weichenstellungen« für die künftige Verteilung von ökonomischen Macht- und Marktchancen vorgenommen wurden. Wer, wie einer der Verfasser, die Ereignisse aus der Sicht der Gewerkschaften erlebt hat, weiß, daß die Vorbereitung der Stockholmer Konferenz sowohl die Regierung dazu veranlaßte, Stellungnahmen der relevanten gesellschaftlichen Organisationen einzuholen, als auch diese selbst, koordiniert über ihre internationalen Organisationen, zur Ausarbeitung von »kleinen Umweltprogrammen« bzw. Grundsätzen und Stellungnahmen motivierte. Dabei wird, wie z. B. durch die Gewerkschaften, das Umweltproblem wiederum in den Bezugsrahmen der organisationsspezifischen Interessen und die Kontinuität ihrer Aktivitäten gestellt (Die freien Gewerkschaften und der Schutz der menschlichen Umwelt, 1971). Der »Zwang« zur Beteiligung an der Stockholmer Konferenz wird übrigens nicht zuletzt auch dadurch dokumentiert, daß auf ihr 120 Nationen und ca. 200 internationale Organisationen vertreten waren.

Ziehen wir das Fazit aus der Analyse der verschiedenen Bedingungen, die die Politisierung des Umweltproblems bestimmen, und versuchen wir eine abschließende Antwort auf die Ausgangsfrage nach der relativen Bedeutung des wissenschaftlichen »input« in diesen Prozeß zu geben. Die Anstöße, die aus der Wissenschaft gekommen sind und die Politisierung mitbedingt haben, sind offenkundig die populärwissenschaftlichen Schriften von Carson und Ehrlich einerseits, die Analysen zu den Grenzen des Wachstums andererseits. Beide Typen von Untersuchungen sind komplementär, insoweit sie auf die Beschränkung von Ressourcen und die daraus sich ergebenden übergreifenden gesellschaftlichen und ökonomischen Zielkonflikte gerichtet sind. Es ist plausibel anzunehmen, daß die Schriften von Carson und Ehrlich durch die Studien des Club of Rome verstärkt wurden und dann aufgrund der unmittelbaren Relevanz für längerfristige wirtschaftspolitische Entscheidungen zu einer »issue« kristallisierten. Hier liegt ein Grund dafür, daß diese wissenschaftlichen Arbeiten zum Gegenstand einer so tiefgreifenden und über Jahre andauernden politischen Diskussion wurden.

Ein weiterer Grund für die Politisierung wird in der »Reichweite« des Umweltproblems zu suchen sein, d. h. in der Tatsache, daß im Grunde alle gesellschaftlichen Gruppen und Interessen in irgendeiner Form berührt sind. Damit verbunden ist die hohe Konsensfähigkeit des Problems, die die ihm real unterliegenden Zielkonflikte verdeckt. Der Mobilisierungseffekt des Themas »Umweltschutz«, aufgrund dessen u. a. unterstellt wird, die amerikanische Umweltpolitik sei nur als Mittel der Ablenkung vom Vietnamkrieg initiiert worden, hat z. B. auch die Industrie gezwungen, sich gegenüber der Öffentlichkeit als »umweltbewußt« zu legitimieren, da gerade sie Fokus und Kritik war und zum Objekt staatlicher Interventionen in ihre markt- und investitionspolitische Autonomie wurde. Tatsächlich mußte die hohe Konsensusfähigkeit es auch für eine Regierung, zumal für die mit dem Versprechen weitreichender Reformpolitik auftretende sozialliberale Koalition, opportun erscheinen lassen, das Umweltproblem aufzugreifen. Diesen Schluß gilt es bei der genaueren Betrachtung des Entstehungsprozesses des Umweltprogramms noch weiter abzustützen.

Die ebenfalls naheligende Annahme, die Umweltpolitik habe vor allem legitimatorischen Charakter, wird nicht gestützt, da sich aufgrund des Verlaufs der Politisierung zeigen läßt, daß in der Öffentlichkeit weder manifeste Konfliktlagen thematisiert wurden noch aktuelle Umweltgefährdungen einen auslösenden Effekt für die Diskussion darstellten. Vielmehr bestand offenbar in der Verwaltung der Eindruck, das Umweltprogramm müsse auch in geeigneter Form in der Öffentlichkeit »verkauft« werden. Zudem zeigt sich, daß die Politisierung die öffentliche Meinung in etwa zur gleichen Zeit, eher jedoch mit geringer Verzögerung erfaßt, wie sie im politischen Raum und in der Wissenschaft um sich greift.

Trotz der initialen Wirkung der populärwissenschaftlichen Analysen zeigt sich, daß die breitere »scientific community« (d. h. soweit diese einen Bezug zum Umweltproblem hat, der faktisch allerdings von sehr vielen Disziplinen reklamiert wird) simultan mit den politischen Agenturen und der Öffentlichkeit auf die Umweltdiskussion reagiert, also der Politisierung in gleicher Weise unterliegt wie die Öffentlichkeit. Diese Feststellung bezieht sich auf die Entstehungsphase der Umweltdiskussion als »issue« und nimmt noch nicht die Antwort auf die Frage vorweg, ob das Umweltprogramm eine »steuernde« Wirkung auf die Forschung hatte.

Einerseits ist offenkundig, daß die bloße Verfügbarkeit wissenschaftlicher Informationen keine hinreichende Bedingung für entsprechendes politisches Problemlösungshandeln ist. Zum anderen ist ebenso offensichtlich, daß die Politisierung der Umweltdiskussion nicht eindeutig ursächlich zurechenbar ist, zumindest aber ohne eine Veränderung der Problemdefinition nicht denkbar war. Damit zeigt sich im Nachhinein, daß das Kriterium des Zeitpunkts der Formulierung des Umweltprogramms zur Bestimmung der relativen Bedeutung wissenschaftlicher, politischer oder öffentlicher »inputs« in den Prozeß der Programmformulierung zu grob ist: Der zentrale Aspekt dieses Prozesses ist die informationsbedingte Veränderung der Problemdefinition zu einer vereinheitlichten, systemaren Sicht von vorab bekannten Teilproblemen. Darin besteht (in erster Linie) auch das eigentliche »Neue«, dokumentiert im Begriff »Umwelt«. Darüber hinaus lassen sich keine kausalen Beziehungen zwischen Wissenschaft, Öffentlichkeit und Politik identifizieren, allenfalls aspekthaft selektive Bedingungen des komplexen Politisierungsprozesses. Welches Schicksal diese Problemdefinition im Verlauf der Programmformulierung erfährt, wird eine der zentralen Fragestellungen der folgenden Analyse sein.

IV.
Die Formulierung des Umweltprogramms

Wenn im folgenden das Zusammenspiel wissenschaftlicher Informationen und politischer Handlungsstrategien in der Phase der eigentlichen Programmformulierung weiterverfolgt werden soll, so gilt dabei das Interesse vor allem zwei Aspekten. Zum einen ist zu untersuchen, wie das Umweltproblem von wissenschaftlicher und politischer Seite inhaltlich, d. h. also kognitiv gesehen wird, welche Differenz zwischen diesen Perspektiven besteht und wie diese überbrückt wird, wann schließlich, soweit dies überhaupt geschieht, als Bestandteil des Umweltprogramms eine Forschungspolitik im Bereich des Umweltschutzes formuliert wird. Zum anderen sind die institutionellen Bedingungen dieses Prozesses zu untersuchen, vor allem die administrativen Strukturen als Mechanismen der Problemwahrnehmung und -lösung. Dieser Zugang ist erforderlich, weil die Frage nach der Steuerung von Wissenschaft durch Politik, um es noch einmal zu betonen, nur beantwortbar ist, wenn die spezifischen unterschiedlichen Parameter der Problemsicht und -formulierung erschlossen werden. Da wir davon ausgehen können, daß schon im Prozeß der Programmformulierung, der ja unter der Hinzuziehung wissenschaftlicher »Experten« erfolgt, die Differenzen zwischen politischen und wissenschaftlichen Problemperspektiven überwunden, d. h. diese einander angepaßt werden, kommt der detaillierten Analyse dieses Anpassungsprozesses die entscheidende Bedeutung zu. Zugleich verspricht die Analyse der institutionellen Mechanismen einen Aufschluß über die Strukturen zu geben, mittels derer diese Anpassung vollzogen wird und die den spezifischen neuen Rahmen für die Art von probleminduzierter Wissenschaft im Bereich staatlicher Politik und Verwaltung abgeben, die u. E. eine immer größere Bedeutung erhält.

Das »Sofortprogramm« der Bundesregierung

Am 6. Juli 1970 hatte die Bundesregierung beschlossen, ein Sofortprogramm für den Umweltschutz zu erstellen, und zu diesem

Zweck einen Kabinettsausschuß gebildet. Der Kabinettsausschuß traf Anfang August zu seiner konstituierenden Sitzung zusammen. Die Koordinierung der Programmerarbeitung lag beim neu gegründeten Referat »U« des Innenministeriums. Formal war diese Zuständigkeit durch die Kompetenz des BMI für Fragen der Wasserwirtschaft, der Luftreinhaltung, der Lärmbekämpfung und der Abfallbeseitigung begründet. »Aus den Zuständigkeiten für diesen substantiellen umfangreichen Bereich der Umweltprobleme« wurde begründet, »daß die Zuständigkeit für alle allgemeinen, nicht auf Detailgebiete beschränkten Fragen des Umweltschutzes ebenfalls beim Bundesminister des Innern liegen muß. Die weitere Folge ist, daß die Vertretung nach außen der Zuständigkeit nach innen entsprechen muß.«[1] Ein zusätzlicher formaler Grund für die Zuordnung der Kompetenz waren wohl auch die in der Bundesrepublik relativ früh entwickelten Bemühungen um die Reaktorsicherheit, die wegen der Zuständigkeit des BMI für innere Sicherheit und der stärkeren Stellung des Innenministeriums gegenüber dem Gesundheitsministerium in das BMI verlagert wurden und hier den Anknüpfungspunkt für die Umweltkompetenz lieferten.

Aufgrund der großen Bandbreite des Umweltproblems, die die Beteiligung nahezu aller Ressorts und ihre Koordinierung durch den Kabinettsausschuß erforderlich machte, war diese Leitfunktion des BMI nicht unumstritten. (Die Konflikte mit anderen Ministerien wie auch die Konsequenzen der Führungsrolle des BMI werden noch zu behandeln sein). Sowohl die Konflikte mit anderen Ministerien als auch die zitierte expansive Auslegung überkommener Zuständigkeiten des BMI lassen jedoch zugleich darauf schließen, daß der damalige Innenminister Genscher im Umweltproblem auch ein politisches Instrument sah, das dazu geeignet war, den politischen Einfluß des BMI und damit seinen eigenen innerhalb der Koalition zu stärken. Offenbar hatte die FDP die Zuordnung der Umweltkompetenz zum BMI zu einer nachdrücklichen Forderung der Koalition erhoben. Genscher gilt denn auch unter Beobachtern als der eigentliche Initiator des Programms. Ein weiteres, für die Initiierung und Fortführung der mit der Entscheidung für das Sofortprogramm beginnenden Aktivitäten wichtiges informelles Moment war die Berufung von Peter Menke-Glückert zum Ministerialrat in das BMI. Das enge persönliche Verhältnis zwischen ihm und Genscher, das auf ihre gemeinsame Herkunft aus Halle zurückgeht, erklärt, so ein Beobachter, den Erfolg Menke-Glückerts, der in der Folge zum wichtigsten internen Promoter des Umweltprogramms wurde. Dieser Einschätzung gemäß wäre das Programm ohne ihn nicht zustandegekommen, ohne daß damit die Arbeit seiner Kollegen im Referat U für unbedeutend erachtet werden soll.

Die Formulierung und Verabschiedung eines Sofortprogramms, das der Erstellung des eigentlichen Umweltprogramms vorgeschaltet war, erfolgte unter rein politisch-pragmatischen Gesichtspunkten, die in einer Vorlage für den Kabinettsausschuß auch explizit formuliert wurden. Danach waren folgende Kriterien für die Einordnung von Maßnahmen in das Programm bestimmend:

a) die Maßnahmen sind dringlich und haben – auch im Bewußtsein der Öffentlichkeit – erhebliche Bedeutung für den Umweltschutz;
b) die Maßnahmen sind nicht bereits so weit vorangetrieben, daß zu ihrer Realisierung die Aufnahme in ein Programm nicht mehr gerechtfertigt ist;
c) die Maßnahmen können entweder
  aa) unverzüglich verwirklicht werden (Ankündigungen, Absichtsäußerungen), oder
  bb) noch in diesem Jahr (1970 – d. Verf.) in einer Weise in Angriff genommen oder vorangetrieben werden, daß Zwischenergebnisse nach einigen Monaten zur Verfügung stehen oder
  cc) unverzüglich nach Bereitstellung von Mitteln des Haushaltsjahres 1971 in Angriff genommen werden.[2]

In diesem Stadium ging es also nur um die legitimatorische Wirkung des Programms, das nominell die in der Regierungserklärung angekündigten Aktivitäten dokumentieren sollte. Infolgedessen griff man zunächst auf bereits in Vorbereitung oder in Arbeit befindliche Projekte zurück und subsumierte sie unter das Etikett »Umweltschutz«. Insofern ist in diesem Stadium eher von einer Reorganisation der Agenda als von ihrem Aufbau zu sprechen. Das Sofortprogramm selbst weist auch in seiner endgültigen Form noch stark die Struktur einer *nachträglichen* Zusammenfassung bereits laufender Gesetzgebungsvorhaben auf. So war der Entwurf eines neuen Bundes-Immissionsschutzgesetzes im BMI schon *vor* Formulierung des Programms geplant und wurde als erster »wesentlicher Bestandteil eines Sofortprogramms für den Umweltschutz« genannt.[3] Ähnliches galt für das Änderungsgesetz zum Wasserhaushaltsgesetz, dessen Vorbereitung im BMI angekündigt war. Weiterhin liefen die Untersuchungen zu Geräuschemissionen für auf dem Markt befindliche Baumaschinen, die die Grundlage für Verwaltungsvorschriften zu dem seit 1965 geltenden Bundesgesetz gegen den Baulärm bilden sollten. Das mögliche Verbot der Verwendung von DDT wurde schon seit 1969 von einem interministeriellen Ausschuß des Bundeskabinetts geprüft. Schließlich war auch der Entwurf eines Abfallbeseitigungsgesetzes im BMI bereits vorbereitet.

Alle diese Maßnahmen nehmen im Sofortprogramm einen zentralen Platz ein. Allerdings verhehlt das Programm nicht, daß es sich dabei um bereits laufende Aktivitäten der Ministerien handelt. Einen Konflikt gab es lediglich zwischen dem BMI und dem Bundesministerium für Landwirtschaft und Forsten. Der BML hatte einen Abschnitt »Naturnahe Erholungslandschaft, Naturparke« im Programm placieren wollen. Dieser war vom BMI abgelehnt worden, u. a. weil mit der Naturparkkonzeption der »Naturschutz zu stark im Vordergrund« stünde, die »Erholungsfunktion dagegen ... erst an zweiter Stelle gesehen« würde. Demgegenüber wollte der BMI die Frage der Erholung zunächst als primär raumordnerische Planungsaufgabe hervorheben.[4]

Trotz der offenkundig pragmatisch-legitimatorischen Funktion des Sofortprogramms wäre es vorschnell, diese Einordnung als erschöpfend zu betrachten. Tatsächlich war mit Einsetzung des Kabinettsausschusses klar, daß das Sofortprogramm nur die Vorstufe zu einem Umweltprogramm der Bundesregierung bilden sollte. Die Überlappung der Beratungsziele erzwang schon frühzeitig die Reflexion über die Abgrenzung und den Inhalt des Umweltbegriffs. Dadurch aber gewann der Begriff zumindest vorläufig eine gewisse Eigendynamik gegenüber den ressortmäßigen Zuständigkeiten und Fachkompetenzen. Er wurde schon in der Phase der Formulierung des Sofortprogramms zum Kristallisationspunkt einer neuen Konstellation interministerieller Kommunikation, Problemperzeption und Aufgabenplanung. Damit ist freilich nicht gesagt, daß der Begriff eine Reorganisation der Verwaltung oder auch nur eine Abstimmung von Kompetenzen gemäß seiner inhaltlichen Erfordernisse erzwang. Vielmehr wurde gerade der Widerstreit zwischen der inhärenten »Rationalität des Begriffs« von Umwelt und Umweltschutz und seinen politisch-administrativen Sinngebungen und Abgrenzungen zum Kennzeichen des Programmformulierungsprozesses.

So wurde in der Ressortbesprechung zur Vorbereitung der konstituierenden Sitzung des KabAU am 31. 7. 1970 zunächst einmal die Abgrenzungsfrage hinsichtlich des Umweltschutzes von der Zuständigkeitsfrage getrennt. Die Abgrenzung des Gegenstands des zu entwickelnden Programms wurde pragmatisch behandelt, nämlich so, »daß es (das Programm – d. Verf.) sich mit Schädigungen der Umwelt als Folge der wissenschaftlichen und technischen Entwicklung befassen soll.«[5] Für das Bundeskanzleramt (BK) erklärte in derselben Besprechung Min.Dirig. Dr. Haedrich, »daß nach der Vorstellung des Bundeskanzleramtes der Begriff Umweltfragen nach Bedarf ausgedehnt werden könne... Voraussetzung sei nur, daß solche Maßnahmen im öffentlichen Bewußtsein als dringlich angesehen würden, daß sie ausführungsreif seien und daß sie den Rahmen der mittelfristigen Finanzplanung nicht sprengten.«[6] In einer Vorlage des BMI für den KabAU zu den »Grundlinien eines Umweltschutzprogramms« wird auf die Notwendigkeit einer Begriffsabgrenzung hingewiesen und zugleich betont, daß eine Definition, die allgemein akzeptiert wäre, nicht zur Verfügung stehe. Auch hier werden die Verursachung von Schäden, aber zugleich auch die Mittel zu ihrer Verhütung und Beseitigung, in der Technik gesehen. Es wird allerdings auch hervorgehoben, daß Umweltschutz nicht nur als polizeiliche Tätigkeit, d. h. als Abwehr drohender Gefahren verstanden werden dürfe, sondern vielmehr als »aktive Gestaltung der technischen Vorgänge, die vor allem auf die Umweltfaktoren Wasser, Luft und Boden Einfluß haben können. Umweltschutz steht deshalb im engen Zusammenhang und häufiger Wechselwirkung mit Gesundheitspolitik, Raumordnung und Wirtschaftspolitik.« Unter Verweis auf die vorangegangene Ressortbesprechung wurde außerdem betont, daß nach einer Bewährung der Tätigkeit des Kabinettsausschusses bei der Realisierung des Umweltschutzprogramms der Aufgabenkreis auf andere Umweltprobleme, etwa *solche mehr soziologischer* Art, ausgedehnt werden kann.[7] Letzteres wurde vom Kabinettsausschuß in dessen Beschluß zu den Grundlinien des Umweltschutzprogramms wieder zurückgenommen.

Die Legitimationsfunktion des Sofortprogramms, der damit verbundene Zeitdruck, unter dem es entstand, und seine koalitionspolitische Rolle waren wohl die wesentlichen Determinanten, die

die Pragmatik bestimmten, mit der der Umweltschutz in dieser Phase konzipiert wurde. Ein weiteres entscheidendes Moment war jedoch die bestehende Kompetenzverteilung unter den Ministerien, d. h. ihre spezifischen Strukturen von Fachwissen, Problemwahrnehmung und politischer Klientel. Diese Strukturen bestimmen die Gliederung des Sofortprogramms und, wie noch zu zeigen ist, auch des Gesamtprogramms. So zerfällt das Programm in die Maßnahmebereiche Immissionsschutz und Wasserwirtschaft/Abfallbeseitigung, die dem BMI unterliegen, Schutz vor unerwünschten Wirkungen von Bioziden auf Mensch und Umwelt, der dem BMJFG zugehört, Naturschutz und Landschaftspflege (BML) und schließlich »Neue Technologien für den Umweltschutz«, der in die Kompetenz des BMBW (später BMFT) fiel. Gerade am Beispiel des letzteren Bereichs wird der Einfluß des Ressortdenkens und der Ressortkonkurrenz am deutlichsten – auch darauf wird noch näher einzugehen sein.

Aus den wenigen dokumentierten Diskussionen um die Gliederung des Programms ist kaum schlüssig nachzuweisen, welchen Verlauf dieser Prozeß im einzelnen genommen hat. In der Ressortbesprechung vom 31. 7. 70 machte z. B. der Vertreter des BMBW den Versuch, eine alternative Gliederung durchzusetzen, die von den gesetzgeberischen Maßnahmen ausgehen, dann die erforderlichen Investitionen, die notwendigen Modelleinrichtungen, den Bereich Forschung und Entwicklung, die einzurichtenden Institutionen und schließlich den Bereich Öffentlichkeitsarbeit enthalten würde. Dieser Vorschlag, einen systematischen Zugang gemäß den Erfordernissen von Verwaltungshandeln unter Absehung der ministeriellen Kompetenzen zu wählen, fand jedoch keine Unterstützung. Er wurde u. a. mit dem Hinweis zurückgewiesen, daß die »Gliederung nach Sachbereichen Wasser, Luft, Lärm usw. wohl publikumswirksamer und besser geeignet« sei, die Problematik auch in einer für Laien verständlichen Weise darzulegen.[8] Das bedeutet wohl nicht, daß die Gliederung wirklich disponibel war, sondern von Anbeginn standen die Beratungen über die Struktur des Sofortprogramms wie auch des eigentlichen Umweltprogramms in dem Bezugsrahmen der Kompetenzverteilungen zwischen den Ministerien.

Am 17. September 1970 legte die Bundesregierung ihr Sofortprogramm vor. Der Charakter des Programms als Sammeletikett für laufende Aktivitäten, das mit der Änderung der politischen

Agenda geschaffen wurde, wird am deutlichsten in einer bereits im Dezember veröffentlichten »Bilanz des Sofortprogramms« (Tabelle 1, im Anhang).

Das Umweltprogramm der Bundesregierung – Ministerielle Kompetenzbereiche und inhaltliche Vorentscheidungen

Auf Vorschlag des Kabinettsausschusses für Umweltfragen vom 8. September 1970 beauftragte die Bundesregierung die Mitglieder des Ausschusses, bis zum 31. März 1971 den Entwurf eines Umweltprogramms vorzulegen. Die Vorhaben dieses umfassenden Gesamtprogramms sollten nach Aktionen (Prioritäten, Zielkatalog, Standardwerte für Emissionen usw.), Zuständigkeiten, Handlungsmitteln, Finanzbedarf und Fristen dargestellt werden. Da die Beratungen im Kabinettsausschuß über die »Grundlinien eines Umweltschutzprogramms« sich mit denen zum Sofortprogamm noch überlappten, ist kaum erstaunlich, daß trotz der andersartigen Aufgabe und der Chance, unter geringerem Legitimationsdruck einen weniger unmittelbar politisch-pragmatischen Zugang zu wählen, die Zuständigskeits- und internen Einflußkriterien verbindlich blieben. Naturgemäß sind die Diskussionen um alternative Zugänge schlecht oder gar nicht dokumentiert, so daß nur Indizien zu belegen vermögen, welche Faktoren in diesem Prozeß eine Rolle spielten.

Es gilt sich zu vergegenwärtigen, daß jede moderne staatlich-administrative Tätigkeit letztlich auf die Formulierung von Gesetzentwürfen und die Ausführung von Gesetzen durch Verordnungen gerichtet ist. Diese formale Funktion konstituiert nicht nur das in jedem Ministerium akkumulierte Fachwissen über den Gesetzgebungsbereich, sondern zugleich auch die informellen Erfolgskriterien, nach denen die administrative Arbeit zwischen den Ministerien beurteilt wird: Arrondierung des Zuständigkeitsbereichs durch Abgrenzungsentscheidungen gerade in Fällen der »realen« Überschneidung von Problembereichen, der dadurch erlangte politische Einfluß der Minister auf Kabinettsebene, ihr politisches Gewicht, das sich nicht zuletzt auch im Anteil am Budget niederschlägt. Das damit gegebene Konfliktpotential innerhalb einer Regierung, d. h. zwischen ihren Verwaltungseinheiten besteht unabhängig von der Partei- oder Koalitionszusammengehörigkeit und wird auch auf den unteren Ebenen der Behörden aktualisiert.

Diese Umstände spielten offensichtlich eine Schlüsselrolle bei der Konzipierung des Umweltprogramms, bei seiner Erarbeitung und Gliederung. Wenn auch aus den zugänglichen Dokumenten kaum erkennbar, bestätigen einige Diskussionen sowie vor allem die Aussagen von an der Erarbeitung des Programms beteiligten Ministerialbeamten, daß die Gliederung des Umweltprogamms nach Medien (Luft, Wasser, Boden) entsprechend den ministeriellen Zuständigkeiten zunächst umstritten war. So war an eine Analyse des Umweltproblems gemäß seiner ökologisch-systemaren Struktur gedacht. Die ökologisch-systemare Perspektive ist gleichsam das Paradigma einer der »medialen« entgegengesetzten Strukturierung des Umweltprogramms. Ihre Bedeutung liegt darin, daß unter Zugrundelegung der ökologischen Systemvorstellung als Bezugsrahmen *im Prinzip* eine Koordinierung und Prioritätensetzung politischer Einzelmaßnahmen und disziplinärer Forschungen in »medialen« Umweltbereichen ermöglicht wird. Diese Auffassung ist jedoch am politischen Widerstand verschiedener Referatsleiter gescheitert, so daß die Referats- und Gesetzesstruktur auf die Gliederung des Programms durchgeschlagen hat.

Die gleichlaufenden Verhandlungen um das Sofortprogramm und die Grundlinien des Umweltprogramms sind durch eine ganze Reihe von Zuständigkeitskonflikten zwischen den Ministerien gekennzeichnet, die mit der »Querschnittsaufgabe Umweltschutz« entstanden. Der damalige Chef des Bundeskanzleramts Ehmke hatte gegenüber Genscher in einem Brief vom 10. 7. 1970 angeregt, daß das Sofortprogramm »die Verstrickung in Zuständigkeitsprobleme meidet.« Aber auch die von ihm für die Diskussion des Kabinettsausschusses vorgeschlagenen Richtpunkte für die Aufnahme in das Programm enthielten keinen Hinweis auf den Querschnittscharakter des Problems und schienen ihm »der Prüfung und Ergänzung aus der umfassenden Sachkenntnis der Ressorts« bedürftig. Außer dem bereits erwähnten Konflikt zwischen BMI und BML um die Eingliederung des Naturschutz- und Landschaftspflegeprogramms gab es eine ganze Anzahl anderer Zuständigkeitskonflikte. So drängte etwa das Arbeitsministerium darauf, ordentliches Mitglied im Kabinettsausschuß zu werden aufgrund der mit dem BMI gemeinsamen Zuständigkeit für den Emissionsschutz (gem. § 16 ff. der Gewerbeordnung), dergemäß der BMA für die Abwehr von Lärm und Erschütterungen, Feuer und Explosionsschutz federführend ist. Das Verkehrsministerium reklamierte die Federführung zu dem Punkt »Verminderung der Luftverunreinigung durch Autoabgase«, und das Wirtschaftsministerium wandte sich gegen die Einbeziehung der Wasserversorgung in das Sofortprogramm. Beispiele dieser Art ließen sich noch fortsetzen.

Die »scharfen Kontroversen«, zu denen die Ressortinteressen schon bei der Erstellung des Sofortprogramms im Kabinettsausschuß geführt hatten, ließen unter Experten die Frage aufkommen, ob es dem BMI gelingen würde, zum »Strukturministerium« zu werden.[9] Diese oder eine analoge Lösung ist in einer Politik impliziert, die von einer Restrukturierung der Jurisdiktionen entsprechend der inhärenten Systematik des Umweltbegriffs ausgehen würde. Sowohl ihre zeitliche Begrenztheit gegenüber anderen »issues« als auch ihre Bedeutung im Verhältnis zu anderen Aufgaben staatlicher Verwaltung machten jedoch eine solche Lösung politisch unwahrscheinlich und prinzipiell unpraktikabel, da jede neue Kristallisation einer »Querschnittsaufgabe« auch eine Neustrukturierung der Verwaltung erfordern würde. Wir werden auf diesen Sachverhalt an anderer Stelle noch einmal zurückkommen.

Ein weiteres Indiz für die Diskussion um alternative Zugänge zur Strukturierung des Programms ist das bereits erwähnte Für und Wider zur Einbeziehung sozialer Probleme. Mit der pragmatischen Entscheidung, soziale Probleme auszuklammern und Umweltprobleme ausschließlich als technisch verursacht zu verstehen, wurde erwartungsgemäß der politisch brisanteste Aspekt der »issue« unterlaufen. In diesem Zusammenhang ist es interessant, auf den offenkundigen Widerspruch zwischen dem Programm und den öffentlichen Äußerungen dazu hinzuweisen. So sagte Minister Genscher in seiner Plenarrede auf der Stockholmer Umweltkonferenz u. a.: »Umwelterhebliche Auswirkungen *wirtschaftlichen und sozialen menschlichen Verhaltens* müssen weltweit erfaßt, erforscht und ausgewertet werden.« Und: »Der lebensnotwendige Ausgleich von Natur, Wirtschaft und Technik kann nur dann harmonisch erreicht werden, wenn der Schutz der Würde des Menschen und seiner Gesundheit zum entscheidenden Maßstab aller Umweltpolitik gemacht wird.«[10]

Ein ähnlicher Widerspruch ist auch hinsichtlich der Berücksichtigung der ökologisch-systemaren Perspektive festzustellen. Umfassend verstanden schließt sie die soziale Verursachung von Umweltschäden mit ein. In einer Rede anläßlich des 14. Mainauer Gesprächs vom 20. April 1972 sagte Staatssekretär Hartkopf u. a.: »Verwaltung und Wirtschaft (sollten) lernen, biologische Kreisläufe, die Begrenztheit und Endlichkeit des Naturhaushalts zu beachten.« »Für die Flächennutzung muß die ökologische Leistungsfähigkeit des Naturhaushalts wesentlicher Maßstab sein.« »Wenn auch unsere Kenntnisse von den ökologischen Zusammenhängen noch am Anfang stehen und daher die Forschung auf diesem Gebiet intensiv vertieft werden muß, wissen wir doch, daß es biologische Grenz- und Schwellenwerte gibt, die durch übermäßige Beanpruchung lebenswichtiger Landschaftselemente überschritten werden, was schließlich das Leistungsgefüge der Natur zerstört.«[11]

Die Zugrundelegung der ökologisch-systemaren Perspektive oder zumindest ihre Berücksichtigung ist nach den zugänglichen Unterlagen weder auf der Ebene der Ressortbesprechungen noch im Kabinettsausschuß diskutiert worden. Vielmehr ging man schon auf der Ressortbesprechung zur Vorbereitung der konstituierenden Sitzung des Kabinettsausschusses von »medial« definierten Problemen aus. Aber trotz dieser Festlegung blieb die ökologisch-systemare Perspektive in der Diskussion. Sie wurde z. B. durch die Picht-Kommission vertreten, im Zusammenhang mit deren Analyse sie noch gesondert behandelt wird. In ähnlicher Weise wurde die Konzipierung des Programms auch von außen angesprochen. Der »Deutsche Rat für Landespflege« forderte in einer Stellungnahme zum Sofortprogramm die Bundesregierung auf, bei der Abfassung des Umweltprogramms ökologisch begründete Aspekte zu berücksichtigen. In der Stellungnahme heißt es u. a.: »Schutz, Pflege und Entwicklung der natürlichen Umwelt können nur dann ausreichend wirksam werden, wenn neben den erforderlichen technologischen Maßnahmen zur Luft- und Wasserreinhaltung, zur Lärmbekämpfung und Abfallbeseitigung auch *der gesamte Lebensraum in seinen biologischen und ökologischen Bezügen gleichrangig berücksichtigt wird*.« Bei der Einordnung von Industrieanlagen in die Landschaft müsse *»das Wirkungsgefüge des Naturhaushalts«* bewahrt bleiben. Der Rat halte »eine *Gesamtkonzeption* für nötig, die von *ressortgebundenen Teilvorschlägen losgelöst und auf die gesellschaftspolitischen Belange abgestimmt ist*.«[12]

Die Disparität von Ressortstruktur und Querschnittsaufgabe und die daraus resultierende »Schwäche« der Verwaltung war schließlich wohl auch der Ansatzpunkt für das Battelle-Institut, schon im Mai 1970 an das BMI heranzutreten und auf der Grundlage einer abgeschlossenen Vorstudie zu Fragen der Umwelthygiene auf die Verwendungsmöglichkeit quantitativer Planungsmethoden hinzuweisen. Die Studie sollte »einen Rahmen für die Einordnung der vielfältigen oder nur bruchstückhaften Informationen zur Umweltverschmutzung« abgeben.[13] Als der Zeitplan für die Erstellung des Umweltprogramms feststand, erhielt das Battelle-Institut einen Forschungsauftrag, bei dessen Konzipierung Menke-Glükkert als einen Thementeil eine »Systemanalyse der Zusammenhänge zwischen den jeweiligen Umweltbelastungen einerseits und wirtschaftspolitischen, sozialpolitischen sowie ökologischen Aspekten andererseits« vorsah. Am 16. 11. bot Battelle die »Ausarbeitung einer Studie zur Entwicklung einer Indikatorenmatrix zur Bewertung der Zielvorstellungen und technisch-wirtschaftlichen Gesichtspunkte beim Umweltschutz« für das Bundesministerium des Innern an. Diese Arbeiten sollten der »Unterstützung der Zielformulierung im Umweltschutz« dienen.[14]

Zu diesem Zeitpunkt stand schon fest, daß das Gesamtprogramm organisatorisch u. a. mittels der Bildung sektoraler Projektgruppen erstellt werden sollte, die unter der Anleitung einer von Staatssekretär Hartkopf zu leitenden Lenkungsgruppe arbeiten sollten. Die Einteilung dieser Gruppen folgte primär den (schon bei der Formulierung des Sofortprogramms geltenden) medialen Umweltbereichen und den entsprechenden ministeriellen Zuständigkeiten.[15] Lediglich für einige Spezialfragen war die Einrichtung von »horizontalen Projektgruppen« vorgesehen, und zwar für übergreifende wirtschaftspolitische Fragen wie z. B. die Aufstellung eines Umweltbudgets, für Probleme der Öffentlichkeitsarbeit, Informationssysteme und zur Frage der Organisation der wissenschaftlichen Beratung zum Umweltschutz. Schließlich wurden nur die erste und die letztgenannte realisiert.

In diese Entscheidung, das Umweltprogramm durch »vertikal« organisierte Projektgruppen erarbeiten zu lassen, denen die Funktion der Problemdefinition und Materialerarbeitung zufiel, gingen inhaltliche politische Prioritäten und zugleich die administrativen Problemverarbeitungsstrukturen ein. Damit war der weitere Weg der Programmformulierung und der daraus resultierenden Forschungspolitik in spezifischer Weise festgelegt, spezifisch in Relation zu dem Problem des Umweltschutzes bzw. der Umweltpolitik. Die Problematik dieser Vorgehensweise, auf der Basis der Ressortstruktur ein Programm im Bereich von »Querschnittsproblemen« zu formulieren, wurde von der Projektgruppe zur »Organisation wissenschaftlicher Beratung« (fortan: Picht-Kommission) klar identifiziert.

Sie stellte fest, daß die spezialwissenschaftliche Politikberatung, wie sie in den Projektgruppen gegeben ist, in bestimmten Problembereichen und auf bestimmten Ebenen ihren guten Sinn habe. Die Aufgaben der Umweltpolitik lägen aber oberhalb dieser Ebene: »Sie hat die Rückwirkungen der Politik nahezu sämtlicher Ressorts auf unsere natürliche und soziale Umwelt sowie die Zyklen zum Thema, die natürliche und soziale Umwelt miteinander verkoppeln. Diese Wechselverhältnisse und Zyklen... werden aber... von der Politik nicht genügend berücksichtigt, weil sich die Politik auf die Auswertung systemanalytischer Befunde noch nicht eingestellt hat.«[16] Die einzige organisatorische Vorkehrung, dem Querschnittscharakter bzw. der systemaren Natur des Umweltproblems gerecht zu werden, bestand in der Bildung des Kabinettsausschusses, bislang der übliche und alleinige Mechanismus zur Koordinierung der Einzelressorts. Den Kabinettsausschüssen generell und dem Kabinettsausschuß für Umweltfragen im besonderen fehlte aber, nach Einschätzung der Picht-Kommission, bislang »ein Apparat, der geeignet wäre, komplexe, wissenschaftliche Sachverhalte in praktikable Entscheidungsunterlagen zu übersetzen.«[17]

Aufgrund des organisatorischen Defizits der staatlichen Verwaltung im Hinblick auf die Verarbeitung von »integrierten Informationen«, wie sie etwa in der Raumordnung, Städteplanung, Energiewirtschaft und in der Umweltplanung erforderlich ist, bleibt die Programmformulierung notwendig hinter den fortgeschrittensten Möglichkeiten systemanalytischer und die Einzeldisziplinen integrierender Forschung zurück. Für die Konstituierung einer »Umweltforschung« ist daraus die Erwartung abzuleiten, daß die Ökologie als systemanalytisches Spezialgebiet der Biologie, ungeachtet ihrer tatsächlichen Entwicklung, von der staatlichen Umweltschutzpolitik weitgehend unberührt bleibt. Deren Schwergewicht richtet sich vielmehr hauptsächlich auf die entsprechend der Ressortzuständigkeit gegebenen einzeldisziplinären Teilprobleme und hier wiederum auf die Fixierung der für den Gesetzgebungsprozeß handhabbaren Grenz- und Schwellenwerte, d. h. vor allem auf Meßprobleme sowie die Entwicklung neuer technischer Verfahren. Ob diese Schlußfolgerung, die sich aus der Analyse der ersten Phase der Programmformulierung und ihrer verwaltungsstrukturellen Bedingungen ergibt, der weiteren Untersuchung standhält, wird sich noch erweisen müssen. Insbesondere wird zu bedenken sein, daß auch die Organisation der Forschung departmentalisiert, d. h. disziplinär strukturiert ist und der Aufteilung des Umweltproblems gemäß der medialen Bereiche Vorschub leistet.

Bevor wir jedoch den Prozeß der Projektgruppenarbeit betrachten, jene Phase, in der der wissenschaftliche Sachverstand in die Programmformulierung eingeschaltet wird, soll die Bildung und Arbeit der Picht-Kommission näher untersucht werden. Obwohl diese Kommission ihr Gutachten erst nach Abschluß der anderen Arbeiten übergeben hat (30. 7. 71), kommt ihr deshalb besondere Bedeutung zu, weil sie in ihrer Aufgabenstellung als einzige der Projektgruppen dem übergreifenden und systemaren Charakter des Umweltproblems entsprach und in ihrem Gutachten auch daran festhielt. Von daher stellt sich die Frage, aufgrund welcher Überlegungen diese Kommission eingesetzt, welche Rolle ihr zugedacht wurde und welche Auswirkungen sie auf den Prozeß der Programmformulierung hatte.

Politische und wissenschaftliche Parameter – die Picht-Kommission

Der unvoreingenommen Beobachter könnte in der Bestellung der Picht-Kommission, d. h. einer im Vergleich zu den übrigen Projektgruppen »horizontal« konzipierten Projektgruppe, einen durch den systemaren Charakter der Umweltprobleme gebotenen Schritt sehen. Tatsächlich muß die Einsetzung der Kommission jedoch vor dem Hintergrund der Bestrebungen des BMI gesehen werden, eine eigene Forschungskapazität in der Form einer Bundesanstalt zu erhalten. Schon bei den Vorüberlegungen zum Sofortprogramm hatte das BMI die Schaffung einer Bundesanstalt für Immissionsschutz sowie einer Anstalt für Wasserwirtschaft und Abfallbeseitigung gefordert, u. a. mit der Begründung, daß der BMI über keinerlei wissenschaftliche Forschungs- und Beratungskapazität verfüge. Gegen diese Forderung erhob sich der Widerstand vor allem des BMJFG, des BMV, des BMBW und des BMF. Die Einwände liefen alle darauf hinaus, daß dem BMI Gelegenheit gegeben werden sollte, wissenschaftlich-technische Anstalten aus anderen Ressortbereichen mit in Anspruch zu nehmen, gegebenenfalls nach deren weiterem Ausbau. Eigenen Anstalten wollte keines der Ressorts zustimmen. Trotz dieses Widerstandes fanden die Forderungen noch Eingang in das Sofortprogramm, allerdings in der abgeschwächten Form, daß der BMI die Notwendigkeit der Schaffung dieser Einrichtungen prüfen lassen werde. In der Bilanz des Sofortprogramms wird denn auch die Ankündigung dieser Untersuchung mit der Erteilung des Gutachtenauftrags sowie seiner Auswertung als erledigt aufgeführt, freilich ohne daß die Picht-Kommission dabei explizit genannt wird.

Vor diesem Hintergrund ist infolgedessen der Auftrag zu sehen, den der BMI im Dezember 1970 an die Professoren Picht, Bresch, Rupp und Häfele erteilte. Der Gutachterauftrag lautete: »Was ist die geeignete Organisationsform für die wissenschaftliche Beratung der Bundesregierung und die Durchführung von nicht-ministerieller Tätigkeit, besonders des Bundesministeriums des Innern in seinem Geschäftsbereich in Fragen der Umweltgestaltung und des Umweltschutzes?« Zur Erläuterung hieß es lediglich, daß bei der Behandlung des Themas »alle bestehenden Bundeseinrichtungen auf ihre Eignung zum Ausbau geprüft werden und eventuell auch neue Einrichtungen vorgeschlagen werden« sollten.[18] Die Themenformulierung sollte in der Folge zum Politikum sowohl innerhalb der Kommission als auch zwischen Kommission und Ministerium werden. Die folgenden Auseinandersetzungen werfen dabei ein Schlaglicht auf den Konflikt zwischen Wissenschaft und Politik, exemplifiziert an den mit unterschiedlichen Relevanzvorstellungen verbundenen Problemperzeptionen.

Nachdem die Kommission zwischen Januar und April einige Male getagt, eine interne Arbeitsverteilung vorgenommen und als ersten Schritt eine Befragung der Bundesanstalten initiiert hatte, kam es bei der Ende April anstehenden (verspäteten) Vertragsunterzeichnung zum Eklat über den zweiten Teil des Auftrags, die Analyse der »nicht-ministeriellen Tätigkeit«, d. h. der Bundesanstalten. Zwar bestand Einigkeit in der Kommission, daß in der Kürze der Zeit eine sorgfältige Erhebung nicht möglich sein würde, andererseits eine »gemeinsame und integrierte Planung der Arbeit der Bundesanstalten gefordert werden muß...«. Prof. Rupp (der einzige Jurist in der Kommission und als dezidierter Föderalist bekannt) hatte auf die verfassungs- und verwaltungsrechtlichen Probleme einer Reorganisation hingewiesen, die übrigen Mitglieder der Kommission kamen jedoch zu dem Ergebnis, daß es ihre Pflicht sei, »die Anforderungen zu definieren, denen das System der Bundes- und Länderanstalten genügen muß... Die Politiker mögen sich dann überlegen, wie sie das so gestellte Problem lösen wollen.«[19] Im gleichen Zusammenhang hob Picht die Autonomie der Kommission hervor, deren Anspruch gerade darauf beruhe, daß die Kommission von der Analyse der objektiven Problemstrukturen ausgehe, während die Politiker die gegebenen politischen und Rechtsstrukturen voraussetzten.[20]

Offenbar war die Meinungsverschiedenheit jedoch so groß, daß Prof. Rupp mit der Begründung seine Unterschrift unter den Vertrag verweigerte, der Gutachtenauftrag sei hinsichtlich der Analyse der nicht-ministeriellen Tätigkeit zu unspezifisch.[21] Picht hielt dem entgegen, daß gerade in der relativ unbestimmten Formulierung der an die Kommission gestellten Frage ein Vorteil zu sehen sei, da, wenn die Regierung schon wüßte, wie man die Fragen formulieren müßte, sie keiner Beratung mehr bedürfe.[22] Kurz darauf fand ein Gespräch zwischen Rupp und dem Sekretär der Lenkungsgruppe, Menke-Glückert, statt, nach dem letzterer eine Präzisierung des Gutachterauftrags versprach. In einem Schreiben vom 20. 5. 71 kündigte er an, daß die Gutachter in dieser Präzisierung gebeten würden, zu den im Umweltprogramm enthaltenen Thesen der Bundesregierung Stellung zu nehmen, wobei folgende Lösungen sich bereits abzeichneten: a) zusammen mit dem Land NRW würde eine gemeinsame Bund-Länder-Anstalt mit dem Schwerpunkt Luft-Emissionen gegründet; b) die Bundesanstalt für Gewässerkunde in Koblenz werde ausgebaut und verstärkt auf den Gebieten Wassermengenwirtschaft, Wassergüte; c) das Bundesgesundheitsamt erhalte eine Außenstelle in Frankfurt mit dem Schwerpunkt auf dem Gebiet der Abwasser- und Abfalltechnik, für die der BMI Weisungsrecht habe, evtl. gemeinsam mit dem Gesundheitsminister.[23]

In einem ähnlich lautenden Schreiben an Picht sollte die Kommission als weitere Alternative die Herauslösung des Instituts für Wasser, Boden und Lufthygiene aus dem Bundesgesundheitsamt und die »Unterstellung des Instituts für Umweltschutz unter den

BMI« bedenken. Allerdings gab Menke-Glückert der zuvor genannten Lösung aufgrund der sehr knappen Haushaltsmittel die größeren Chancen.[24] Dies erregte wiederum unter den übrigen Mitgliedern der Kommission »große Beunruhigung«, die in der Präzisierung eine materielle Veränderung des Auftrags sahen und bei Androhung ihres Rücktritts an der alten »relativ unpräzisen« Formulierung festhielten. Gleichwohl erklärten sich die Kommissionsmitglieder bereit, die Wünsche, die in dem zitierten Brief an Rupp enthalten waren, zu prüfen und wenigstens Kriterien für die Organisation nicht-ministerieller Tätigkeit zu entwickeln.[25] Prof. Rupp gab nach diesen Vorgängen am 27. 5. 1970 endgültig seinen Gutachterauftrag zurück. An seine Stelle rückte Prof. Kriele.

Damit war zwar der kommissionsinterne Konflikt beseitigt, nicht aber die Spannung zwischen den sich an den Gutachtenauftrag knüpfenden Interessen des BMI und den Auffassungen der Kommissionsmitglieder. Daß die von Menke-Glückert vorgeschlagene Präzisierung zumindest implizit auch ein inhaltlicher Eingriff in die Autonomie war, geht u. a. daraus hervor, daß die Kommission (übrigens noch unter Beteiligung von Prof. Rupp) schon auf ihrer zweiten Sitzung am 19. 2. 1971 zu der Überzeugung gekommen war, »daß die für den Umweltschutz notwendige (monodisziplinäre) Fachforschung von den vorhandenen Bundes- und Länderinstituten im großen und ganzen theoretisch abgedeckt wird; nötig erscheint allenfalls ein quantitativer Ausbau bestehender, *nicht aber die Gründung neuer Bundes- oder Landesanstalten*. Es fehlt jedoch eine zentrale Koordinationsstelle mit entsprechender Analyse-, Strukturforschungs- und Problemlösungskapazität... Die neu zu schaffende Institution soll die Einzelaktivitäten integrieren und *nicht* als neue Bundesanstalt zu den vorhandenen addiert werden.«[26]

Zwischenzeitlich wurde nochmals der Auftrag an die Kommission vor dem Hintergrund der Zuständigkeit des BMI zum Streitpunkt. Für die Regierungsvorlage sollte die Kommission nach Menke-Glückerts Vorstellungen einen Text zum Abschnitt »Verwaltung und Organisation« des Programms verfassen, während die dem Auftrag der Kommission entsprechenden Punkte im Abschnitt über »Forschung und Ausbildung« enthalten sein sollten. Es stellte sich heraus, daß dieser Auftrag auf die Kompetenzverteilung der Ministerien zurückzuführen war. Die Zuständigkeit für die Organisation der wissenschaftlichen Beratung lag beim Wissenschaftsministerium. Picht hatte daraufhin Menke-Glückert erklärt, »daß die Kommission nicht in der Lage sei, seinem Wunsch zu entsprechen. Sie halte sich an den ihr gestellten Auftrag. Wenn dieser Auftrag sich mit der Kompetenzverteilung innerhalb der Bundesregierung nicht zur Deckung bringen ließe, so sei das eine Angelegenheit, die von den Politikern zu bereinigen wäre. Als Wissenschaftler seien wir verpflichtet, von einer Analyse der objektiven Strukturzusammenhänge auszugehen und bräuchten uns bloß in zweiter Linie darum zu kümmern, daß sich die gegenwärtigen Verwaltungsstrukturen mit diesen Strukturzusammenhängen nicht zur Deckung bringen lassen.«[27]

In der Sitzung der Kommission am 5. 3. 1971 war dann offenbar eine nochmalige Klärung des Status der Kommission durch Menke-Glückert erreicht worden, wonach der BMI in seiner Eigenschaft als federführendes Mitglied des Kabinettsausschusses für Umweltschutz den Gutachtenauftrag vergeben habe, die Kommission aber jenseits aller Kompetenzprobleme den gesamten Verantwortungsbereich der Bundesregierung zum Thema habe.[28] Im gleichen Kontext ist denn auch das Bemühen der Kommission zu sehen, bei der Kontaktaufnahme mit dem BMBW klarzustellen, daß sie »von Anfang an keinen Zweifel darüber gelassen (habe), daß wir uns nicht als eine Kommission des Bundesinnenministeriums betrachten. Wir.... haben, wie es dem Wortlaut des uns erteilten Auftrags entspricht, den gesamten Verantwortungsbereich der Bundesregierung vor Augen.«[29]

Der frühzeitig gewonnenen Auffassung der Kommission hinsichtlich der ausreichenden monodisziplinären Kapazität der Bundes- und Länderanstalten im Bereich der Umweltforschung wurde von Menke-Glückert zumindest in seiner Funktion als Sekretär des Lenkungsausschusses knapp vier Wochen später unter Hinweis auf Entwicklungen in den Projektgruppen und Ministerien widersprochen. Bei deren Erörterungen habe sich gezeigt, daß die Forschungskapazität der vorhandenen Institutionen für die im Rahmen des Umweltprogramms vorgesehenen Aufgaben nicht ausreichten. Die bisher in der Gutachterkommission diskutierten Lösungen berücksichtigten in keiner Weise die Erfahrungen, die in Zusammenarbeit mit Hochschulinstituten oder auch Max-Planck-Instituten gemacht worden seien (mit deren Unfähigkeit termingerechter Zuarbeit). »Die Masse der für die Bundesverwaltung zu bearbeitenden Fragen betreffen Detail- und Routineangelegenheiten, die, wie etwa das Ausarbeiten eines Smog-Alarm-Planes, mit allen damit verbundenen meteorologischen, rechtlichen, planerischen, chemischen und physikalischen Fragen usw. eine große Erfahrung mit den Arbeiten der entsprechenden kommunalen und Länderbehörden voraussetzt. Für solche Aufgaben nicht-ministerieller Tätigkeit jedenfalls eignet sich die Arbeitsform loser Forschungsaufträge nicht.« Schon jetzt zeichne sich die Zustimmung der Länder zu zwei neuen Bundesanstalten ab: eine Bundesanstalt oder Obere Bundesbehörde bzw. andere geeignete Bundeseinrichtungen von ausreichender Kapazität auf dem Gebiet der Abfallwirtschaft; »das andere Gebiet, das zusätzliche Kapazität braucht, ist Wasserbedarfsprognose und Koordinierung Wasserwirtschaft, eine Institution, die viele Teilbereiche der Wasserwirtschaft koordinierend zusammenfaßt oder zumindest die Ergebnisse koordinierend auswertet und ferner gesamtwirtschaftliche Probleme auch mit internationalen Auswirkungen erforscht. Wissenschaftliche Unterlagen für politische Entscheidungen der Wasserwirtschaft besitzt die Bundesregierung bisher nicht.«[30]

Neben diesem Vorstoß hinsichtlich der Neugründung von Bundesanstalten wies Menke-Glückert auf einen Vorschlag der »stark von der Industrie beeinflußten« Projektgruppe »Umweltfreundliche Technik« hin, einen »Rat für Umweltgestaltung« zu bilden, der »eine Art Monopol für die Beratung aller Behörden in technischen und wissenschaftlichen Fragen der Umweltgestaltung« erhalten solle. Beide Empfehlungen (»Daten, die von der Gutachterkommission beachtet werden müßten«!) standen in einem gewissen Widerspruch zueinander, wobei der »Umweltrat« mit der Gründung neuer Anstalten zumindest partiell konkurrierte.

Der folgende Passus verdient wegen seiner grundsätzlichen Bedeutung wie auch wegen seiner Funktion im Hinblick auf das Verhältnis zur Gutachterkommission in voller Länge zitiert zu werden. Menke-Glückert fährt fort: »Nochmals möchte ich auf diese beiden leider im Augenblick getrennt laufenden Vorstöße aufmerksam machen, die einerseits neue Bundeseinrichtungen planen, andererseits eine Art von neuer Selbstverwaltungskörperschaft einrichten wollen, die durch spezialisierten hohen Sachverstand und monopolartige Stellung eine von der Bundesregierung in ihren eigenen Verwaltungsinstanzen eingeholte Beratung überflüssig machen würde. Die Lösung müßte wohl in der Mitte liegen. Meines Erachtens wird doch etwas vergessen in der bisherigen

Diskussion, nämlich daß die wesentlichen und entscheidenden Erfolge auf dem Gebiet des Umweltschutzes durch neue Gesetze und andere staatliche Maßnahmen erreicht worden sind. Gesetze werden nun einmal in der Ministerialbürokratie vorbereitet und auch durch die Verwaltung exekutiert. Wissenschaftliche Beratung und Durchführungskompetenzen müssen gesondert behandelt und nach den ihnen eigenen spezifischen Leitbildern organisiert werden. Die Gefahr ist, daß wissenschaftliche Beratung sonst entweder ohne Problembewußtsein bleibt (weil Zusammenhänge nicht gesehen werden) oder lediglich dazu benutzt wird, bereits eingenommene Positionen zu vertreten. Für den gesetzlichen Vollzug und für das Ausführen der in den Gesetzen gegebenen Ermächtigung zu Festsetzungen von Grenzen und Richtlinien sind staatliche Behörden notwendig. Für die Vorbereitung der Gesetze selbst und für das Ausarbeiten einer Gesamtstrategie muß eine andere Form der Beratung gefunden werden, die weitgehend alle wirtschaftlichen Gruppen an dem Prozeß der Zielformulierung beteiligt und dem »Wissenschaftlichen Rat« ein Höchstmaß an Unabhängigkeit garantiert. Beide Gesichtspunkte werden jetzt bei allen Vorschlägen nicht klar auseinandergehalten. Der Vorschlag der Projektgruppe »Umweltfreundliche Technik« greift weit in die Gesetzesexekutive ein und das ohne Grund; denn auf vielen Gebieten bestehen eingespielte Verfahrenszüge und bewährte Institutionen, z. B. die VDI-Kommission oder auch die Landesanstalt für Emissionsschutz in NRW usw.

Mir liegt viel daran, zu einem realistischen Ergebnis zu kommen. Ich versuche daher, auf gewisse Toleranzen in der politischen Diskussion aufmerksam zu machen, die, wenn sie überschritten werden, zu einer so heftigen und diesmal rein politischen Gegenaktion führen würden, die vernünftige Lösungen dann ganz unmöglich machen. Gerade bei der Beratung des Bundesministers des Innern sind die politischen Gewichte innerhalb der Verwaltung und die bereits laufenden und in der mittelfristigen Finanzplanung fest verankerten Pläne zu beachten. So sehr mir Ihre Unterscheidung zwischen weisungsgebundener wissenschaftlicher Planung und freier problemorientierter Planung einleuchtet, so sehr muß ich auf die von Ihnen ja auch zugegebene Notwendigkeit der Funktionssicherheit hinweisen, die für die Planung unerläßlich ist.Die notwendigen »offenen« Systeme fehlen bisher. Sie zu entwerfen wäre eine wichtige Aufgabe der wissenschaftlichen Planung selbst.«[31]

Menke-Glückert, der ja die entscheidende Verbindungsfunktion zwischen dem Lenkungsausschuß (und, wie aus dem Dargestellten ersichtlich, in einem besonderen Sinn zwischen dem Innenministerium) und der Kommission hatte, spielte eine überaus wichtige Übersetzerrolle. Gegenüber der Kommission vertrat er das politische Interesse des BMI an der Neugründung der diskutierten Bundesanstalten, deren Zweck es sein sollte, die vom BMI wahrzunehmende Fachpolitik im Rahmen seiner Zuständigkeiten für den Umweltschutz mit der für erforderlich gehaltenen wissenschaftlichen Forschungs- und Beratungskapazität zu stützen und zu legitimieren und aus der Abhängigkeit von den anderen Ministerien zu lösen. Zugleich hielt er die Kommission über die politischen Strömungen im Ministerium sowie in den an der Formulierung des Umweltprogramms beteiligten Gremien informiert und schien ein Interesse daran zu haben, der systemaren Problemauffassung der Kommission gegenüber der in der Bundesregierung vorherrschenden, von Ressortgesichtspunkten bestimmten Sicht zur Wirkung zu verhelfen.

Auf Seiten der Kommission hatten die wiederholten Interventionen zugunsten der Interessen des BMI den gegenteiligen Effekt, insofern ihre Mitglieder, vor allem Georg Picht, um so stärker auf die Autonomie der Kommission pochten. Das wiederum hatte zur Folge, daß Menke-Glückert im Ministerium unter Druck geriet. Wahrscheinlich hat er seine Position vor allem aufgrund der Unterstützung durch Genscher halten können, der im übrigen auch hinter der Kommission stand, weil er sich von dieser politisch Unterstützung erhoffte.

Für den 11. und 12. 6. 71 hatte die Kommission eine Tagung mit den Präsidenten der Bundesanstalten geplant, auf der geklärt werden sollte, welche Konflikte zwischen einzelnen Bundesressorts, zwischen Wissenschaft und Politik und zwischen einzelnen Interessengruppen bestehen, um zu einer realistischen Einschätzung der Forschungskapazitäten für die Umweltforschung und eventuell erforderliche Reorganisationen zu kommen. Schon bevor die Tagung stattfand, wurde sie als Politikum betrachtet, und die Kommission stellte sich darauf ein, als Gruppe von »Spinnern« zu gelten, die die Umwelt-Problematik unter der Perspektive weltfremder Wissenschaftler sehe, aber kein Verständnis für die organisatorische und verwaltungstechnische Seite der Problematik habe.[32] Die Karlsruher Tagung, auf der *erstmals* die Präsidenten der Bundesanstalten zusammenkamen und über die Probleme ihrer Institutionen sprachen, führte dann auch zu teilweise differierenden Auswertungen seitens der Kommission und des Ministeriums. Beide sind aufschlußreich sowohl hinsichtlich der unterschiedlichen Problemwahrnehmungen in der Kommission und im Ministerium als auch im Hinblick auf die faktische Information, die die Tagung über die Funktion der Bundesanstalten in bezug auf die Umweltforschung erbrachte.[33]

Dem Gesetz nach sind die Bundesanstalten (BA) (die übrigens nur 10 % der im Regierungsauftrag durchgeführten Forschung tragen) selbständige Bundesoberbehörden, die aber jeweils einem Ressort unterstehen. Ihre Funktionen bestehen in der Entlastung der Bürokratie bei der Vorbereitung von Gesetzen sowie in der Durchführung eigener Forschung im Kontakt vor allem mit Forschungsinstitutionen der Industrie. Die Beratung anderer Ressorts ist nach Vereinbarung möglich. Die Koordination der BA untereinander hängt von der Koordination zwischen den Ressorts ab. Eben hier liegt jedoch nach Auffassung der Kommission die entscheidende Schwachstelle. Zwar gibt es den Kabinettsausschuß für Bildung und Wissenschaft und auf Referatsebene den interministeriellen Ausschuß für Wissenschaft und Forschung. Deren Wirksamkeit ist jedoch auf die bilaterale Abstimmung zwischen einzelnen Ressorts beschränkt, sie versagt bei größeren Programmkomplexen und Querschnittsaufgaben wie dem Umweltschutz aufgrund des Prinzips der Federführung. Für die Kommission folgte daraus, daß »Organe für ressortübergreifende Planung und Koordinierung der Arbeit der Ressorts und der BA an Querschnittsaufgaben wie der Umwelt-Forschung«, ein »Organ für die ressortübergreifenden Struktur-, Organisations- und Finanzierungsfragen« sowie ein »Organ, das die vom Kabinett zu treffenden Prioritätsentscheidungen und die Festlegung ressortübergreifenden Zielsetzungen wissenschaftlich vorbereiten könnte«, fehlen.[34]

Ausgehend von dieser Analyse kam Picht u. a. zu dem Schluß, daß es auch im Bereich der ressortspezifischen Aufträge sinnvoll wäre, »wenn allen mit einschlägigen Aufgaben befaßten Ressorts grundsätzlich die gesamte Kapazität des der Regierung unterstellten wissenschaftlichen Instrumentariums zur Verfügung stünde«[35]; daß die BA durch entsprechende Planung und Koordination zu einem wissenschaftlichen Apparat für die Regierung zusammengefaßt werden sollten, den diese für eine wissenschaftlich fundierte und rationale Umwelt-Politik brauchte; daß der Kabinettsausschuß eine Geschäftsstelle erhalten sollte, die für die dem Kabinettsausschuß zugeordneten Kapazitäten der BA Auftraggeber wäre, d. h. also für die auf Querschnittsaufgaben bezogenen Teile ihrer Arbeit; daß mobile Kapazitäten in den BA gebildet werden sollten, die je nach Aufgabenstellung an selbständige Projekte bzw. an jeweils andere BA überwiesen werden könnten. Da keine der BA in der Lage sei, »integrierte Informationen«, wie sie im Fall der Umwelt-Politik verlangt sind, bereitzustellen, bedürfe nach Pichts Auffassung die Regierung eines Beratungsstabes, der dazu in der Lage sei. Er werde nur einen Teil der Vorarbeiten durch die BA durchführen lassen können und daher auch mit unterstellten Forschungsinstitionen zusammenarbeiten müssen.

Es ist unschwer zu erkennen, daß in diesen Schlußfolgerungen und Vorschlägen der systemare bzw. Querschnittscharakter des Umweltproblems der Bezugsrahmen ist. Wird dies vorausgesetzt, so erscheinen die Ressortstruktur und ihr Abbild in der Struktur und Funktionszuschreibung der BA inadäquat, weil sie zu einer Departmentalisierung des Problems, der zu seiner Lösung initiierten Forschung und schließlich auch des politischen Handelns führen. Dabei schlägt die Kommission ausdrücklich – wie schon erwähnt – *nicht* die Bildung eines »Umwelt-Ressorts« vor, ebenso wie sie Plänen des BMFT zur Zentralisierung der gesamten Forschungsplanung eine Absage erteilt. Eine solche Lösung würde das Problem nur verschieben. Ihre Vorschläge zielen vielmehr auf eine effizientere *Vermittlung* zwischen wissenschaftlichen Informationen und politischem Handeln bzw. zwischen den jeweils unterschiedlichen Problemstrukturen und den Parametern der Problemperzeption. Die organisatorischen Vorstellungen über diesen Vermittlungsmechanismus konvergieren dabei unweigerlich – hier wie in anderen Kontexten – in »gemischten Gremien« bzw. »hybrid communities«, Institutionen, in denen die Übersetzungsfunktion zwischen Politik und Wissenschaft geleistet wird. Wenn man so will, formulierte die Kommission damit Vorstellungen – einige weitere sind noch zu nennen – die eine ohnehin vorhandene Entwicklungstendenz beschreiben.

Aus der Sicht des BMI bzw. Menke-Glückerts führte das Karlsruher Gespräch zu Folgerungen, die wiederum sehr viel enger auf die spezifischen Interessen des Ministeriums bezogen waren. In seiner Vorlage für den Minister anläßlich des bevorstehenden Gesprächs mit Picht nennt er als die wichtigsten Ergebnisse der Karlsruher Tagung, daß der Umweltschutz nur durch eine Verwaltungsreform auf eine dauerhafte Grundlage gestellt werden könne und daß bundeseigene Forschungsinstitute wie die BA für Gewässerkunde in Koblenz oder das BGA in Berlin für alle mit Umweltfragen befaßten Ressorts, »besonders für das BMI«, geöffnet werden müßten. Menke-Glückert empfahl Genscher, bei dem Gespräch »der Gutachterkommission klarzumachen, daß der jetzige Zustand unerträglich ist, nämlich, daß dem BMI keine Bundesforschungsanstalt untersteht und eine effektive Koordinierung der Umweltforschung bislang fehlt.« Die Arbeit der Abteilung U (Umwelt) im BMI werde sehr behindert, weil bei der Regierungsbildung der umweltrelevante Teil des BGA nicht dem BMI unterstellt worden sei, eine Tatsache, die von der Gutachterkommission »noch nicht in ihrer ganzen Schärfe gesehen« werde. Ursprünglich sei der Gutachterauftrag als »eine Art flankierende Maßnahme zur Unterstützung der Argumentation der Abteilung U gegenüber anderen Ressorts« gedacht gewesen. Im Augenblick bestehe aber die Gefahr, »daß die Gutachterkommission gerade dieser, die Abteilung U interessierenden Frage ausweicht und sich zu sehr auf ein idealtypisches Modell beschränkt.« Als Minimalprogramm der Abteilung U werde angestrebt: »auf dem Gebiet des Immissionsschutz eine gemeinsame Bund-Länder-Anstalt in Essen, auf dem Gebiet der Gewässergüte-Forschung eine dem BMI direkt unterstehende Forschungskapazität eventuell durch »Öffnung« oder teilweise Unterstellung der BA für Gewässerkunde in Koblenz unter das BMI, Schaffung einer dem BMI direkt zugänglichen Forschungskapazität auf den Gebieten Wasserversorgungstechnik, Gesamtwasserwirtschaft und Abfalltechnik«. Hier war an eine Unterstellung der einschlägigen Kapazitäten des BGA (Institut für Wasser-, Boden-, Lufthygiene) unter das BMI gedacht.[36]

Die Kluft zwischen den Auffassungen der Kommission einerseits und dem Verwaltungsapparat andererseits war jedoch keineswegs auf die spezielle Interessenlage des BMI und ihre Differenz zu den weitergreifenden Organisationsvorstellungen der Kommission beschränkt. Hinsichtlich der Zuordnung der Bundesanstalten bestanden schon erhebliche Konflikte zwischen den Ministerien. Aber auch der allgemeinere Aspekt, die systemare Perspektive des Umweltproblems und die daraus sich ergebenden Vorstellungen zur Organisation wissenschaftlicher Beratung, wie überhaupt die

Funktion der Kommission trafen in verschiedenen Ministerien auf ganz unterschiedliche Reaktionen. So gewann Prof. Picht anläßlich seiner Gespräche mit Vertretern verschiedener Ministerien in Bonn kurz vor Abgabe des Gutachtens den Eindruck, daß z. B. im BMBW die Auffassung bestand, im Bereich des Umweltschutzes seien die Forschungsprobleme im wesentlichen gelöst, es gehe nur noch um Fragen der technischen und administrativen Durchführung. Gleichwohl nahm das BMBW eine wenig ressortbezogene Stellung ein. Auch das BML und das BMJFG schienen generell kooperationsbereit zu sein, wenngleich das letztere sich scharf gegen die Pläne des BMI wandte, das Institut für Wasser-, Boden- und Lufthygiene aus dem BGA auszugliedern und in den Geschäftsbereich des BMI zu überführen. Harter Widerstand gegen die Kommission und ihren Auftrag bestand dagegen offensichtlich im Bundeskanzleramt, wo der Gesprächspartner Pichts nicht nur die Legitimation der Auftragserteilung durch den Innenminister selbst bestritt, sondern auch eine unabhängige wissenschaftliche Beratung der Bundesregierung in Umweltfragen ohne Kontrolle durch die Regierung für indiskutabel hielt.[37]

Diese vom Vorsitzenden der Kommission in seinen Gesprächen mit Ministerialbeamten gewonnenen Eindrücke sind nur aspekthaft und nur zum Teil direkt auf die Konzeption der Kommission bezogen, so daß sie auch nur nebensächlich in ihr politisch-antizipatorisches Kalkül einbezogen wurden. Dabei verdient die Tatsache besondere Erwähnung, daß sich die Kommission in Übereinstimmung mit der Projektgruppe »Verwaltungsreform« im Innenministerium befand und offenbar auf dieses Einverständnis baute – wie sich herausstellen sollte eine Fehleinschätzung, da die Arbeit dieser Gruppe folgenlos blieb.

Am 30. 7. 1971 legte die Kommission ihr Gutachten vor, und es ist jetzt noch inhaltlich auf ihre Vorschläge einzugehen: Wie sind sie begründet, welche Funktion haben sie und welches Schicksal haben sie schließlich im weiteren Verlauf der Programmimplementierung erfahren? Die vorangegangene Darstellung des Prozesses von der Auftragserteilung bis zur Abgabe des Gutachtens hat bereits gezeigt, daß die Kommission von Anfang an eine Konzeption des Umweltproblems und des Umweltschutzes vertrat, die sie in Konflikt mit den politischen Sonderwünschen vor allem des BMI bringen mußte. Obwohl sich der Gutachterauftrag auf die organisatorische Struktur der wissenschaftlichen Beratung der Bundesregierung in Umweltfragen bezog, war klar, daß sich jeder Vorschlag auf eine Vorstellung davon gründen mußte, was unter der Umweltproblematik und unter Umweltschutz zu verstehen sei. Eben diese inhaltlich-konzeptionellen Vorstellungen der Kommission erhalten daher für das Verständnis sowohl des Beratungsprozesses als auch der Empfehlungen entscheidende Bedeutung. Einige Aspekte dieser Vorstellungen sind schon erwähnt worden. Wir greifen hier jetzt auf Überlegungen von G. Picht zurück, von denen zu unterstellen ist, daß sie von den übrigen Kommissionsmitgliedern weitgehend geteilt wurden und die Grundlinien des Gutachtens bestimmten.

Picht hält die bestehenden politischen Strukturen grundsätzlich für irrational, weil inadäquat gegenüber den »gegenwärtigen Möglichkeiten der Konzentration von technischer Macht« und den »dadurch ausgelösten Problemen«. Um überhaupt die Möglichkeiten sachgemäßer Politik zu eröffnen, bedarf es einer Veränderung der Strukturen. Die Probleme des Umweltschutzes exemplifizieren dies, insofern sie die Gesellschaft mit der Notwendigkeit »einer Transformation unserer politischen Strukturen« konfrontieren, und zwar in der Weise, daß diese »mit der Struktur unseres ökologischen Systems in Einklang« gebracht werden. Gegenüber dem terminologischen Gebrauch des Begriffs »Umweltschutz« durch Regierung, Parlament und Parteien, die darunter die Summe von Maßnahmen zur Beseitigung verifizierter Schädigungen begreifen und den Umweltschutz auf quantifizierbare Daten reduzieren, gilt es zu erkennen, daß mit den gegenwärtigen und geplanten Maßnahmen nur ein kleiner Teil der tatsächlichen Gefährdungen erfaßt und eine seriöse Behandlung der Probleme nur möglich wird, wenn wir »das ökologische System unserer Gesellschaft in seiner Gesamtheit zu erfassen vermögen«. Daraus folgert für Picht die Priorität für eine Forschung, die »uns darüber belehrt, wie sich im Umweltschutz Sachbereiche durchdringen, die in der Organisation unseres Regierungsapparates voneinander getrennt sind.«[38]

Das zentrale Problem bestand nach den Überlegungen Pichts und der Kommission darin, die disparaten Strukturen des Umweltproblems, der Wissenschaftsorganisation und der staatlichen Verwaltungs- (d. h. Problemlösungs-)strukturen miteinander zu vermitteln. Gemäß dem Gutachtenauftrag mußten sich die Vorschläge in erster Linie auf eine Neustrukturierung der wissenschaftlichen Beratung der Regierung richten, auf den Schnittbereich also zwischen Wissenschaft und Politik. Sie berührten aber auch die Verwaltungsstruktur selbst. Im einzelnen schlug die Kommission vor:

- keine wesentliche Erweiterung der Forschungs- und Entwicklungskapazitäten der Bundesanstalten und Großforschungseinrichtungen, der Universitäten und Industrieforschung, statt dessen deren Koordination und Integration;
- die Bildung einer Umweltkommission als Partner der Exekutive, die auf Anfragen des Kabinettsausschusses antwortet, von sich aus Umweltfragen aufgreift und der Exekutive auf der Grundlage von Forschungsergebnissen Handlungsoptionen vorschlägt. In ihr sollten Naturwissenschaften, medizinische Wissenschaften und Gesellschaftswissenschaften sowie die Erfahrungsbereiche der Wirtschaft, der Forschung und Bildung, der Landes- und Kommunalbehörden und der Öffentlichkeit vertreten sein;
- ein ständiger Ausschuß der Umweltkommission von fünf hauptamtlichen Mitgliedern sichert die Koordination und Kontinuität;
- Analysegruppen werden zur Untersuchung spezieller Umweltprobleme vom ständigen Ausschuß beauftragt und in bestehende wissenschaftliche Einrichtungen eingebettet;
- die Einrichtung einer »Arbeitsgruppe zur Realistischen Gesamtanalyse des Umweltschutzes« (ARGUS), d. h. eines unabhängigen Forschungsinstituts mit der Aufgabe, langfristige Untersuchungen zu grundsätzlichen und übergreifenden Problemen des Umweltschutzes durchzuführen. Die Arbeit soll überdisziplinär sein;
- ein Lenkungsausschuß zum Entwurf koordinierter Programme bei umweltbezogener Tätigkeit der Ressorts. Mitglieder sind die für Umweltschutz zuständigen Abteilungsleiter der im Kabinettsausschuß für Umweltfragen vertretenen Ministerien;
- ein verwaltungseigener wissenschaftlicher Arbeitsstab soll dem Kabinettsausschuß und Lenkungsausschuß zuarbeiten. Seine Vertreter nehmen an Beratungen der Umweltkommission teil. Der Leiter des Arbeitsstabes ist »Umweltbeauftragter« der Bundesregierung.[39]

Das mit diesen Vorschlägen konzipierte Beratungssystem läßt sich wie folgt schematisch darstellen:

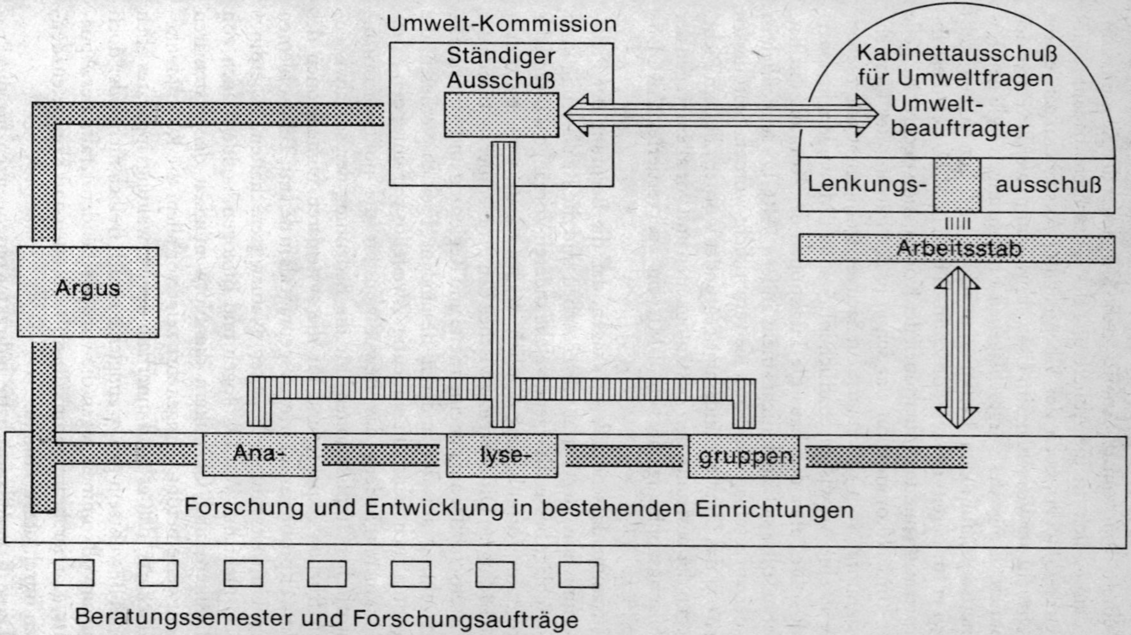

aus: Materialien zum Umweltprogramm der Bundesregierung, 1971, S. 569.

In einem Brief vom 18. August an die Mitglieder der Kommission, in dem er sich für die Ablieferung des Gutachtens bedankt, gibt Menke-Glückert noch der Überzeugung Ausdruck, daß er die Mehrzahl der Vorschläge im Umweltprogramm werde verwenden können. Einige der vorgeschlagenen Einrichtungen (wie den Kabinettsausschuß, den Lenkungsausschuß und den Arbeitsstab) hielt er für bereits existent, obschon zu fragen ist, ob sich diese Interpretation mit den Intentionen der Kommission deckte. Anstelle der Umweltkommission war schon in der Fassung des Umweltprogramms vom 17. August ein Sachverständigenrat vorgesehen, der als eine Art wissenschaftlicher Beirat im BMI eingerichtet werden sollte, aber durchaus die Funktionen der Kommission hat. Daran sollte sich auch nichts mehr ändern. ARGUS schließlich ist in der vorgeschlagenen Form nie verwirklicht worden. Statt dessen ist 1974 das Umweltbundesamt gegründet worden, in dem Picht, wegen der beschnittenen Zuständigkeiten und vor allem wegen der Weisungsabhängigkeit vom BMI, ein »pervertiertes ARGUS« sah.[40]

Zusammenfassend läßt sich sagen, daß die Berufung der Picht-Kommission, der Verlauf ihrer Arbeit und die Realisierung ihrer Vorschläge besser als irgendwelche anderen Vorgänge während der Programmformulierung deutlich werden lassen, welche strukturell bedingten Differenzen zwischen den Problemperzeptionen der Wissenschaftler auf der einen Seite und Regierung und Ministerialverwaltung auf der anderen bestanden. Freilich verliefen die Fronten auch hier nicht eindeutig. Zweifellos war unter den Kommissionsmitgliedern das Bewußtsein für die politisch-organisatorischen Implikationen, für die Bedeutung der sozialwissenschaftlichen Aspekte und für die systemaren Dimensionen des Umweltproblems schärfer ausgeprägt als in den mit Teilproblemen des Umweltschutzes befaßten Naturwissenschaften. Allerdings wird nicht nur von Ökologen und Biologen, sondern auch von Physikern und Chemikern die Notwendigkeit der systemaren Sichtweise betont. Umgekehrt zeigt vor allem die Rolle Menke-Glückerts, daß es auch innerhalb des Verwaltungsapparates eben jenes Bewußtsein gab, wenngleich es sich freilich nicht oder doch nur unvollkommen gegen die vorherrschenden Kräfte des Apparats, Karrierebeamtentum, Ressortegoismen und Kompetenzdenken durchsetzen konnte.

Diese Konstellation hatte indirekt Konsequenzen für die Programmformulierung neben der Legitimationsfunktion, die das Gutachten für die Etablierung einer weiteren Beratungs- bzw. Vermittlungsmaschinerie zwischen Wissenschaft und Politik hatte. Der Gutachtenauftrag war der einzige, der die systemaren Dimensionen des Umweltproblems zumindest implizit zum Gegenstand hatte und im Rahmen der Programmerstellung formulierbar machte. Wenn überhaupt, so scheint es, konnte die Systemperspektive aus dieser Kommission heraus in den Programmformulierungsprozeß eingebracht werden. Dies mußte von einem Einzelgänger im Verwaltungsapparat über ein wissenschaftliches Gutachtergremium initiiert werden und wurde in den Einzelheiten durch dieses bestimmt. Obgleich dabei auch die für das Problem unzulängliche disziplinäre und organisatorische Struktur der Forschung problematisiert wurde, erwiesen sich die Problemperzeptions- und Problemlösungs- (d. h. Organisations-)struktur der staatlichen Verwaltung sowie der politische Handlungsdruck als die entscheidenden Hindernisse.

Im weiteren Verlauf der Analyse wird noch gezeigt, daß auch die disziplinäre Struktur der Wissenschaft im Hinblick auf die Umweltproblematik einer Programmformulierung entgegensteht, die von der systemaren Perspektive ausgeht. Zunächst sind es jedoch die Verwaltungsstruktur und die aus ihr sich ergebenden Parameter politischen Handelns der Ministerien, die verhindern, daß die systemare Perspektive Eingang in das Programm findet. Bevor überhaupt inhaltliche und organisatorische Strukturen der *Wissenschaft* im Prozeß der Umsetzung politischer in Forschungsziele angesprochen sind, erweisen sich in diesem Fall die *politischen* als negativ selektiv in bezug auf eine mögliche Alternative der Programmformulierung.

Die Identifikation des Umweltproblems – Zusammensetzung und Funktion der Gutachtergruppen

Nach der Analyse der Arbeit der Picht-Kommission, einer der beiden horizontalen Projektgruppen, deren Gutachtenauftrag jedoch nur die Bedingungen der Umweltforschung, nicht aber deren eigentliche Programmierung zum Gegenstand hatte und die dem dennoch recht nahe kam, gilt es nun, die »vertikalen« Projektgruppen zu betrachten. Dabei sind vor allem drei Fragen zu beantworten: Was waren die administrativ-politischen Gründe für die Einsetzung von Gutachtergruppen; welche thematische Ausrichtung und personelle Zusammensetzung hatten sie; und welche Funktion für die Programmformulierung, insbesondere für die Übersetzungsfunktion politischer Ziele in den Forschungsprozeß, ergibt sich daraus, dokumentiert vor allem in ihrem Arbeitsergebnis?

Vorangehend ist bereits dargestellt worden, daß die Ressortstruktur das dominierende Moment bei der Formulierung des Umweltprogramms bildete, demgegenüber eine umfassendere Konzeption von Umweltschutz oder gar Umweltnutzung sich nicht durchsetzen konnte. Es fehlten die organisatorischen Voraussetzungen im Sinne der administrativen Problemidentifikations- und -verarbeitungsstrukturen und/oder entsprechender Vermittlungsmechanismen zwischen Politik und Wissenschaft, das hat das Picht-Gutachten eindringlich gezeigt. Weder der Kabinettsausschuß noch die unter Staatssekretär Hartkopf gebildete Lenkungsgruppe konnten diese Aufgaben übernehmen. Eine weitere Determinante war schließlich der Zeitdruck, unter den sich die Regierung gesetzt glaubte bzw. selbst setzte, zumindest im Hinblick auf die Erstellung des Umweltprogramms selbst und die damit verbundene systematische Materialsammlung zum Stand der Umweltgefährdungen.

Am 17. 9. 1970 war der Beschluß der Regierung gefaßt worden, die Mitglieder des Kabinettsausschusses bis zum 31. März 1971 mit der Vorlage eines Entwurfs des Umweltprogramms zu beauftragen. Erst im November wurden im Kabinettsausschuß und in der Ressortbesprechung Beschlüsse über das weitere Verfahren gefaßt, und erst im Dezember sollten Arbeitsinstrumente, systematischer Ansatz und der Zeitplan erörtert und verabschiedet werden. Somit blieb nicht gerade eben viel Zeit, und die Konsultation von Wissenschaftlern konnte allenfalls die Funktion haben, vorhandene Informationen zu sammeln und zu systematisieren, um daraus in etwa ein Bild des status quo zu gewinnen.

Ende November legte Menke-Glückert einen sowohl im BMI als auch mit den anderen Ressorts abgesprochenen Verfahrensvorschlag vor. Danach sollte das Gesamtprogramm in drei Schritten erarbeitet werden: 1.) eine systematische Sammlung von Problem-Beschreibungen und vorhandenen Zielvorstellungen, wobei z. B. auf den Raumordnungsbericht, den Städtebaubericht u. ä.

zurückzugreifen war. 2.) den Problembeschreibungen waren Handlungsmittel oder Maßnahmen, d. h. Gesetzespläne, Richtlinien, Errichtung von Institutionen etc. zuzuordnen. 3.) sollten aus Ideal-Zielen und -Maßnahmen realistische Ziele und Prioritäten erarbeitet werden.

Die zur Durchführung dieser Schritte vorgeschlagenen sogen. Arbeitsinstrumente waren erstens die Errichtung eines »Deutschen Forums für Umweltschutz«, dem drei Aufgaben aufgetragen werden sollten: die Unterstützung der Umweltschutzpolitik der Bundesregierung in der Öffentlichkeit; die gutachterliche Beratung der Bundesregierung in Einzelfragen des Gesamtprogramms; und die Funktion eines Ausspracheforums für wichtige Fragen des Umweltschutzes, die einer Behandlung in der Öffentlichkeit bedurften. Das Sekretariat des Forums sollte in der Abteilung U des BMI eingerichtet werden. Im Jahre 1971 wurde daraufhin die Arbeitsgemeinschaft für Umweltfragen gegründet. Vom BMI finanziert und mit einer Geschäftsstelle ausgestattet, besteht ihre Hauptaufgabe darin, das seit 1973 stattfindende »Umweltforum« zu organisieren. Zu diesem »Hearing« für den Umweltbereich entsenden die sogen. gesellschaftlich relevanten Gruppen (Tarifpartner, Parlamente, Verwaltung, Wissenschaft usw.) ihre Delegierten, deren Zahl im Laufe der Jahre stark reduziert wurde, um die Arbeit besser konzentrieren zu können. Von den ursprünglich dem »Deutschen Forum« zugedachten Funktionen ist damit insbesondere die eines Ausspracheforums realisiert worden.

Das zweite »Arbeitsmittel« war die Einrichtung der Projektgruppen für die einzelnen Bereiche des Umweltschutzes. Vorgeschaltet war die Bildung des Lenkungsausschusses, der später zum ständigen Abteilungsleiterausschuß für Umweltfragen wurde. Den Vorsitz erhielt das BMI, vertreten durch Staatssekretär Hartkopf. In ihm waren (sind) alle Ministerien und das Bundeskanzleramt vertreten. Dieser Lenkungsausschuß sollte einen vorläufigen Arbeitsplan für die Projektgruppen erstellen, und zwar einschließlich der Art der Materialien und Kontakte, die heranzuziehen waren. Schließlich wurde die Bildung sektoraler Projektgruppen vorgesehen, deren thematische Einteilung der Ressortaufteilung der staatlichen Verwaltung folgte. Es waren dies im einzelnen:

– Luft (Reinhaltung der Luft)	– Federführung: BMI
– Wasserwirtschaft	– Federführung: BMI

- Offenes Meer einschl. Ölverschmutzung (Hohe See und Küstengewässer) – Federführung: BMV
- Lärm (Lärmbekämpfung) – Federführung: BMI
- Saubere Technologien und Produkte (Umweltfreundliche Technik) – Federführung: BMBW
- Biozide und Schadstoffe (Umweltchemikalien und Biozide) – Federführung: BMJFG
- Strahlenbelastung und Strahlenschutz (Umweltradioaktivität und Strahlenbelastung) – Federführung: BMBW
- Abfallbeseitigung – Federführung: BMI
- Naturschutz und Landschaftspflege – Federführung: BML
- Raumordnung und Städtebau – Federführung: BMI

(Die später vorgenommenen Benennungen stehen in Klammern)

Zu den sektoralen Projektgruppen sollten »je nach Bedarf« noch die horizontalen hinzukommen, wie dies bereits dargestellt worden ist. Mit der beabsichtigten Bildung der *sektoralen* Projektgruppen war der von Beobachtern konstatierte, aber nicht dokumentierte Plan einer *systematischen* Aufarbeitung und Darstellung der Umweltschädigungen endgültig fallengelassen und statt dessen die »näherliegende« Lösung der den Ressortabgrenzungen entsprechenden *»medialen«* Aufteilung gewählt worden.

Bei der Einschätzung der Konsequenzen dieser wichtigen Entscheidung gilt es sich zu vergegenwärtigen, daß der systemare (ökologische) Ansatz nur bedingt als Bezugsrahmen gelten kann, da er, wie die Analyse der Picht-Kommission gezeigt hat, weder in den politischen noch in den wissenschaftlichen Problemverarbeitungsstrukturen seine Entsprechung findet. Er kann, bedenkt man insbesondere die vergleichsweise neuentwickelte und noch periphere Rolle der Ökosystemforschung, kaum als eine »auf der Hand liegende« Möglichkeit wissenschaftlicher Entwicklung angesehen werden, die es lediglich zu fördern galt, um die angestrebten Programmziele zu realisieren. Die Option für die »mediale« Aufteilung des Umweltproblems und damit die sektoralen Projektgruppen hat insofern nur verhindert, daß die weitestreichende Perspektive, politisch und wissenschaftlich gesehen, weiter im Blickfeld blieb. Zugleich scheint eine Ebene der Problemverarbeitungsstruktur auf Seiten der Verwaltung gewählt worden zu sein, die auf Seiten der Wissenschaft ihre direkte Entsprechung hat.

Trifft dies zu, so ist zu erwarten, daß bereits in dieser Phase kaum noch komplizierte Transformationsprozesse erforderlich sind. Beides müßte sich an der Art und Weise der Besetzung der Projektgruppen und ihren Arbeitsergebnissen ablesen lassen.

Die personelle Besetzung der Projektgruppen, des zentralen Instruments für die wissenschaftliche Beratung der Regierung bei der Erstellung des Umweltprogramms also, bietet ein verwirrendes Bild, das es beinahe nicht erlaubt, eine eindeutige Funktionszuordnung oder eine Generalisierung der für alle leitenden Prinzipien vorzunehmen. Zunächst ist festzustellen, daß für die verschiedenen Projektgruppen ganz unterschiedliche Relationen zwischen Wissenschaftlern und Verwaltungsvertretern, Experten der Industrie sowie der Interessenverbände bestehen. Im Fall der Projektgruppe »Umweltfreundliche Technik« und ihrer Untergruppen ist auffällig, daß sie nahezu ausschließlich von Experten aus der Industrie besetzt war. Sie tagte nur einmal unter ihrem Leiter, Dr. Frenzel vom BMBW, und wurde dann an die Industrie delegiert. Dieses Verfahren wurde eingeschlagen, weil man auf die »Vor-Ort-Erfahrungen« der Industrie zurückgreifen wollte, freilich mit dem legitimatorischen Ziel, die interessierten (und ggf. von der Gesetzgebung betroffenen) Industrien rechtzeitig einbezogen zu haben sowie dem Ministerium die dort ansässigen wissenschaftlichen Experten zu erschließen.

Am Beispiel dieser Arbeitsgruppe wird ein spezielles Problem der Organisation der wissenschaftlichen Beratung des BMBW (BMFT) deutlich, das sich in der später gewählten Struktur für den Materialienband dokumentiert. Der Komplex »Umweltfreundliche Technik« wurde nicht in die übrigen medialen Teilprojekte integriert, sondern reproduziert diese Einteilung in gewisser Weise. Die unterschiedlichen Formen der Umweltbelastungen werden für die einzelnen Industriebranchen, für Montan-Steine, Glas-, Keramik- und Erden-Industrien sowie für Verkehr und Energie untersucht. Die enge Anbindung der Beratung des BMBW (BMFT) an die Industrie erklärt sich daraus, daß die Industrie im Bereich der Technologieentwicklung einen klaren Wissensvorsprung hat, Parallelentwicklungen durch den Staat zu aufwendig sind und dieser auch nicht ohne die Beteiligung der Industrie an die erforderlichen Daten kommt. So verfügt z. B. primär die Industrie über die Kenntnisse bezüglich der Art und Menge des Schadstoffausstoßes, und die für Maßnahmen zuständigen Organe des Staates, wie Referate in den Ministerien oder Parlamentsausschüsse, laufen diesem Wissen hinterher. In einem Fall wurde dies exemplifiziert, als die Arbeitsgruppen »Reinhaltung der Luft« und »Umweltfreundliche Technik« zu bis zu 100 % abweichenden Schätzungen bei der Bewertung verschiedener Techniken gelangten und die Industrie zunächst über die bessere methodische Absicherung verfügte. Erst nach weiteren Recherchen konnte die AG »Luft« ihre Ergebnisse methodisch rechtfertigen und durchsetzen.[41] Das Beispiel der Projektgruppe »Umweltfreundliche Technik« legt mithin die Folgerung nahe, daß hier die Problemverarbeitungsstrukturen der Wissenschaft, allerdings in ihrem industriell organisierten Kontext und d. h. branchenspezifisch interessengebundenen, die wissenschaftliche Beratung bestimmt haben. Diese Folgerung ist noch einmal aufzugreifen, wenn die Zielsetzungen der einzelnen Projektgruppen betrachtet werden.

Ein extremes Beispiel anderer Art ist die Projektgruppe »Lärmbekämpfung«. In dieser Gruppe war der Anteil von Fachreferenten der Verwaltung (auch nachgeordneter Behörden oder der Länder als Mitglieder der Untergruppe oder als Gäste) auffallend hoch, so daß Beobachter hier von »In-sich Geschäften der öffentlichen Hand« sprechen. Von den 17 Mitgliedern der Projektgruppe gehörte nur eins einer Universität an. Auch unter den 27 zusätzlichen Mitgliedern der Untergruppe und den Gästen befand sich nur ein Vertreter der Wissenschaft. Während die Mitglieder und Gäste der Gruppe fast ausschließlich aus Bundes- und Länderministerien kamen, überwogen bei den Mitgliedern der Untergruppe die Vertreter der »Praxis«, z.B. des TÜV, VDI, Landesanstalten etc. »Lärm und seine Bekämpfung«, so ist zu schließen, wurde von der Verwaltung nicht als wissenschaftliches, sondern vielmehr als technisch-administratives Problem gesehen. Das mag damit erklärt werden, daß einerseits die physikalisch-technische Lärmforschung im Bereich exakter Messungen operiert und auf die Verfeinerung von Meßinstrumenten jenseits der Klärung von Grundlagenproblemen (in der Akustik) konzentriert ist, die medizinisch-psychosomatische Lärmforschung hingegen eine noch kaum entwickelte Forschungsrichtung ist, die eine üblicherweise problematische interdisziplinäre Forschung voraussetzt. Auf dem Hintergrund dieser Situation bieten sich die ohnehin vorhandenen und für gesetzgeberische Maßnahmen leichter operationalisierbaren Kenntnisse im Bereich der Lärmmessung als Anknüpfungspunkt eher an.

Die Gruppe »Umweltchemikalien und Biozide«, jene Projektgruppe also, die den der ökologischen Forschung am nächsten stehenden Bereich der Umweltgefährdungen zum Gegenstand hatte, war fast gleich stark mit Fachreferenten der Bundesministerien und Experten der Bundesanstalten besetzt (hauptsächlich des BGA). Auch hier fällt auf, daß die universitäre Forschung, bis auf eine Ausnahme, zur Beratung nicht hinzugezogen wurde und daß lediglich zwei Experten für ökologische Chemie vertreten waren. Als Berater fungierten fünf Experten aus der chemischen Industrie.

Die Auswahl der Berater unterlag Beobachtern zufolge in hohem Maße dem Zufall. Nicht zuletzt schon deshalb wäre es verfehlt, aus der Zusammensetzung der Projektgruppen allzu weitreichende Schlüsse zu ziehen. Es ist viel eher angemessen, sie für negative Ausgrenzungen heranzuziehen. Zumindest im Stadium der Programmformulierung griff die Verwaltung für ihren Bedarf an wissenschaftlicher Beratung in erster Linie auf die ihr unterstehenden Bundesanstalten sowie auf die entsprechend der »medialen« Einteilung des Umweltproblems gleichsam automatisch betroffenen Behörden, Interessenverbände und Industrien zurück. Im Grunde wurde ein Kommunikationszusammenhang und ein Informationspotential aktualisiert, das bereits vorher in Form des etablierten Systems ministerieller Kompetenzbereiche, demgemäß organisierter staatlicher Forschungspotentiale in den Abteilungen der Bundesanstalten und in Verbänden wie dem TÜV und dem VDI sowie in der Industrie bestand. Nach den vorangegangenen Entscheidungen für die »medial« gegliederte Erhebung des Materials nach Maßgabe der Kompetenzstrukturen in der Verwaltung war dies auch nicht anders zu erwarten. Kaum neu, aber gleichwohl immer wieder aufschlußreich ist dabei, daß die Universitäten nicht oder nur zu einem geringen Maß in diesen Kommunikationszusammenhang einbezogen sind, obgleich, wie schon erwähnt wurde, nur etwa 10 % der staatlichen Auftragsforschung durch die Anstalten durchgeführt wird.

Ohne daß ausgemacht wäre, ob die universitäre Forschung bei einer Einbeziehung in den Beratungsprozeß zu grundsätzlich anderen Ergebnissen bzw. auch nur anderen Problemperspektiven führen würde, läßt sich zumindest sagen, daß die Konstellation, wie sie im Fall des Umweltprogramms vorlag, diese Möglichkeit gar nicht erst zuließ. Alternative Problemperzeptionen, wie sie etwa das Picht-Gutachten angesprochen hatte, das zeigt die personelle und institutionelle Selektion wissenschaftlicher Beratung, waren damit ausgeschlossen. Dieser Schluß wird auch durch die Beobachtung eines Befragten gestützt, wonach z. B. im BMBW (BMFT) und im BMI gar nicht die wissenschaftliche Kompetenz bestand, um zu entscheiden, welche Disziplin für bestimmte Problembereiche zuständig ist. Diese Schwäche auf Seiten der Ministerien ist gepaart mit spezifischen Vorurteilen. Im Fall des Umweltprogramms wirkten sich derartige Vorurteile hinderlich gegenüber einer stärkeren Einbeziehung der Ökologie in den Beratungsprozeß aus. Zum Teil war man nicht einmal sicher, ob und wo die Ökologie zuständig sein konnte, zum Teil wurde sie einer Technologie-Orientierung geopfert, der gegenüber die Ökologen als bloße »Naturschützer« abgetan wurden. Statt dessen bestand eher eine Aufnahmebereitschaft gegenüber den Systemanalytikern.

Das Bild, das die Auswahl der wissenschaftlichen Berater vermittelt, wird bestätigt durch die Analyse der Zielsetzungen, die den einzelnen Projektgruppen von der Lenkungsgruppe vorgegeben wurden, wenngleich davon auszugehen ist, daß Zielvorgaben und Beraterauswahl im konkreten Entscheidungsprozeß zusammenfielen oder allenfalls in einer ungeplanten Abfolge standen. Wenn die Auswahl der Berater zu dem Schluß führt, daß sie lediglich einen schon bestehenden Kommunikationszusammenhang aktualisierte, stellt sich natürlich die Frage, ob und wie dies hätte anders sein können. Es wäre immerhin möglich, daß die Zielvorgaben für die Beratung, m. a. W. die Informationsbedürfnisse der Verwaltung, auf alternative Problemdefinitionen und -lösungen zielen, die dann aber durch die Auswahl der Berater bzw. deren Forschungskontext nicht realisiert werden. Anders gesagt: es kommt im Prozeß wissenschaftlicher Politikberatung entscheidend darauf an, 1.) welche Fragen an die Wissenschaft gestellt werden, und 2.) an wen, d. h. an welche Wissenschaftler bzw. Disziplinen sie gestellt werden. Wie sich zeigt, besteht schon bei der Formulierung der Ziele für die Projektgruppen seitens der Verwaltung eine »Politikschwäche«, die, wie die Picht-Kommission konstatiert hat, dadurch zu erklären ist, daß die Formulierung von Problemen selbst schon fast ein wissenschaftliches Problem ist, für dessen Bewältigung es der Verwaltung jedoch an eigenen Ressourcen mangelt.

Die vom Lenkungsausschuß eingesetzte Arbeitsgruppe zur Vorbereitung der Erstellung des Programms hatte auf einer Klausurtagung im Dezember 1970 Leitdaten allgemeiner Art entwickelt, die für alle Projektgruppen gelten sollten, sowie spezielle Orientierungsdaten für die einzelnen Projektgruppenbereiche. Die allgemeinen Leitdaten umfaßten u. a.:

1. Die Projektgruppen sollten jeweils vollständige Teilprogramme erstellen, die eine Integration zu einem Gesamtprogramm ermöglichen würden.
2. Die Programme sollten Entwicklungstendenzen für einen Zeitraum von 5 Jahren aufzeigen und Maßnahmen nach ihrer Wirksamkeit innerhalb dieses Zeitraumes und darüber hinaus unterscheiden.
3. Ziel sollte eine wesentliche Verbesserung des Umweltschutzes nach Ablauf von 5 Jahren sein.
4. Materielle Maßnahmen sollten vom Verursacherprinzip ausgehen.
5. Mit Ausnahme des Bereiches »Umweltfreundliche Technik« sollten alle Teilprogramme einem Schema folgen:
   - Bestandsaufnahme der heutigen Situation und Projizierung von Entwicklungstendenzen für die kommenden 5 Jahre (materiell und rechtlich);
   - Konzept der Schutz- und Gegenmaßnahmen, d. h. materielle Festlegung von Grenzwerten als Rahmen für erforderliche rechtliche Änderungen, finanzielle Erfordernisse, volkswirtschaftliche Implikationen u. a.

Bei der Bestandsaufnahme nach Art und Umfang, Entstehung und Wirkung von Umweltbelastungen sollten soweit wie möglich quantifizierte Angaben gemacht werden. Darüber hinaus war eine Bewertung nach verschiedenen Kriterien angestrebt: welche volkswirtschaftliche Bedeutung ein bestimmter Bereich hat, welchen Anteil eine bestimmte Quelle an den Umweltbelastungen hat, welchen regionalen Bezug Umweltschäden haben. Zu diesen Bewertungskriterien zählte auch die Frage, ob ein Umweltschaden reparabel oder irreparabel sei, ob die ökologischen Konsequenzen eindeutig geklärt seien, d. h. ob es anerkannte Grenzwerte oder Bewertungsmaßstäbe gäbe. Über diese Parameter hinaus waren die Projektgruppen aufgefordert, zum einen »politische und soziale Ziele« zu berücksichtigen, wie sie z. B. durch »Regierungserklärung oder innere Reformen oder wichtige Regierungsberichte vorgegeben sind.« Zum anderen waren Ziele zur Verbesserung der Umweltqualität zu berücksichtigen, die freilich erst durch die Projektgruppen selbst zu formulieren waren. Aus beiden Zielkatalogen sich eventuell ergebende Zielkonflikte sollten deutlich gemacht werden.

Für die einzelnen Projektgruppen wurden Oberziele formuliert, die hier aufgelistet werden sollen.

Projektgruppe	Ziel
1. Wasserwirtschaft	Auf zukünftige Gewässerbelastung bezogene Bewirtschaftung aller Wasservorräte.
2. Reinhaltung der Luft	Aufbau eines Frühwarn- und Informationssystems, das zuverlässig gesundheitsgefährdende Konzentration von Luftverschmutzung anzeigt.
3. Lärmbekämpfung	Die Belastung der Bevölkerung durch Lärm ist soweit zu mindern, daß grundsätzlich niemand durch Lärm gefährdet, erheblich benachteiligt oder erheblich belästigt wird.
4. Hohe See und Küstengewässer	Klärung der Naturvorgänge im Meer, die das Verhalten und die Verteilung von Abfallstoffen beeinflussen oder als deren Wirkung auftreten.
5. Umweltchemikalien und Biozide	Bestandsaufnahme der ökologischen Gesamtbelastung durch Biozide und Schadstoffe.
6. Umweltradioaktivität und Strahlenbelastung	Begrenzung der Umweltbelastung durch Radioaktivität auf das geringstmögliche Maß.
7. Abfallbeseitigung	Schaffung von ausreichender Abfallbeseitigungs- und Aufbereitungskapazität.
8. Umweltfreundliche Technik	Förderung der Entwicklung sauberer Technologien und Produkte.

(Die Berichte der Gruppen »Naturschutz und Landschaftspflege« und »Raumordnung und Städtebau«, die hier fehlen, wurden von den zuständigen Ministerien auf der Grundlage bereits vorher bestehender Berichte verfaßt.)

Die Formulierung dieser Ziele für die einzelnen Umweltbereiche ist deswegen von Bedeutung, weil sie die Ableitung der Teilziele und damit die Schutz- und Gegenmaßnahmen, aber auch die Definition der jeweiligen Forschungsdefizite bestimmt. (Dieser Zusammenhang ist auf den konkreten Anlaß der Beratung, die Formulierung des Umweltprogramms, beschränkt und muß nicht unbedingt darüber hinaus wirksam bleiben. Aber hier geht es um den Steuerungseinfluß des Programms).

Die Formulierung der Ziele unterlag freilich Zufällen. Vor allem bestand wohl kaum eine klare Vorstellung davon, welche Wissensdefizite auszufüllen waren. Dennoch zeigt die Formulierung sowohl der allgemeinen Leitdaten als auch der speziellen Ziele für die Projektgruppen, daß es der Verwaltung überwiegend um Informationen ging, die *direkt* für die Verwaltungspraxis und den Gesetzgebungsprozeß operationalisierbar waren. Die Weiche dazu war mit der »medialen« Aufteilung von Umweltbereichen gestellt worden. Sie wird auch an einem anderen Aspekt des Programms offenkundig. Dessen Stoßrichtung war Umwelt*schutz*, nicht aber Umwelt*nutzung*. (Das Teilziel für die Projektgruppe »Wasserwirtschaft« macht hier übrigens eine Ausnahme). Durch die Betonung des Schutzaspekts erhielten die Bestandsaufnahme der Schäden (nach Bereichen), die Setzung von Grenz- und Schwellenwerten (die in der Regel politisch disponibel ist), die Verbesserung von Meßverfahren (zur Operationalisierung der Grenzwerte) und schließlich die Entwicklung von alternativen technischen Verfahren (wo die gegenwärtigen den Grenzwerten nicht entsprachen) die größte Bedeutung. Die Frage nach dem Zusammenwirken verschiedener Einflüsse auf die verschiedenen Umweltbereiche und die ggf. erforderliche Reorientierung von Nutzungsweisen trat so kaum ins Blickfeld. Sie setzt allerdings eine systemare Perspektive voraus, wobei sich die notwendigen Bezugspunkte zur Konstituierung einer derartigen Systemsicht aus den ökologischen Gesetzmäßigkeiten *und den politisch gesetzten Nutzungszielen* ergeben.

Für die Lenkungsfunktion des Programms im Hinblick auf die Forschung ergibt sich daraus die Vermutung, die schon zuvor aus der personellen Zusammensetzung der Projektgruppen gefolgert werden konnte, daß die aus dem Programm sich ergebenden Informationsbedürfnisse im wesentlichen an die bestehenden Forschungsstrukturen und -prozesse anschlossen. M. a. W., die gesetzten Ziele liefen eher auf eine Abrufung vorhandenen Wissens und auf eine Fortführung bestehender Forschungslinien als auf eine Veränderung der Forschungsrichtung hinaus. Es kann keine Rede davon sein, daß das Programm in die falsche Richtung wies, allenfalls, daß es nicht weitreichend genug war. Die Priorität des Schutzaspekts vor dem Nutzungsaspekt könnte, bezogen auf die Forschung, als der erste, notwendige Schritt bezeichnet werden, der den Transfer von Forschungsergebnissen in die Verwaltungspraxis zu initiieren geeignet ist. Erst mittels der Betonung des Nutzungsaspekts würde der zweite Schritt vollzogen, der eine tiefgreifende Reorientierung der Forschung implizieren würde.

Die im Verlauf der Untersuchung unternommenen Interviews mit Experten aus den verschiedenen Projektgruppen stützen diese Interpretation. Die für diesen Zusammenhang relevanten Fragen nach der Einschätzung der Funktion des Materialienbandes insgesamt und nach der Problemadäquanz der Aufgabenstellung der jeweiligen Projektgruppe, in der die Interviewten arbeiteten, wurden weitgehend einheitlich beantwortet. Die vorgegebene Aufgabenstellung wird als adäquat betrachtet, wenn sie überhaupt reflektiert wurde, erwartungsgemäß jedoch immer auf den jeweils eigenen Forschungs- bzw. Tätigkeitskontext bezogen. Die Funktion des Materialienbandes wird insofern positiv eingeschätzt, als mit ihm eine für die Forschungsförderung günstige politische Signalwirkung erzeugt wurde, insofern er erstmals eine Zusammenfassung der für die Umweltproblematik relevanten Forschungsprobleme leistete. M. a. W., der Materialienband als der maßgeblich von der Wissenschaft mitgestaltete Teil des Programms wird von den Wissenschaftlern eher als ein Bericht zum »state of the art« denn als die Umsetzung politischer Ziele in wissenschaftspolitische Leitlinien gesehen. Wo er dies doch war, beschränkt sich seine Orientierungsfunktion, auch das ist eine häufig geäußerte Auffassung, auf eine Fülle von Detailproblemen. Die Äußerung eines Experten mag für viele stehen, daß »manche Arbeiten ihren Auslöser in der damaligen Diskussion« (in der Projektgruppe – d. Verf.) haben. Beispiele dessen sind etwa die Entschwefelung von Kohle vor der Verbrennung, ein Projekt zur Eutrophierung von Gewässern, Verbesserungen bei der Herstellung analytischer Verfahren im Bereich der auf umweltrelevante Probleme angewandten Verfahrenstechnik und dergleichen mehr. Die strukturellen Bedingungen, unter denen die wissenschaftliche Beratung in den Projektgruppen organisiert wurde, legen daher den Schluß nahe, daß eine konzeptionell begründete Reorientierung der Forschung (oder genauer: eines Teils des Forschungspotentials relevanter Disziplinen) auf die Umweltproblematik kaum stattfinden konnte, wohl aber eine Steuerung auf der Ebene von Disziplinen bzw. Spezialgebieten.

Ein weiterer Umstand bestimmte die Funktion des Beratungsprozesses im Ganzen. Aus vielen Äußerungen der befragten Experten aus den Projektgruppen wird deutlich, daß die gesamte Projektgruppenarbeit unter hohem Zeitdruck stand. Der allgemeine Zeitrahmen war durch die Entscheidung des Umweltkabinetts vorgegeben, wonach das Programm bis Ende März 1971 fertiggestellt sein sollte. Das gab den Projektgruppen wenig mehr als drei Monate Zeit für ihre Arbeit, die z.T. umfangreiche Recherchen voraussetzte. Daraus ergab sich in einigen Projektgruppen der Zwang, mit groben Schätzungen zu arbeiten. Bedeutsamer als diese Konsequenz war jedoch, daß die Formulierung des eigentlichen Umweltprogramms praktisch parallel zur Arbeit der Projektgruppen erfolgen mußte. Daher stellt sich die Frage, wie die Projektgruppenarbeit für die Formulierung des Regierungsprogramms verwendet wurde.

Tatsächlich bestand zwischen den Projektgruppenleitern und dem Lenkungsausschuß eine Verbindung, über die die Arbeit der Projektgruppen koordiniert werden sollte und die Leiter zugleich auch Vorschläge z.B. zur Strukturierung des Grundsatzprogramms machen konnten. Die Projektgruppenberichte unterlagen der Kontrolle durch den Lenkungsausschuß, der im Dezember und im Januar Zwischenberichte sowie schließlich am 20. Februar 1971 die fertiggestellten Berichte prüfte und mit Abänderungsvorschlägen versah. Die Projektgruppenleiter machten u. a. den Vorschlag, anstelle der ursprünglich geplanten horizontalen Projektgruppen einen Redaktionsausschuß zu bilden, der die »horizontalen Gesichtspunkte berücksichtigen und von Fall zu Fall Sachverständige« hinzuziehen sollte.[43]

Dieser Vorschlag für die Sitzung des Lenkungsausschusses am 29. 1. wurde jedoch nicht aufgenommen. Hingegen erhielt das Referat U im BMI den Auftrag, einen ersten Rohentwurf des Gesamtprogramms zu erstellen und dabei die Gesichtspunkte der Projektgruppenleiter (so etwa die stärkere Hervorhebung der »ökologischen Medien Luft, Wasser und Boden« in der Gliederung des Gesamtprogramms) zu berücksichtigen. Die Rohfassung sollte sodann in einer Klausurtagung unter Hinzuziehung von Vertretern des Bundeskanzleramts, des BMI, BML und BMBW sowie von seiten der Ressorts vorgeschlagener Fachleute erörtert und zu einem vorlagefähigen Entwurf gebracht werden. (Auf dieser Sitzung des Lenkungsausschusses wurde schließlich auch die Entscheidung getroffen, der Anregung der Projektgruppenleiter folgend die Projektgruppenberichte gesondert, zusammen mit dem Programm zu veröffentlichen.)[44] Ohne daß eindeutig rekonstruierbar ist, wie wirksam (hinsichtlich der Übernahme der wissenschaftlichen Einschätzungen in das Programm) die Kommunikation zwischen Projektgruppen und Lenkungsausschuß verlief, läßt sich im Ergebnis feststellen, daß Teile der Analyse der Projektgruppen dem Grundsatzprogramm zugrundeliegen. Von daher bestätigt sich der Eindruck einiger befragter Mitglieder von Projektgruppen nicht, daß diese überhaupt keinen Einfluß auf die Formulierung des Programms gehabt hätten – da das Programm schon vorher fertig gewesen sei – selbst wenn dieser Einfluß gering gewesen sein mag. (Gegen diese Vermutung spricht im übrigen auch der hohe Anteil von Fachreferenten aus den Ministerien).

Die Projektgruppen haben Forschungsdefizite identifiziert und forschungspolitische Maßnahmen vorgeschlagen. Wenn zwar aus den zuvor genannten Gründen auch nicht davon auszugehen ist, daß es sich in allen Einzelheiten um eine systematische Übersetzung politischer in Forschungsziele handelte, so erfolgte diese Arbeit doch im Rahmen der zuvor gesteckten allgemeinen Zielvorstellungen und der definierten Umweltbereiche. Aufgrund dessen kann der Materialienband übrigens als eine spezifizierte Fassung des Umweltprogramms betrachtet werden. Im Hinblick auf die umweltrelevante Forschung kommt ihm damit der Rang eines wissenschaftspolitischen Programms zu. Deshalb kann er auch als Bezugsrahmen für die Untersuchung der Steuerungswirkung des Umweltprogramms auf die Forschung dienen, unabhängig davon, worin diese Steuerungswirkung besteht.

Die Projektgruppen, die auf diese Weise die Funktion wissenschaftspolitischer Programmkommissionen hatten, zählen damit zu jener Art von Transferorganisationen, die wir an anderer Stelle als »hybrid communities« bezeichnet haben.[45] Sie sind aus Fachleuten der Verwaltung und Wissenschaftlern zusammengesetzt. (Es ist eine später zu beantwortende Frage, ob es für das Ergebnis der Beratung bedeutsam war, daß die überwiegende Zahl der wissenschaftlichen Experten *nicht* aus dem universitären Bereich kam. Diese Tatsache ebenso wie auch der Umstand, daß in einigen Gruppen die Vertreter der Verwaltung stark überwogen, dürfen aber nicht darüber hinwegtäuschen, daß es sich auch bei diesen um Experten, nämlich in der Regel um Fachreferenten handelte). Ihre Aufgabe war es, sowohl zur Definition und Präzisierung der politischen Programmziele beizutragen als auch die Identifikation von

Forschungslücken im Hinblick auf diese Ziele und die Formulierung von Forschungszielen zu leisten. Die Projektgruppen hatten also die Übersetzung von politischen Zielen in Entwicklungsregulative der Forschung zu leisten wie auch wissenschaftlich begründete Korrekturen der politischen Zielformulierung zu liefern.

Der Begriff der »hybrid community« ist insofern nicht ganz glücklich, als es sich nicht um Gemeinschaften im strengen soziologischen Sinn handelt, ein Einwand, der aber auch für den Begriff der »scientific community« gilt. In bezug auf diesen ist er auch gebildet, d. h. er soll darauf hinweisen, daß es sich bei den so bezeichneten Gruppen eben nicht um wissenschaftliche Gemeinschaften handelt, obschon sie einige von deren Funktionen ebenfalls wahrnehmen. Die »hybrid communities« sind jedoch im Zwischenbereich von Politik und Wissenschaft angesiedelt, sie setzen sich demgemäß aus Wissenschaftlern und Experten der politischen Verwaltung oder auch der Parlamente und der Justiz zusammen, sie sind aufgabenspezifisch zusammengesetzt, und ihre Arbeit ist in der Regel mit der Lösung der Aufgabe abgeschlossen, so daß auch ihre Lebensdauer gewöhnlich eng begrenzt ist.

Die »hybrid communities« haben nicht, wie ein vereinfachtes Bild suggeriert, die Funktion wissenschaftlicher Beratung im Sinne eines einseitigen Kommunikationsprozesses zwischen Politik und Wissenschaft, in dem die Aufgaben und politischen Zielsetzungen von der Politik vorgegeben werden und die Wissenschaftler die entsprechenden wissenschaftlichen Informationen zu ihrer Lösung bzw. Realisierung zur Verfügung stellen. Tatsächlich ist dieser Prozeß komplexer. Einerseits reicht die Funktion der wissenschaftlichen Expertise aufgrund der dargelegten »Politikschwäche« der Verwaltung bis hinein in die Formulierung der Aufgaben und Ziele. Auf der anderen Seite werden die politischen Zielvorstellungen in Entwicklungsregulative der wissenschaftlichen Forschung übersetzt. Die »hybrid communities« sind also der institutionelle Ort zwischen Wissenschaft und Politik, an dem, kognitiv gesprochen, die wechselseitige Anpassung politischer Ziele und wissenschaftlicher Entwicklung stattfindet. »Hybrid communities« sind das Produkt des doppelten Prozesses der Verwissenschaftlichung der Politik und der Steuerung der Wissenschaft. Anders gesagt können die »hybrid communities«, wo immer sie entstehen, als ein institutioneller Indikator für die wissenschaftspolitische »Indienstnahme«, wenn nicht gar Steuerung der Forschung gelten. Ihre dargestellte Funktion impliziert zugleich, daß diese Steuerung nicht in der bloßen Dekretierung politischer Zielsetzungen zur Ausrichtung der Forschung besteht.

Denkt man an die Vorschläge der Picht-Kommission zur Organisation der wissenschaftlichen Beratung der Regierung in Umweltfragen, so werden diese Vorschläge vor dem Hintergrund der »hybrid communities« noch einmal bedeutsam. Die Picht-Kommission war, ausgehend von dem Querschnittscharakter der Umweltpolitik, zu dem Schluß gekommen, daß zwar die Forschungs- und Entwicklungskapazitäten für die Umweltforschung im Prinzip ausreichend seien, daß es aber um die »Koordination und Integration der bestehenden Forschungskapazitäten gehe.«[46] Das vorgeschlagene Beratungssystem, das diese Koordination leisten sollte, ist im Grunde nichts anderes als die Konzipierung einer allerdings sehr komplexen und dauerhaften Struktur einer »hybrid community«, die über mehrere Stufen: von bestehenden disziplinären Forschungseinrichtungen, ad-hoc Analysegruppen, dem integrierenden Forschungsinstitut A.R.G.U.S. über die Umweltkommission zum Kabinettsausschuß den wechselseitigen Transformationsprozeß leisten sollte. Dabei wurde die Notwendigkeit der disziplinären und »medialen« Umweltforschung nicht geleugnet, ein sich zuweilen mit Bezug auf die Ökologie einstellendes Mißverständnis, sondern die ökologisch-systemare Perspektive begründete lediglich den erforderlichen koordinierenden Bezugsrahmen dieser Forschungen und der entsprechenden politischen Maßnahmen. – Die vertikalen Projektgruppen hingegen blieben ohne diese Koordination. Als horizontale Gruppen waren lediglich die Picht-Kommission sowie die Ackermann-Gruppe (zur Begutachtung der Gesamtbelastungen der Volkswirtschaft durch das Umweltprogramm) gebildet worden. Eine Gruppe, die z. B. die von allen vertikalen Projektgruppen für ihre medialen Bereiche berücksichtigte Verursachung von Umweltschäden systematisiert und zu einer wirtschafts- und sozialpolitischen Konzeption ausgearbeitet hätte, gab es nicht. (Man kann die Versuche des Lenkungsausschusses, für die einzelnen Projektgruppen jeweils die Zielkonflikte zu identifizieren, als einen wenngleich sicherlich unzureichenden Ansatz in dieser Richtung betrachten.[47])

Nun ist es sicherlich illusorisch zu fordern, daß bei dem vorgegebenen Zeitrahmen für die Formulierung des Umweltprogramms ein komplexes Beratungssystem entsprechend den Vorstellungen der Picht-Kommission hätte etabliert werden müssen. Allenfalls wird man fragen können, ob der Zeitrahmen selbst falsch bemessen war, weil dadurch die vermeintlichen Handlungszwänge gerade nicht adäquat aufgelöst werden konnten, oder inwieweit die partielle Realisierung der Vorschläge der Picht-Kommission den funktionalen Erfordernissen der Koordination entsprechen. Im Hinblick auf die Einschätzung der Funktion der Projektgruppen bei der Transformation politischer Ziele in ein Forschungsprogramm für die Umweltforschung wird auch aus dieser Perspektive evident, daß dieser Transformationsprozeß, und damit auch die potentielle Steuerung der Wissenschaft, unterhalb der Ebene einer *möglichen* Koordination stattfindet. Er vollzieht sich ausschließlich zwischen institutionalisierten Teilbereichen in Verwaltung und Wissenschaft, deren gemeinsames konstitutives Kriterium eben die »mediale« bzw. einzeldisziplinäre Problemdefinition ist. Die Projektgruppenstruktur deutet deshalb auch nicht auf eine *»falsche«* als vielmehr auf eine *unvollständige* Programmformulierung hin. Soweit mit dem Umweltprogramm Forschung gesteuert wird, weist diese nicht in die verkehrte Richtung, sie bleibt vielmehr hinter der Möglichkeit einer umfassenden, konzeptionellen Orientierung zurück.[48]

Programmformulierung und Wissenschaftssteuerung

Die Schlußfolgerungen aus der Analyse der Arbeit der Projektgruppen verweisen noch einmal zurück auf die Ausgangsfrage nach den institutionellen Bedingungen der Programmformulierung und den Implikationen für die Steuerung von Wissenschaft durch staatliche Aktionsprogramme. Die Analyse des Prozesses der Programmformulierung vom »Sofortprogramm« bis zum Umweltprogramm und dem Materialienband führt zu dem eindeutigen Ergebnis, daß die politischen Rahmenbedingungen: der Handlungs- und Legitimationszwang, unter dem die Regierung zu stehen glaubte, der daraus resultierende Zeitplan, die Koalitionskonstellation mit dem sich daraus ergebenden Machtanspruch des Innenministers sowie schließlich die gewachsene Kompetenzstruktur der Ministerien in den umweltrelevanten Bereichen den entscheidenden *strukturierenden* Einfluß auf die Formulierung des Programms haben. Wir haben die Auswirkungen dieser strukturellen

Bedingungen immer im Hinblick auf eine Perspektive des Umweltproblems analysiert, die als die ökologisch-systemare bezeichnet werden kann. Bezogen auf diese Perspektive als die adäquate Dimensionierung des Umweltproblems erweisen sich die strukturellen Bedingungen als restriktiv oder genauer: als Ausschlußbedingungen. Die ökologisch-systemare Perspektive geht in die Programmformulierung nicht ein.

Die Wahl dieses Bezugspunktes birgt freilich ihre Probleme, die Wirkungsweise der strukturellen Bedingungen der Programmformulierung bedarf im Hinblick darauf der Erläuterung. Was zunächst die Wahl des Bezugspunkts betrifft, so liegt dessen Problematik vor allem darin, daß es sich um eine wissenschaftliche Programmatik, nicht aber um ein etabliertes, erfolgreiches Forschungsprogramm handelt. Auch die Ökologie beansprucht heute nicht, die systemare Integration aller einzelnen Befunde menschlicher Eingriffe in die Umwelt leisten zu können. Gleichwohl steht die Notwendigkeit einer solchen Integration sowohl im Bereich der Forschung als auch auf der Ebene politischen Handelns außer Frage. Sie wird von Politikern und Wissenschaftlern nicht geleugnet und, wie wir an verschiedenen Stellen gezeigt haben, sogar hervorgehoben. Es gab eine ganze Reihe von Belegen dafür, daß diese Programmatik als eine konkrete Möglichkeit der Orientierung von Politik und Forschung vertreten wurde: so in den frühen Beratungen zur Strukturierung des Umweltprogramms, in den Äußerungen der Politiker, in den Überlegungen zur Projektgruppenstruktur und schließlich in der Arbeit der Picht-Kommission. Hätten wir keine konkreten Anknüpfungspunkte dieser Art gefunden, wäre auch die Wahl dieses Bezugpunktes nicht möglich gewesen. Freilich ergaben sich daraus Konsequenzen für die Analyse der Steuerung der Forschung durch die Politik. Wir sind nämlich im Fall des Umweltschutzes am ehesten in der Lage, das Mißlingen von Steuerung zu identifizieren. Diese Argumentation wird durch die Analyse der strukturellen Bedingungen der Programmformulierung gerechtfertigt.

Die ökologisch-systemare Perspektive des Umweltschutzes als möglicher Bezugspunkt für politisches Handeln und für die forschungsorientierende Formulierung des Programms suggeriert, daß die im Prozeß der Programmformulierung involvierten Strukturen der Verwaltung und der Forschung beliebig disponibel sind. Tatsächlich gilt es sich jedoch zu vergegenwärtigen, daß jede

Struktur und Kompetenzbegrenzung zwischen Ministerien ebenso wie deren interne Differenzierung in aufgabenorientierte Abteilungen u. a. eine Funktion von Problemperzeptionen ist. Diese funktionale Beziehung ist dadurch vermittelt, daß Organisationsstrukturen sich in der Regel von ihren ursprünglichen Aufgabenstellungen verselbständigen, Gegenstand von Machtprozessen sind und »vested interests« generieren, die eine spezifische Eigendynamik der Organisation begründen. Beharrungsvermögen und Entwicklungsdynamik dieser Strukturen sind also durch politische und innerorganisatorische Prozesse erklärbar, aber da sie zugleich auch immer ein kognitives Substrat haben, sind sie zugleich auch als kognitive Prozesse interpretierbar.

Geht man also davon aus, daß z. B. ein Ministerium für die Bewältigung einer bestimmten Aufgabe (bzw. genauer: eines Aufgabenbereichs) strukturiert ist, so impliziert dies eine spezifische Problemperzeption und Organisation der Informationsverarbeitung. Die Substrukturen eines Ministeriums verfügen über einen akkumulierten Satz von »Fach- und Problemwissen, Routinisierung von Verfahrensweisen und Lösungsmustern« und sie sind an »eingespielten Kontakt- und Kommunikationsnetzen« orientiert, durch die für sie eine erhebliche »Umwelt- und Problemsensibilität« gesichert ist.[49] Zugleich ist ihre Fähigkeit, Probleme aufzuspüren und zu identifizieren, auf solche Probleme beschränkt, zu deren Lösung sie ursprünglich konzipiert wurden (bzw. die sie zum jeweils vorangegangenen Zeitpunkt bearbeitet haben). Ihre Problemperzeption ist infolgedessen selektiv, sie ignorieren immer Aspekte des Problems oder auch ganze Problembereiche, die außerhalb ihrer »Zuständigkeit« liegen.[50]

Für die Wissenschaft gelten, wie angedeutet, die analogen Überlegungen wie für die Verwaltung. Auch sie ist – in der Form der institutionalisierten Disziplinenstruktur – eine informationsverarbeitende Organisation. Die Beziehung besteht hier zwischen der Organisation der Wissenschaft (in Gestalt von Fachbereichen, aufgabenorientierten Instituten etc.) und den kognitiven Gegenstandsbereichen. Die disziplinären Grenzen sind das Ergebnis der Institutionalisierung von Gegenstandsbereichen. Als relativ beharrende Organisationen bestimmen sie ihrerseits die Problemwahrnehmung selektiv.

Die Unterstellung der Selektivität von informationsverarbeitenden Organisationsstrukturen erzwingt zunächst eine analytische

Vorstellung der *»realen«* Problemdimensionen. Diese Vorstellung ist jedoch fragwürdig, weil sie eine unabhängige, neutrale Instanz voraussetzt, die die »eigentliche« Problemdefinition vornehmen kann. Selbst die Wissenschaft kann kaum als eine derartige Instanz gelten, da auch sie dem Verdikt der Selektivität unterliegt. Zudem kann unterstellt werden, daß informationsverarbeitende und problemlösende Organisationen »lernfähig« sind, sich also nach Rückkoppelung der Handlungs(miß)erfolge der ersten Problemlösung so anpassen, daß es zu einer Korrektur probleminadäquater Strukturen kommt. Das Wissenschaftssystem ist geradezu das Paradigma einer lernfähigen Organisation, die sich aufgrund ständig anfallender Forschungsergebnisse fortwährend wandelt. Es ist daher nicht generell bestimmbar, unter welchen Bedingungen, abhängig von welchen Faktoren, eine Organisationsstruktur konstitutiv für die Problemperzeption und -lösung bleibt und wann sie, in Abhängigkeit vom Problemlösungshandeln und dessen Evaluierung, sich wandelt. Um also die spezifische Selektionswirkung einer Organisation zu bestimmen, kann man lediglich konkurrierende Problemdefinitionen und deren Verarbeitung betrachten. Eine konkurrierende und d. h. divergierende Problemperzeption zwischen Wissenschaft und Politik ergibt sich aufgrund der unterschiedlichen »internen« Relevanzkriterien (bzw. Orientierungskomplexe). D. h., diese Kriterien führen in der Regel zu disparaten Problemperzeptionen. Es ist dann eine empirische Frage, wie im Prozeß der Problemidentifikation und der Programmformulierung die divergierenden Auffassungen des Problems zwischen der »scientific community« und der Verwaltung einander angepaßt werden.

Hier gewinnt nun die ökologisch-systemare Problemperspektive ihre Bedeutung als analytischer Bezugsrahmen, an dem die Wirkungsweise selektiver Problemwahrnehmungs- und Informationsverarbeitungsmechanismen gemessen werden kann. Zwei solcher struktureller Mechanismen, die die Problemwahrnehmung und Verarbeitung im Fall des Umweltschutzes bestimmt haben, hat die vorangegangene Untersuchung in ihren Auswirkungen deutlich werden lassen.

Erstens: Von der Ministerialbürokratie wird das Problem entsprechend der bestehenden Zuständigkeiten aufgeteilt, am folgenreichsten in der Entscheidung über die Einsetzung der »medialen« Projektgruppen, die der Federführung der jeweiligen Ministerien in den Bereichen folgt. Die in Erwägung gezogene horizontale Projektgruppe, die die systemare Perspektive hätte vertreten können, wird *nicht* eingerichtet. Die Aufteilung des Umweltproblems entsprach den gewachsenen Geschäftsbereichen der Ressorts und damit ihrer Problemwahrnehmung wie auch ihren politischen Handlungsparametern. Verfügung über Ressourcen, Haushaltsmittel und im vorliegenden Fall über Forschungskapazitäten in Form einer Bundesanstalt sind im internen Machtkampf der Minister eigenständige Ziele. Die Aufteilung der Programmformulierung auf die verschiedenen Ressorts war wohl auch das einzige Mittel zu verhindern, daß mehrere Umweltprogramme geschrieben wurden.

Die Auswirkung dieses ersten strukturellen Bedingungskomplexes auf die Programmformulierung ist nicht einmal leicht zu identifizieren. Es werden keine inhaltlichen Vorentscheidungen getroffen, die etwa zu einem Konflikt mit den wissenschaftlichen Experten hätten führen können. Die bedeutsame Entscheidung liegt vielmehr in der Reduktion des Anspruchs des Programms von der Umweltnutzung auf den Umweltschutz. Umweltnutzung als Programmziel hätte unbedingt der systemaren Integration der »medialen« Teilbefunde bedurft, da es um Systemkontrolle und -manipulation gegangen wäre. Aufgrund der Reduzierung des Anspruchs auf den Umweltschutz waren die relevanten Informationen die Identifikation von Belastungsgrenzen und Schwellenwerten sowie Wirkungsanalysen. Diese Aufgaben sind jedoch gegenüber jeder Art von Fragmentarisierung invariant.

Zweitens: Inhalt und Struktur des Programms werden in dem Prozeß bestimmt, durch den Experten aus den Reihen der Wissenschaft ausgewählt werden, die die Regierung beraten sollen. Bei der Auswahl der Berater fällt die Verwaltung unvermeidlich auf die bestehende Disziplinenstruktur und die entsprechenden Forschungsinstitutionen zurück. Mit den nach Kriterien der Reputation und »Sichtbarkeit« ausgewählten Experten werden jeweils spezifische vorhandene Wissensbestände selegiert. Da im vorliegenden Fall die Vorentscheidung im Hinblick auf die Einbeziehung des systemaren Ansatzes schon vorher gefällt worden war und die Projektgruppen gleichsam antizipatorisch auch an die schon lange vor der Umweltdebatte bestehenden Forschungsbereiche der Wissenschaft anschlossen, stand eine Einbeziehung der

Ökologie zur Repräsentation des systemaren Ansatzes hier gar nicht mehr zur Diskussion.

Die Folgen des »Anknüpfens« an bestehende Forschungsbereiche und Institutionen lassen sich unterhalb dieser Ebene, die ja die Zielsetzung des Programms insgesamt betrifft, an einem Detailproblem und wiederum nur im Sinne eines »Ausschlusses« nachweisen. Das betrifft das Energieproblem, dessen Umweltkomponente nicht allein in der Emission von Rauchgasen der Heizkraftwerke besteht, sondern vor allem in der steigenden Wärmebelastung der Umwelt. Hier bestand ein durch Wirtschaftsinteressen und Disziplinenstruktur geprägtes Filter, das wesentliche Komponenten des Problems ausblendete. So ist das Abwärmeproblem im Materialienband nur an zwei Stellen erwähnt: einmal im Bericht der Projektgruppe »Wasserwirtschaft«, das zweite Mal im Bericht der Projektgruppe »Umweltfreundliche Technik«. Als Forschungsziele werden die Ermittlung der Belastungsgrenze für die Abwärmeeinleitung in Gewässer genannt, die Errichtung von Naß- und später von Trockenkühltürmen als problemloser Ausweg gesehen. Im Bericht der Projektgruppe »Reinhaltung der Luft« taucht die »Wärmeverschmutzung« der Luft gar nicht auf. So wurde das Abwärmeproblem auf ein »Wasserverschmutzungsproblem« reduziert, die Möglichkeit der Klimaveränderung und ein »abwärmearmes« Energieversorgungssystem als Forschungsaufgabe wurden nicht gesehen.

Man erkennt, daß politische Programmformulierung, insoweit sie auf wissenschaftliches Wissen zurückgreift, durch zwei selektive Filter oder Sätze von Relevanzkriterien inhaltlich bestimmt wird; ihnen entsprechend wird Wissen organisiert, werden Probleme perzipiert: die Kriterien der politischen Organisation und Verwaltung und die Kriterien der wissenschaftlichen, disziplinären Organisation. Im vorliegenden Fall, in dem die wichtigen strukturierenden Vorentscheidungen durch die Verwaltung gefällt worden sind, bevor die Kommunikation mit der Wissenschaft aufgenommen wurde, hat sich die Selektionswirkung beider Filter kumuliert. Mit anderen Worten: die Reduktion des Umweltproblems auf den Umweltschutz konnte von der Wissenschaft nicht mehr problematisiert werden, die systemar-ökologische Perspektive war bereits ausgeschlossen, als der Prozeß der Programmformulierung in seine zweite Phase ging.

Das Bild der selektiven Filter bzw. Relevanzkriterien wirft noch einmal, wie schon die Wahl der systemar-ökologischen Perspektive als analytischer Bezugspunkt, die Frage auf, wie anders denn die Programmformulierung vorstellbar ist. So wie auf der Seite der Wissenschaft mit der Feststellung der selektiven Funktion der bestehenden Disziplinenstruktur die Vorstellung einer übergreifenden Perspektive impliziert ist, so verweist die Feststellung der selektiven Funktion der Verwaltungsstruktur auf die Vorstellung eines Superministeriums, z. B. des zeitweilig diskutierten »Strukturministeriums«, das alle politischen Maßnahmen auf das Ziel der Umweltnutzung hin zu integrieren und zu koordinieren imstande wäre. Sieht man in der Ökologie die Disziplin (bzw. das Spezialgebiet), die zumindest potentiell jene Perspektive als Forschungsparadigma hat, dann kann die Realisierung dieser Perspektive als »organisierendes Prinzip« der Umweltforschung als grundsätzlich möglich gelten. Gegenwärtig ist die Ökologie freilich nicht in der Lage, die Integration oder Koordination der einzeldisziplinären Umweltforschung zu leisten und Handlungsanleitung für die Politik in diesem Sinne zu liefern. Dazu bedürfte sie der intensiven Förderung, bei Orientierung auf Probleme der menschlichen (ökonomisch-technischen) Eingriffe in und Nutzung von Ökosystemen unter Bedingungen der Hochindustrialisierung.

Die Vorstellung eines »Superministeriums« erscheint dagegen unsinnig. Sie impliziert nämlich, daß ein Verwaltungssystem bei jeder »Querschnittsaufgabe«, der sie sich gegenübergestellt sieht, reorganisiert werden müßte, wahrscheinlich in so kurzen Zeitabständen, daß diese Reorganisationsbemühungen nach u. U. konfligierenden Relevanzkriterien miteinander in Konflikt gerieten. Die kurze Abfolge von Umweltdiskussion und Energiekrise demonstriert das augenfällig. Man kann fragen, ob die vereinzelt anzutreffenden Umweltministerien in bestimmten Bundesländern eine langfristig adäquate Lösung darstellen, wenn es darum geht, die Koordination einzelministerieller Aktivitäten nach den jeweils politisch prioritären Relevanzkriterien zu organisieren. Aus gutem Grund hat daher die Picht-Kommission die geeigneten *Koordinations*mechanismen innerhalb der staatlichen Verwaltung als Voraussetzung einer adäquaten Umweltpolitik genannt, die zentralistische Lösung eines »Strukturministeriums« jedoch abgelehnt. Analog dazu kann die Ökologie nicht die spezialisierte Forschung in Physik, Chemie, Biologie und anderen Disziplinen ersetzen, sondern nur eine integrative Perspektive für diese liefern.

Aus der Analyse der Programmformulierung ergeben sich Erwartungen im Hinblick auf die mit dem Umweltprogramm vollzogene Steuerung der Forschung, die es anhand der empirischen Analyse der Wissenschaftsentwicklung zu überprüfen gilt. Steuerung vollzieht sich demnach auf zweifache Weise. Sie besteht einmal in der strukturell bedingten Anpassung politischer Zielsetzungen und Forschungsstrategien, die zum Ausschluß bestimmter Entwicklungen in der Forschung führt. Dies ist also gleichsam negative Steuerung (oder »non-directing« in Analogie zum »non-decision-making«). Innerhalb des damit gesetzten Rahmens realisiert sich die Steuerung von disziplinären Entwicklungen gemäß dem Programmziel und der unter ihm gefaßten politischen Einzelziele. Im nächsten Kapitel werden diese Ziele in ihrer inhaltlichen Transformation zu forschungsleitenden Normen herausgearbeitet und ihre Steuerungswirkung mittels zumeist quantitativer Indikatoren ermittelt.

Anmerkungen

1 Anlage zur Vorlage für KabA Umweltfragen betr. Grundlinien eines Umweltschutzprogramms, BMI, UI2 (neu), vom 17. 8. 1970, S. 3.
2 Vorlage f. d. KabA Umweltfragen vom 12. 8. 1970, BMI, UI2 (neu).
3 Vorlage zur Vorbereitung der konstituierenden Sitzung des KabA, Referat U II 1, BMI, 28. Juli 1970.
4 Stellungsnahme des Referat R2, BMI, zum Formulierungsvorschlag des BML. Vorbereitung der Kab. Vorlage, 11. 9. 1970, Tischvorlage, nicht mehr in Kab. Vorlage aufgenommen. Der Vorlage des BML war bereits auf der Ressortbesprechung am 10. 9. 1970 »aus verfassungsrechtlichen, finanziellen und fachlichen Gründen widersprochen worden.« Trotz des Beharrens taucht der Punkt im endgültigen Programm in der Form nicht mehr auf. Vgl. I 2, Kabinettsache betr. Sitzung des KabA f. Umweltfragen am 8. September 1970, Bestätigung und Erledigung der Beschlüsse, S. 2.
5 Referat U I 6, BMI, Niederschrift der Ressortbesprechung v. 31. 7. 1970, 3. 8. 1970, S. 1.
6 Ebda., S. 12.
7 Referat U I 2 (neu), BMI-Vorlage für KabAU, betr. Grundlinien eines Umweltschutzprogramms v. 17. 8. 1970, S. 3.
8 Niederschrift der Ressortbesprechung vom 31. 7. 1970, S. 21.
9 Raum und Siedlung, 1971, S. 229, zit. in: Siebert, 1972, S. 61.

10 Umweltschutz und Umweltpolitik als weltweite Aufgabe – Rede gehalten vom Bundesminister des Innern, Hans-Dietrich Genscher, vor dem Plenum der UNO-Umweltschutzkonferenz in Stockholm am 9. 6. 1972, Bulletin des Presse- und Informationsamtes der Bundesregierung Nr. 86, Bonn, 13. 6. 1972, u. Hvhbg.

11 Rede vom Staatssekretär im Bundesministerium des Innern, Dr. Günter Hartkopf, anläßlich des 14. Mainauer Gesprächs, 20. 4. 1972, abgedruckt in: Siebert, 1972, S. 27 ff.

12 Stellungnahme zum Sofortprogramm der Bundesregierung vom »Deutschen Rat für Landschaftspflege«, abgedruckt in: Siebert, 1972, S. 8 ff., u. Hvbg.

13 Brief d. Battelle-Instituts an Min. Direktor Berg, BMI, v. 25. 5. 1970.

14 Brief v. Dr. Krupp, Battelle-Institut, Frankfurt, vom 16. 11. 1970.

15 Vgl. Kap. V.

16 Gutachten zur geeigneten Organisationsform der wissenschaftlichen Beratung der Bundesregierung in Umweltfragen und zur geeigneten Form der Beratung bei der Durchführung von nicht-ministerieller Tätigkeit (Picht, Bresch, Häfele, Kriele), in: Materialien zum Umweltprogramm der Bundesregierung 1971, hrsg. vom BMI, Bonn 1971, S. 582.

17 Interne Unterlage, Auswertung des Karlsruher Gesprächs der Picht-Kommission, 17. 6. 1971, S. 11.

18 Brief des Staatssekretärs Hartkopf v. 23. 12. 1970 an Prof. Picht.

19 Brief v. G. Picht an H. H. Rupp v. 16. 4. 1971.

20 ebda.

21 Brief v. H. H. Rupp an G. Picht v. 4. 5. 1971.

22 Brief v. G. Picht an H. H. Rupp v. 6. 5. 1971. Picht betonte in diesem Schreiben zudem, daß »ein Schönheitsfehler..., nämlich die Spezifikation auf den Geschäftsbereich des Bundesinnenministeriums«, eliminiert worden sei.

23 Brief von Menke-Glückert an H. H. Rupp vom 20. 5. 1971.

24 Brief von Menke-Glückert an Picht, vom 24. 5. 1971.

25 Brief von G. Picht an Menke-Glückert vom 26. 5. 1971.

26 Notizen über die Sitzung der Gutachtergruppe »Beratung der Bundesregierung zum Umweltschutz...« am 19. Februar 1971, S. 3, unsere Hvhbg.

27 Brief von Picht an die übrigen Kommissionsmitglieder vom 27. 2. 1971.

28 Brief von Picht an Rupp vom 10. 3. 1971.

29 Brief von Picht an Ministerialdirigent Dr. Borst, Leiter des Planungsstabes des BMBW, vom 9. 3. 1971.

30 Man beachte die vage Formulierung im zweiten Fall. Brief von Menke-Glückert an Picht vom 15. 3. 1971.

31 ebda.
32 Aktennotiz Telefongespräch Menke-Glückert und Picht am 5. 6. 1971.
33 Wo nicht anders erwähnt, stützt sich das folgende auf G. Picht, Auswertung des Karlsruher Gesprächs, Ms., 17. 6. 1971.
34 ebda., S. 7.
35 ebda., S. 10.
36 UK-Umw. Ber. 23/71, Menke-Glückert, betr. Besuch des Vors. der Gutachterkommission Prof. Picht bei Herrn Minister am 6. Juni 1971.
37 G. Picht, Aktennotiz v. 14. 7. über Gespräche in Bonn vom 5.-7. 1971.
38 Alle Zitate aus G. Picht, Umweltschutz und Politik, Ms.
39 Gutachten zur geeigneten Organisationsform der wissenschaftlichen Beratung der Bundesregierung in Umweltfragen und zur geeigneten Form der Beratung bei der Durchführung von nicht-ministerieller Tätigkeit, abgedruckt in: Materialien zum Umweltprogramm der Bundesregierung 1971.
40 Zu den gesetzlich geregelten Funktionen des UBA und den Beschränkungen, denen es unterliegt, vgl. Kap. V.
41 Experteninterview.
42 Alle Zitate sowie die Aufstellungen der Leitdaten und Projektgruppenziele aus ›Systematischer Ansatz Gesamtprogramm – Ergebnis der Klausurtagung Bad Neuenahr,‹ UK – Um. Ber. 15/70.
43 Kurzprotokoll der Sitzung der Projektgruppenleiter am 27. 1. 1977 im BMI.
44 Kurzprotokoll der Sitzung des Lenkungsausschusses am 29. 1. 1971 im BMI.
45 van den Daele/Krohn/Weingart, 1977.
46 Picht-Gutachten, Materialienband 1971, S. 569.
47 Kurzprotokoll der Sitzung des Lenkungsausschusses am 29. 1. 1971.
48 Im Grunde läßt sich diese Folgerung in den Kategorien des non-decision-making interpretieren. Vgl. Bachrach/Baratz, 1970.
49 Scharpf, 1973, S. 80.
50 ebda.

V. Die politische Steuerung der Umweltforschung

Steuerung der Wissenschaft – Probleme der empirischen Erhebung

Steuerung der Wissenschaft ist im Unterschied zur Wissenschaftsförderung, die nach den der Wissenschaft eigenen Standards und Regulativen erfolgt, ein begrifflich schwer abgrenzbares und damit auch empirisch schwer nachzuweisendes Phänomen. Wir haben im Einleitungskapitel die theoretische Konzeptualisierung des Steuerungsbegriffs und die mit ihm verbundenen methodischen Probleme ausführlicher dargestellt. Aufgrund der »genetischen« Abhängigkeit der Steuerung von Wissenschaft und des daraus folgenden Problems, den Einfluß der politischen Steuerung von der Eigenentwicklung der Wissenschaft abzugrenzen, waren die Vorlaufentwicklung der Ökologie und die Programmformulierung detailliert zu untersuchen. Die Analyse der Programmformulierung hat die Relation zwischen dem Steuerungsanspruch, der mit dem Umweltprogramm gegeben ist, und den angesprochenen wissenschaftlichen Disziplinen bzw. Forschungsgebieten deutlich werden lassen. Damit sind einige der Grenzen abgesteckt, innerhalb derer wir nunmehr die Steuerungswirkungen empirisch untersuchen können. Anders gesagt, durch die Programmformulierung ergeben sich im Fall des Umweltprogramms Einschränkungen der Steuerungsansprüche.

So wird etwa im Prozeß der Programmformulierung der Steuerungsanspruch *nicht*, wie ursprünglich angenommen, auf die systemare Perspektive der Ökologie gerichtet, sondern diese wird gerade zugunsten von »medial« strukturierten Teilansprüchen an die für Umweltprobleme relevanten Disziplinen ausgegrenzt. Daraus entsteht eine zusätzliche Schwierigkeit für die quantitative »Messung« der Steuerungswirkungen des Umweltprogramms, denn diese muß nun alle für die Umweltforschung relevanten Disziplinen umfassen.

Ein weiteres Ergebnis, das von der qualitativen Analyse vorweggenommen, oder dessen Eintreten durch sie zumindest sehr wahrscheinlich wird, ist, daß eine Steuerung im ursprünglich definierten Sinn, nämlich als »Selbstdynamisierung der Forschung«, d. h. als Etablierung eines eigenständigen, aber am Steuerungsproblem orientierten Forschungsgebiets, mit der Umweltforschung nicht stattgefunden hat. Anders als z. B. auf dem Gebiet der Fusionsforschung (vgl. Küppers, 1977), wo ein »externes« Problem, solange man nur die Fusionsphysik betrachtet, auf eine einzige Disziplin gerichtet ist (die Plasmaphysik) und deren Steuerung impliziert, ist im Fall des »Umweltschutzes« eine ganze Reihe von Disziplinen Adressat der Steuerung bzw. Problemorientierung. Aus diesem Umstand ergibt sich ebenfalls eine Konsequenz für die empirische Erfassung der Steuerung. Da eine klar identifizierbare, gleichsam »dramatische« Institutionalisierung der »Umweltforschung« als eines neuartigen problemorientierten Forschungsgebietes gar nicht Ziel des Umweltprogramms ist, müssen die Steuerungswirkungen des Programms unterhalb dieser Ebene untersucht werden. Gleichzeitig fehlt für die Transformation politischer Ziele in forschungsleitende Normen der institutionelle Rahmen, und er müßte daher als eine Maßnahme der Steuerung erst geschaffen werden. Insofern ist die Wahrscheinlichkeit institutioneller Resistenz und damit der Anpassung der Problemorientierung an die institutionalisierte Disziplinenlandschaft noch erhöht. Damit kommt allerdings der Betrachtung der institutionellen Maßnahmen zur Institutionalisierung einer integrierten multi- bzw. interdisziplinären Umweltforschung für die Beurteilung der Wirkung des Umweltprogramms erhöhte Bedeutung zu.

Unter diesen Bedingungen entsteht als Hauptproblem, die *indirekte* Steuerungswirkung, wie sie etwa in der Politisierung des Umweltproblems *auch* in der »scientific community« Platz greift, zu unterscheiden von dem, was als »Etikettenschwindel«, d. h. als opportunistisches Verhalten der Wissenschaft gegenüber den Förderungsinstanzen bezeichnet werden kann. Im letzteren Fall handelt es sich um durch politische Zielsetzungen induzierte »Umetikettierungen« von Forschungsprogrammen, die der Anpassung an neue Förderungsschwerpunkte dienen, ohne jedoch zu einer inhaltlichen Umorientierung der Forschung im Sinne dieser Programme zu führen. Im ersten Fall schließen die »Umorientierungen« zwar an bereits vorhandene Aktivitäten an, diese werden aber neu organisiert und refokussiert. Beide Möglichkeiten unterscheiden sich nur in ihren längerfristigen Wirkungen, und infolgedessen ist zwischen ihnen nur sehr schwer zu differenzieren. Bei dem Rückgriff auf quantitative Indikatoren ist man daher auf Spekulationen hinsichtlich der Bedeutung von Vorlaufentwicklungen und der Wachstumsraten in einzelnen Forschungsgebieten angewiesen.

Mit diesen Überlegungen ist noch einmal ein prinzipielles Problem der empirisch-quantitativen »Messung« von Steuerungswirkungen politischer Programme auf die Wissenschaftsentwicklung aufgeworfen. Externe Einflüsse auf die Wissenschaft zeitigen ihre Wirkung in aller Regel über längere Zeiträume. Zwar können institutionelle Veränderungen, vor allem wenn sie strategisch »vorgenommen« werden, gewöhnlich klar identifiziert und zeitlich abgegrenzt werden, aber es bleibt immer zu entscheiden, ob sie Ursache oder Folge kognitiver Prozesse sind. Kognitive Prozesse erstrecken sich aber, vor allem im ersten Fall, über einen größeren Zeitraum. Deshalb und weil es kaum je alternative Entwicklungslinien gibt, lassen sie sich sehr schwer empirisch identifizieren. Vor allem gibt es auch keine Indikatoren, die eine befriedigende Operationalisierung des Steuerungsbegriffs darstellten. Wir sind deshalb auf Improvisation angewiesen.

Zur »Messung« der Steuerungswirkung des Umweltprogramms werden drei verschiedene Zugänge gewählt. Einmal werden »makroanalytische« Indikatoren erhoben, die zum üblichen Repertoir der Wissenschaftsanalyse zählen und vor allem Wachstumseffekte messen. Es handelt sich etwa um die Entwicklung der globalen Finanzmittel, die Zahl der Veröffentlichungen, die Bildung von wissenschaftlichen Gemeinschaften oder die Gründung von Zeitschriften und Instituten. Wenngleich derartige Indikatoren auf der makroanalytischen Ebene programmatische Steuerungsabsichten (z. B. neue Förderungsschwerpunkte) oder die Institutionalisierung neuer Forschungsgebiete signalisieren können (z. B. durch neue Institute oder Zeitschriften), vermögen sie noch keinen Aufschluß über den direkten Zusammenhang zwischen Steuerung und inhaltlich auf die Lösung der angezielten Probleme orientierter Forschung zu geben. Veränderungen bei diesen makroanalytischen Indikatoren sind notwendige, aber keine hinreichenden Bedingungen. Ein weiterer Zugang bietet sich in der Bildung dessen, was als »Indikatoren mittlerer Ebene« bezeichnet werden kann. Hier werden inhaltliche Schwerpunkte der Förderung, ihre institutionelle Zuordnung, die disziplinären Schwerpunkte, ihre

Kategorisierung nach Forschungstypen und andere Variablen miteinander in Beziehung gesetzt. Dies geschieht im Bezug zu den Programmzielen und den im Programm identifizierten Forschungsdefiziten. Auf diese Weise wird die Aussagekraft der Zahlen im Hinblick auf die Messung der Steuerung im Vergleich zu den globalen Wachstumsindikatoren erhöht. Sie bleibt jedoch auch noch hinter einer (idealen) mikroanalytisch-inhaltlichen Analyse zurück, insofern das zugrundeliegende Zahlenmaterial (im Fall der Umweltforschung aus dem Umweltforschungskatalog [UFOKAT] des UBA erhoben) selbst noch zu unspezifisch ist, um dem im Steuerungsbegriff implizierten Differenzierungsgrad genügen zu können.

Dieser Differenzierungsgrad ist letztlich nur über eine inhaltliche Analyse der Beziehung zwischen den im Programm definierten kognitiven Defiziten und den entsprechenden neu initiierten Forschungen zu leisten. Wir haben den Weg über die Befragung von Experten, d. h. den in verschiedenen Spezialgebieten arbeitenden Forschern gewählt. Unsere durchweg anhand von Leitfäden geführten offenen Experteninterviews haben allerdings gezeigt, daß auch diese Methode ihre Begrenzungen hat. Wie kaum anders zu erwarten, besteht auf Seiten der Wissenschaftler in den seltensten Fällen ein klares Bewußtsein über die Abhängigkeiten zwischen der Entwicklung ihrer Disziplin und dem politischen und gesellschaftlichen Kontext, in dem sie steht. Ihr Selbstverständnis steht typischerweise einer Reflexion über Steuerungsphänomene entgegen. Schließlich wird auch nur eine Erfahrung aus einem sehr eng begrenzten Erfahrungsbereich reproduzierbar, deren Verallgemeinerung und Quantifizierbarkeit nicht ohne weiteres möglich ist, da es ja nicht um Einstellungsmessungen, sondern um die Erhebung kognitiver Prozesse geht (vgl. Mulkay, 1976).

Trotz der jeweils gegebenen Beschränkungen der einzelnen methodischen Zugänge zwingt dies nicht zur Aufgabe des Versuchs, Steuerungseffekte zu messen. Einerseits zeigen die Ergebnisse, daß die solcherart differenzierte Evaluierung des Umweltprogramms über gegenwärtig übliche Methoden (wenn solche überhaupt angewandt werden) durchaus hinausweisen. Zum anderen demonstrieren gerade die Beschränkungen, in welcher Weise die Datenbasis bei der Erhebung von Forschungsaktivitäten verbessert werden müßte, um eine differenziertere Evaluierung von Forschungspolitik zu ermöglichen.

Wachstumsindikatoren und institutionelle Faktoren im Bereich der Umweltforschung

Daß mit der Politisierung der »issue« Umweltschutz, mit dem wachsenden Umweltbewußtsein und dem öffentlichen Druck in Richtung auf eine entsprechende Politik eine wachsende »Umweltforschung« einhergeht, zeigt, daß die Wissenschaft zumindest global auf das politische Programm reagiert, obgleich allein aus dem Ansteigen der üblichen Wachstumsparameter noch nicht auf einen Steuerungserfolg zu schließen ist. Vielmehr legen sowohl die historische Vorlaufstudie als auch die Analyse der Formulierung des Umweltprogramms nahe, Wachstumsvorgänge in erster Linie als problembezogene Zusammenfassung und Etikettierung bereits laufender Forschungsaktivitäten, aber auch als gesteigerte Produktion von Wissen entlang traditioneller Entwicklungspfade zu interpretieren.

Die öffentlichen Ausgaben für Forschung und Entwicklung stellen den klassischen, wenn auch sehr globalen Indikator staatlicher Wissenschaftsförderung dar. Es ist nun gar nicht so einfach, diesen, wie man meinen sollte, leicht zugänglichen Indikator zu erheben. Der Hauptgrund dafür liegt offensichtlich in der Tatsache, daß »Umweltschutz« eine Querschnittsaufgabe ist und sich auf viele Ressorts verteilt. In den Bundeshaushaltsplänen werden seit 1972 die Aufwendungen *aller* Bundesministerien für Umweltschutz beim Etat des federführenden BMI zusammenfassend genannt. Danach stiegen die staatlichen Ausgaben des Bundes von 1972 bis 1975 von 209 auf 353 Millionen DM (=70 %) und gingen 1976 leicht zurück (329 Mill. DM). Den größten Einzelhaushalt zum Umweltschutz verwaltete das BMI (vgl. Tabelle 8). Vor 1972 tauchen die Worte »Umwelt« oder »Umweltschutz« im Schlagwortregister der Bundeshaushaltspläne (Bundestagsdrucksache) noch nicht auf.

Eine zweite Zahlenreihe läßt sich dem Forschungsbericht V der Bundesregierung entnehmen (Tabelle 9). Hier werden, entsprechend einer Konvention der Europäischen Gemeinschaft, die staatlichen Ausgaben (Bund und Länder) nach Forschungszielen ausgewiesen, die naturgemäß relativ undifferenziert sind. Immerhin zeigen die einschlägigen, umweltrelevanten Zahlenreihen übereinstimmend eine z. T. dramatische Wachstumstendenz zwischen 1969 und 1974, ohne daß die absoluten Zahlen von Tabelle 9 mit denen von Tabelle 8 in Beziehung gesetzt werden könnten. Es kommt in unserem Zusammenhang freilich nur auf diesen eher illustrativen Beleg wachsender staatlicher Förderung der Umweltforschung an.

Tabelle 8
Ausgaben des Bundes für Umweltschutz (in Mill. DM), 1970–1976

Jahr	Alle BM	BMI	BMFT
1970		7,1	
1971		14,8	
1972	209,0	61,0	
1973	200,4	108,2	4,4
1974	341,1	150,9	80,0
1975	353,6	155,8	90,6
1976	329,5	153,0	85,0

nach: Bundeshaushaltspläne (Bundestagsdrucksache).

Wie läßt sich die dieser staatlichen Förderung entsprechende oder parallele wissenschaftliche Aktivität belegen? Ein Indikator ist die Zunahme umweltbezogener Lehr- und Forschungsaktivitäten in den Universitäten. Die Durchsicht der Vorlesungsverzeichnisse von 10 Universitäten und Hochschulen für den Zeitraum von 1965-1974 ergab ein starkes Ansteigen der Zahl der Lehrveranstaltungen in den Bereichen der Ökologie sowie anderer Umweltwissenschaften (Tabelle 10), besonders zwischen 1970 und 1972. Wie aus Tabelle 10 ersichtlich, nimmt die ökologische Umweltforschung vor allem an der Universität Gießen einen vergleichsweise herausragenden Platz ein. Um einen Eindruck zu vermitteln, welche qualitativen Informationen (Lehrveranstaltungen) sich hinter den rein zahlenmäßigen Angaben verbergen, haben wir für Gießen eine Übersicht der erfaßten Lehrveranstaltungen zusammengestellt (Tabelle 2, Anhang). Insbesondere ist hier auf die Tatsache hinzuweisen, daß zusätzlich zum ökologisch orientierten Fachbereich Biologie der Fachbereich Umweltsicherung 1971 eingerichtet wurde. Aber auch an den anderen Universitäten läßt sich beobachten, daß nicht nur die klassischen ökologischen Disziplinen (z. B. Geobotanik, Pflanzenphysiologie, Limnologie) zunehmend ange-

Tabelle 9
Ausgaben des Staates (Bund und Länder) für Umweltforschung
(in Mill. DM), 1969–1974

Jahr	Irdische Umwelt			Menschliche Gesundheit	
	Boden und Untergrund	Meere und Ozeane	Atmosphäre	Nahrungsmittelhygiene	Umwelthygiene
1969	43,0	40,7	1,3	8,2	12,3
1970	53,2	42,7	7,6	12,8	22,2
1971	58,0	63,6	1,3	19,8	28,2
1972	63,3	82,2	1,2	55,8	54,6
1973	72,6	81,0	9,5	66,4	64,7
1974	85,2	106,4	1,1	78,8	63,9

nach: Bundesbericht Forschung V, 1975, S. 80.

Tabelle 10
Zahl der Lehrveranstaltungen für Ökologie/Umweltforschung an zehn Universitäten und Hochschulen, 1965–1974

Universitäten	WS 65/66 SS 66	WS 66/67 SS 67	WS 67/68 SS 68	WS 68/69 SS 69	WS 69/70 SS 70	WS 70/71 SS 71	WS 71/72 SS 72	WS 72/73 SS 73	WS 73/74 SS 74 (z. T. ohne SS 74)
Bonn	10	10	10	4	6	13	10	12	4
Hohenhein	–	–	1	–	5	9	7	12	–
Frankfurt	–	–	–	1	2	2	8	15	16
Heidelberg	–	1	–	–	–	5	11	14	6
Bochum	–	1	1	2	1	1	9	7	9
Gießen	–	–	3	3	10	9	19	19	22
München	1	4	2	2	4	10	11	3	14
Tübingen	–	1	–	3	3	5	9	10	13
Hamburg	–	2	4	4	7	5	10	9	9
FU Berlin	1	1	3	1	1	6	1	10	4
Summe	12	20	24	20	39	65	95	111	97

nach: Vorlesungsverzeichnisse.

boten, sondern darüber hinaus auch die Bereiche der Umweltverschmutzung, der Zivilisationsökologie sowie der Agrarwissenschaften und des Natur- und Landschaftsschutzes berücksichtigt werden.

Quantitative Indikatoren für die Forschung sind, diesmal sinnvollerweise im internationalen Bezugsrahmen, z. B. Zeitschriften und Publikationen. Bezogen auf die Ökologie und angrenzende biologische Disziplinen läßt sich zeigen, daß eine Reihe von Zeitschriften eine z. T. lange Tradition hat, daß aber doch in den letzten Jahren einige charakteristische Neugründungen hinzugekommen sind. Eine eher zufällige Zusammenstellung von entsprechenden Titeln bietet Tabelle 11 an, mit dem Jahr des Erscheinens des ersten Jahrgangs. Auch hier zeigt sich wieder die ältere Tradition der klassischen Ökologie sowie die jüngste Ausweitung auf humanökologische Gegenstände.

Tabelle 11
Internationale ökologische Zeitschriften nach dem Zeitpunkt der Gründung

1913	Zeitschrift für Pflanzenphysiologie
1913	Journal of Ecology
1920	Ecology
1926	Plant Physiology
1931	Ecological Monographs
1932	Journal of Animal Ecology
1950	Annual Review of Plant Physiology
1962	Advances in Comparative Physiology and Biochemistry
1968	Oecologia (in Cooperation with the International Association for Ecology)
1970	Annual Review of Ecology and Systematics
1971	Water, Air, and Soil Pollution. An International Journal of Environmental Pollution
1973	Human Ecology

Einen genaueren Indikator für die Auswertung der Forschungsaktivität bietet die Anzahl der einschlägigen Publikationen pro Jahr. Diese Art Information ist für viele Naturwissenschaften relativ leicht zugänglich in den entsprechenden »Abstracts« der einzelnen Disziplinen. Aus den Biological Abstracts haben wir für die Jahre 1965-1975 eine Auszählung der unter dem Hauptstichwort »Ecology« aufgeführten Publikationen durchgeführt. Vernachlässigt man alle Querverweise auf Arbeiten mit ökologischen Aspekten in *anderen* biologischen Disziplinen, so zeigt die Verlaufskurve (Schaubild 1, b) ein einigermaßen erstaunlich stagnierendes Bild, keine klar expansive Tendenz. Schließt man allerdings die genannten Querverweise ein (Schaubild 1, a), so verdreifacht sich nahezu die Zahl der Publikationen zwischen 1965 und 1968. Der darauf erfolgende steile Rückgang ist auf eine Änderung der Redaktionspolitik hinsichtlich der Berücksichtigung von Querverweisen und Doppelauflistungen zurückzuführen (Mitteilung der Redaktion der Biological Abstracts). Schaubild 1 läßt die Interpretation zu, daß ökologische Aspekte und Fragestellungen zunehmend in anderen biologischen Spezialdisziplinen aufgegriffen und verfolgt werden.

Bezogen auf die Gesamtzahl der Publikationen im Bereich der Biologie, bewegt sich der Anteil der ökologischen Publikationen um 18 %. Der Kurvenlauf ähnelt dabei dem der absoluten Zahlen (Schaubild 1, Anhang). Interessant ist auch die Unterteilung des Hauptstichwortes »Ecology«. Als Nebenstichworte werden unterschieden: Bioklimatologie; Limnologie; Naturschutz (Wildlife). Die relativen Anteile der Publikationen für einige dieser Gebiete am Gesamtbereich der ökologischen Publikationen veranschaulichen die Schaubilder 2 und 3 im Anhang. Bemerkenswert ist, daß humanökologische Arbeiten in den Biological Abstracts nicht ausgewiesen sind. Überhaupt vermitteln die verschiedenen Kurven den Eindruck, daß die traditionellen ökologischen Disziplinen das Forschungsfeld beherrschen.

Neben Lehre und Forschung gibt es noch andere Parameter, an denen sich Wissenschaftsentwicklung ablesen läßt. Ein wichtiges Datum sind die wissenschaftlichen Gesellschaften und deren Entwicklungsgeschichte, ihre Spezialisierung und Mitgliederrekrutierung. Für diese Betrachtungsebene sei hier die (deutsche) *Gesellschaft für Ökologie* ausgewählt und analysiert. Die Gesellschaft wurde 1971 gegründet. Sie ist aus der »Arbeitsgemeinschaft für Ökologie (Biologische Umweltforschung)« hervorgegangen; ihre Initiierung wurde stark von den Mitarbeitern am Solling-Projekt bestimmt, dem zentralen deutschen Beitrag an experimenteller Ökologie zum Internationalen Biologischen Jahr (seit 1965 von der DFG finanziert). Zu den Gründungsmotiven gehörte u. a. die Absicht, den plötzlich aufgetretenen und überhöhten Ansprüchen

Zahl der
Veröffentlichungen im Bereich der Ökologie
(in Tausend), 1965–1975

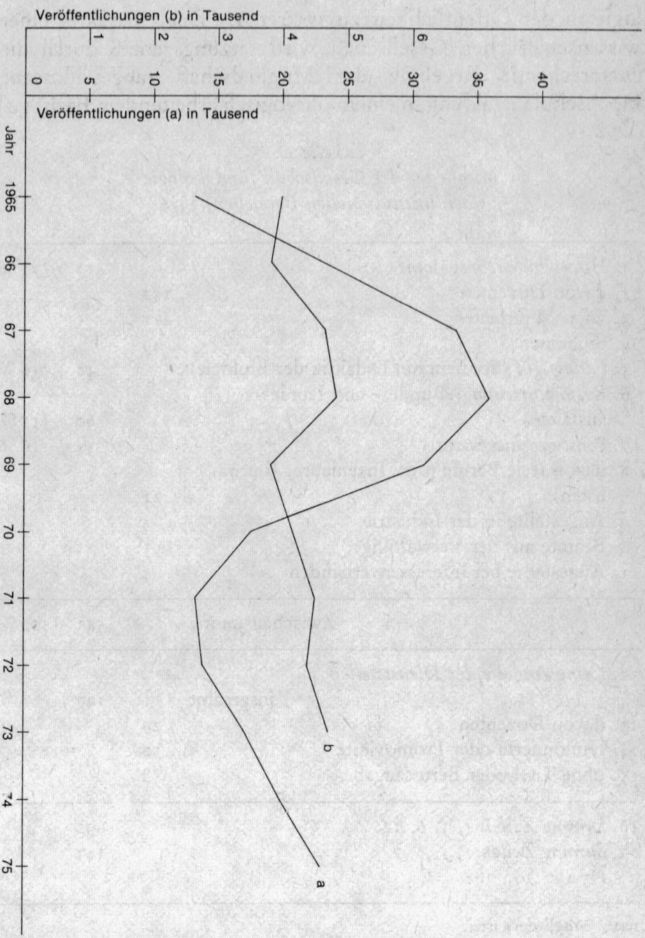

an die Ökologie seitens einer aufgeschreckten Öffentlichkeit ein professionelles Forum kompetenter, wissenschaftlich verantwortlicher Gesprächspartner gegenüberzustellen (Mitteilung des Vorsitzenden der GfÖ, 1976).

Nach der Satzung verfolgt die Gesellschaft »als internationale deutschsprachige Vereinigung« den Zweck, »die Zusammenarbeit aller ökologisch arbeitenden Disziplinen zu fördern und die Ökologie in der Öffentlichkeit zu vertreten.« Der Charakter einer wissenschaftlichen Gesellschaft wird satzungsgemäß durch die entsprechende Regelung der Mitgliedschaft (abgeschlossene Hochschulausbildung in einem ökologisch arbeitendem Fach) ge-

Tabelle 12
Mitglieder der Gesellschaft für Ökologie nach institutionellen Bereichen, 1976

1. *Hochschulen: insgesamt*		417	(77 %)
2. davon Dozenten	157		
3. wiss. Mitarbeiter	211		
4. Studenten	49		
5. *Pädagogik* (Studienräte; Didaktik der Biologie)		31	(6 %)
6. *Ressortforschung* (Bundes- und Landesanstalten)		60	(11 %)
7. *Sonstige:* insgesamt		35	(6 %)
8. davon freie Berufe (bes. Ingenieure, Journalisten)	22		
9. Angestellte in der Industrie	4		
10. Beamte aus der Verwaltung	5		
11. Angestellte bei Interessenverbänden	4		
Zwischensumme		543	(100 %)
12. *Ohne Angabe der Dienststelle:* insgesamt		147	
13. davon Dozenten	29		
14. Diplomierte oder Promovierte	50		
15. ohne Titel oder Berufsangabe	58		
16. *Summe Zeilen 1, 5, 6, 12*		690	
17. *Summe Zeilen 1, 5, 6, 7* (= 100 %)		543	

nach: Mitgliederkartei.

währleistet. Die Mitglieder rekrutieren sich zum ganz überwiegenden Teil aus dem Hochschulbereich (Tabelle 12). Interessanter ist das breite Spektrum der Disziplinen, das in der Gesellschaft für Ökologie vertreten ist und damit den ursprünglichen Untertitel »biologische Umweltforschung« als berechtigt erscheinen läßt,

Tabelle 13
Mitglieder der Gesellschaft für Ökologie nach wissenschaftlichen Disziplinen (Lehrstühle bzw. Institute), 1976

I. Grundlagen-Natur- und Umweltwissenschaften

Disziplinen	Dozenten			wiss. Mitarbeiter		
1. Biologie	*100*			*153*		
a) Biologie allgemein		6			10	
b) Botanik		24			22	
c) Zoologie		29			38	
d) Mikrobiologie		2			2	
e) Entomologie		1			3	
f) Entwicklungsgeschichte		1			–	
g) Ökologische Disziplinen		*37*			*78*	
aa) Ökologie allgem.			11			16
bb) Ökophysiologie			8			10
cc) Geobotanik			8			14
dd) Vegetationskunde			3			3
ee) Limnologie			6			24
ff) Bodenbiologie			1			10
gg) Aerobiologie			–			1
2. Geographie	19			14		
3. Bodenkunde	5			3		
4. Mineralogie	–			1		
5. Chemie	2			2		
6. Pharmazie	–			1		
7. Hygiene	3			–		
8. Meteorologie	1			1		
9. Ingenieurwiss.	1			–		
10. Architektur	2			–		
Zwischensumme I, 1–10	133			175		

II. Angewandte Natur- und Umweltwissenschaften

	Dozenten	wiss. Mitarbeiter
1. Landwirtschaftswissenschaften	–	8
2. Pflanzenbau	1	–
3. Weinbau	–	1
4. Gartenbau	–	1
5. Forstwissenschaft	5	6
6. Wildtierkunde	2	–
7. Landeskunde, Landespflege	5	5
8. Landschaftsökologie, Landschaftsplanung	11	15
Zwischensumme II, 1–8	24	36
Gesamtsumme I und II	157	211

nach: Mitgliederkartei.

weit über die ökologischen Disziplinen im engeren Sinne hinausgeht (Tabelle 13). Man kann hierin die organisationsgeschichtliche Parallele zu der angeführten Tatsache sehen, daß im Bereich der Publikationen (Biological Abstracts) immer mehr biologische Spezialdisziplinen sich auch ökologischen Fragen widmen.

Im Jahre 1971 hielt die Gesellschaft für Ökologie ihre erste Jahrestagung ab. Seit 1972 stehen die Jahrestagungen jeweils unter einigen Leitthemen. Tabelle 14 stellt diese Leitthemen zusammen. Aus ihnen geht hervor, daß ein breites Spektrum abgedeckt wird, von traditionellen Spezialfragen über vielfältige Ansätze einer Ökosystemforschung bis zu anwendungsbezogenen Problemen der biologischen Umweltforschung. Schon im Jahre 1974 konnte der damalige Präsident der Gesellschaft die charakteristische Feststellung treffen: »Die Diskussion um das, was Ökologie ist, ist einer nüchternen Bearbeitung von Sachproblemen gewichen, was die Kongreßprogramme und die Verhandlungen der Gesellschaft belegen. Daß die Gesellschaft noch nicht alle Erwartungen erfüllen kann, die in sie gesetzt werden, sollte Anstoß zu vertiefter Förderung unseres Faches durch den Bund und die Länder sein« (4. Rundbrief der Gesellschaft für Ökologie, 1974, S. 1).

Tabelle 14
Oberthemen der Jahrestagungen der Gesellschaft für Ökologie, 1972-1977

1972:	Belastung und Belastbarkeit von Ökosystemen; Möglichkeiten zur Behandlung ökologischer Probleme in Hochschule und Schule
1973:	Physiologische Ökologie; Belastung, Stoff- und Energiekreislauf in limnischen Ökosystemen und in Seen; Wärmebelastung der Ökosysteme; Flechten als Bioindikatoren; Schulexperimente zur Ökologie im Rahmen konkreter Curriculum-Einheiten; Ökologische Kriterien für die Regional- und Stadtplanung.
1974:	Populationsökologie; Datenerfassung im Freiland, Vergleich Freiland-Labor; Organismen an Extremstandorten; Bioindikatoren; Ökologische Landschaftsforschung; Didaktik der Ökologie.
1975:	Alpine Ökosysteme; Arktische und alpine Systeme mit ihren Gewässern; Trockengebiete und ihre Gewässer; Große Fließgewässer.
1976:	Sozialbrache und Flächenfreihaltung; Didaktik der Ökologie; Gewässerbelastung; Allgemeine und Human-Ökologie; Monokulturen; Ökosystemforschung im Solling.
1977:	Marine Ökosysteme; Funktionelle Ökosystemanalyse; Ökologie der Uferzonen; Ökophysiologie der Gewässer; Didaktik der Ökologie; Limnologie am MPI Plön; Abiotische Elemente aquatischer Ökosysteme; Autökologische u. demökologische Untersuchungen an Gewässern; Humanökologie.

nach: Tagungsprogramme der GfÖ.

Weiteren Aufschluß über die Wirkung von Steuerungsimpulsen verspricht die Betrachtung der Planung und Gründung neuer Institute auf dem Gebiet der Umweltforschung. Einen groben quantitativen Eindruck von der Breite institutioneller Beschäftigung mit Umweltfragen gewinnt man, wenn man das VADEMECUM deutscher Lehr- und Forschungsstätten auf die entsprechenden Einrichtungen hin untersucht. In der 4. und 5. Auflage (1964 und 1968) findet sich noch keine gesonderte Rubrik zur Umweltforschung, dagegen erstmals in der 6. Auflage von 1973. Hier werden 38 Einrichtungen im Bereich der »Umweltforschung« aufgeführt. Von diesen haben allerdings 23 schon 1968 und 21 schon 1964 bestanden. Erneut zeigt sich sowohl die ältere Tradition wie die Gründungsaktivität im Zuge der Politisierung des Umweltproblems seit 1969/70, verbunden mit der Etikettierung bestehender Einrichtungen unter dem Begriff »Umweltforschung«. Eine genaue Gegenüberstellung der einzelnen Institutionen findet sich in Tabelle 3 im Anhang.

Der Zusammenhang zwischen der Politisierung der Umweltproblematik, der Formulierung des Umweltprogramms und organisatorisch-institutionellen Veränderungen im Wissenschaftssystem läßt sich besonders deutlich an zwei Vorgängen studieren: an der Errichtung des Umweltbundesamtes und an den Bestrebungen, im Rahmen des Wissenschaftszentrums Berlin (WZB) ein »Internationales Forschungsinstitut für Umweltfragen« zu gründen. Diese Bestrebungen datieren aus den Jahren 1970/72; sie zielten auf ein Institut, in dem keine eigene naturwissenschaftlich-technische Forschung unternommen, sondern vorhandene Forschungsansätze und -resultate ausgewertet und integriert werden sollten. Dementsprechend konzipierte man Umweltforschung als »Integrationswissenschaft« und dachte in erster Linie an eine umfassende Informationsverarbeitung und Datenanalyse auf der heuristischen Basis eines systemanalytischen Ansatzes (Gründungsplan, zweiter Entwurf, Juli 1971). Bei den Vorüberlegungen blieb nicht nur das BMFT (als Finanzgeber für das WZB), sondern auch das BMI beteiligt. Von vornherein war an »engste Arbeitsbeziehungen« mit dem (damals erst geplanten) Bundesamt für Umweltschutz gedacht, wie denn auch die Nähe dieser beiden Institutionen im Moment der umfassenden Datenaufnahme mit Blickrichtung auf die Umsetzung wissenschaftlicher Daten in die Praxis zu erkennen ist. Der Anspruch des geplanten »Internationalen Forschungsinstituts für Umweltfragen« ging indessen weiter, zielte auf den eigenen Versuch, den systemaren Ansatz über Datenanalyse materiell zu verfolgen.

Dieser systemare Ansatz richtete sich explizit gegen die Fragmentierung, wie sie eine den verschiedenen Einzeldisziplinen überlassene Umweltforschung aufwies: »Die wissenschaftlichen Fachrichtungen, die für die Umweltforschung wichtig sind, unterscheiden sich nicht nur durch ihre Methoden selbst. Der einengende Horizont methodischer Vorurteile hat sich in verzerrenden Maßnahmen oder Unterlassungen ausgewirkt, die nicht wenig zur Umweltkrise beigetragen haben. Die Schwierigkeiten, verschiedene Entwicklungen, zwischen deren Bereichen ein Zusammenhang besteht, miteinander zu verbinden, beruhen teilweise auf den verschiedenen Fachsprachen, Methoden und Denkstilen der Disziplinen. Es besteht hier also ein Bedarf an »Vermittlung«: Informationen müssen von einer Forschungsrichtung zur anderen weitergeben, Verständigungsschwierigkeiten müssen überbrückt werden, usw.« Denn »die Umweltproblematik ist geradezu gekennzeichnet durch ihre komplexen Wechselbeziehungen. Erst die Herausarbeitung von Interdependenzen erlaubt es, Stellenwerte zu bestimmen und damit Prioritätsskalen zu bilden. Wichtig bei der Forschungsarbeit und ihren Ergebnissen für die Entscheidungsträger ist in der Regel nicht die einzelne Information, sondern deren Einbeziehung in einen systemaren und strukturalen Zusammenhang« (Gründungsplan, vorläufige Diskussionsgrundlage, 1971).

Im Juli 1972 sprach sich der Wissenschaftsrat gegen eine Errichtung des »Internationalen Forschungsinstituts für Umweltfragen« auf der Basis des verabschiedeten Gründungsplans aus. Seine Einwände und Empfehlungen veranlaßten die WZB-Planer, nunmehr das Schwergewicht eindeutiger auf bestimmte disziplinäre Teilaspekte des Umweltproblems zu legen, nämlich auf »geistes- und sozialwissenschaftliche Forschung zum Umweltproblem mit Schwerpunkt ›Umweltpolitik im internationalen Bezug‹« (Entwurf eines Gründungsplanes, September 1972). Auf der Basis dieser Reorientierung kam es schließlich 1975 zur Gründung eines »Internationalen Instituts für Umwelt und Gesellschaft« im WZB. Die sozialwissenschaftliche Forschungsprogrammatik geht eindeutig aus den angelaufenen und geplanten Projekten hervor (Forschung und Veröffentlichungen, 1976): »Die verteilungspolitischen Auswirkungen des Verursacher- und Gemeinlastprinzips im Umweltschutz« (Initialprojekt); »Adressaten der Umweltpolitik: Einstellungen, Verhaltensweisen, Reaktionen« (erster Schwerpunkt); »Umweltpolitik: Ziele, Instrumente, Wirkungen« und »Umweltpolitik: Technologische Aspekte und internationale Entwicklung« (weitere Schwerpunkte).

Es kann gar nicht bezweifelt werden, daß mit einem derartigen Programm Defizite aus dem weiten Bereich der Umweltforschung angesprochen werden und eine sinnvolle Förderung erfahren. Dennoch wird man festhalten dürfen, daß der – wie immer zu beurteilende – Versuch des WZB gescheitert ist, eine systemare Umweltforschung (auf der Basis von Sekundärdaten) institutionell zu organisieren, also im Ansatz etwas aufzubauen, das dem Modell der Picht-Kommission für die Politik-Beratung forschungsorganisatorisch vielleicht hätte entsprechen können.

Als direkte Auswirkung des Umweltprogramms kann die Errichtung des Umweltbundesamtes gesehen werden. Ergebnis der Beratungen der Picht-Kommission war ja gerade die Institutionalisierung einer disziplinen-übergreifenden Beratung, um die disparaten Strukturen des Umweltproblems, der Wissenschaftsorganisation und der staatlichen Verwaltung miteinander zu vermitteln. Das UBA wurde 1974 als eine selbständige Bundesoberbehörde im Geschäftsbereich des BMI mit der Begründung errichtet, daß es »einer zentralen Institution des Bundes« bedürfe, »die den ressortübergreifenden Umweltaufgaben des Bundes gerecht wird und die Gewähr bietet, daß unter Ausnutzung aller modernen Hilfsmittel der Information, der Kommunikation und der Koordinierung wissenschaftliche Daten und Erkenntnisse bereitgestellt und von allen mit Umweltfragen befaßten Stellen innerhalb und außerhalb der Bundesverwaltung optimal genutzt und schnell in die Verwaltungspraxis und Gesetzgebung umgesetzt werden« (Gesetzentwurf der Bundesregierung vom 19. 4. 74, Bundestagsdrucksache 7/2012).

Diese weitgespannte Aufgabenstellung täuscht darüber hinweg, daß das UBA u. a. durch die Eingliederung bestehender Einrichtungen gebildet wurde, so des Meßstellen-Projekts der DFG, der Pilot Station Frankfurt, der Zentralstelle für Abfallbeseitigung (AfA), die dem Institut für Wasser-, Boden- und Lufthygiene des BGA angehörte, sowie der ebenfalls zu diesem Institut gehörenden Laboratoriumsgruppe Bodenschutz. Mehr noch, im Gesetz über

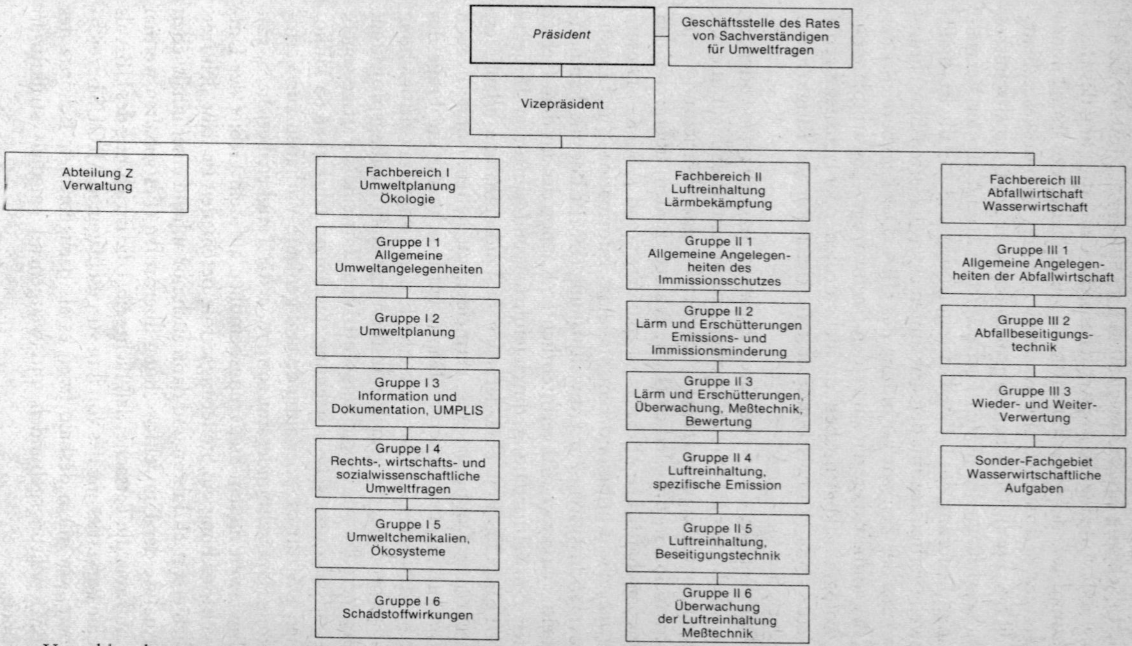

aus: Umweltbundesamt 1975/76 (= erster Tätigkeitsbericht), Berlin, 1976, S. 11.

die Errichtung eines Umweltbundesamtes vom 22. Juli 1974 wird in § 2 als Aufgabe die »wissenschaftliche Unterstützung des Bundesministers des Innern in allen Angelegenheiten des Immissionsschutzes und der Abfallwirtschaft« genannt (Bundesgesetzblatt, Teil I, S. 1505). Diese beiden großen Bereiche des Umweltschutzes finden sich wieder in den Fachbereichen II und III der Verwaltungsgliederung des UBA: Luftreinhaltung und Abfallwirtschaft, jeweils verbunden mit den erwähnten eingegliederten Einrichtungen aus der Zeit vor Gründung des UBA. Der Fachbereich I des UBA umfaßt dagegen unter den Stichworten »Umweltplanung, Ökologie« »alle Aufgaben, die nicht medien- oder fachspezifischer Natur sind« (Umweltbundesamt 1975/76 (= erster Tätigkeitsbericht), S. 10).

Der zentrale, dem systemaren Ansatz prinzipiell offene oder gar verpflichtete Fachbereich I verfügt im wesentlichen nicht über eigene Forschungskapazitäten, sondern ist eine »Einrichtung einer umfassenden, die Medien (Luft, Wasser, Boden) übergreifenden wissenschaftlichen Beratungskapazität« (ebd., S. 6). Diesem Zweck dient in besonderem Maße das Informations- und Dokumentationssystem zur Umweltplanung (UMPLIS), mit dem nunmehr schon zweimal veröffentlichten Katalog der auf dem Gebiet der Umweltforschung durchgeführten und geplanten Projekte (UFOKAT). Erst eine derartige Bestandsaufnahme erlaubt es, nicht nur Doppelarbeiten vermeiden zu helfen, sondern auch Defizite zu identifizieren. Damit wird nicht nur die Frage der Koordinierung, sondern auch der Planung von Umweltforschung angesprochen, der gezielten Initiierung von Forschungsprojekten, der Vergabe von Forschungsaufträgen. Für eine derartige sogen. ressortakzessorische Forschung standen im Jahre 1976 60 Millionen DM für ca. 700 laufende und geplante Vorhaben zur Verfügung (Umweltbundesamt 1975/76, erster Tätigkeitsbericht, S. 32). Inwieweit diesem Steuerungsbemühen auf dem Gebiet der Umweltforschung ein Steuerungserfolg beschieden ist, läßt sich freilich erst nach Jahren und dann auch nur anhand einer inhaltlichen Analyse der Umweltforschung überprüfen. Festgehalten werden muß aber die Tatsache, daß Picht selbst die Errichtung des UBA als eine Pervertierung des von ihm vorgeschlagenen ARGUS bezeichnete: vor allem deshalb, weil es als nachgeordnete Behörde des BMI weisungsgebunden und weitgehend »medial« strukturiert blieb.

Die Transformation der politischen Ziele in forschungsleitende Normen

Eine Analyse quantitativer Indikatoren und organisatorischer Veränderungen im Bereich der Umweltforschung vor und nach dem Umweltprogramm kann zwar »Wachstum« oder ganz allgemein »Veränderung« anzeigen, offen bleibt jedoch die Frage, inwieweit derartige Veränderungen als wissenschaftspolitische Steuerungswirkungen zu interpretieren sind. Will man Steuerung als Veränderung der inhaltlichen Ausrichtung von Forschung verstehen, so muß man als erstes die Forschungsdefizite kennen, deren Schließung Ziel der forschungspolitischen Steuerungsabsichten sein soll. Aus dem Umweltprogramm lassen sich die politischen Ziele des Umweltschutzes entnehmen. Sie sind zum Teil mit ganz bestimmten Forschungsaufgaben verknüpft, die vor der Realisierung dieser Ziele bearbeitet werden müssen. Eine Gegenüberstellung dieser Anforderungen an die Wissenschaft mit den politischen Zielen soll ihre Transformation in forschungsleitende Normen verdeutlichen.

Bei der Aufstellung der Forschungsdefizite beziehen wir uns auf die in dem Materialienband zum Umweltprogramm der Bundesregierung von den einzelnen Projektgruppen gemachten Angaben. Nun wurde, wie im vorigen Kapitel gezeigt, diese Erhebung sehr stark von den Strukturen in Politik und Verwaltung (Zuständigkeiten von Ministerien usw.) geprägt. Anhand des 1974 erstellten Gutachtens des Rates der Sachverständigen für Umweltfragen (Umweltgutachten, 1974) läßt sich jedoch zeigen, daß die Wissenschaft selbst zu keiner wesentlich abweichenden Problemdefinition kommt und daß sich die Forschungsprobleme seit der ersten Programmdiskussion zumindest bis 1974 nicht verändert haben.

Im Materialienband werden von den einzelnen Projektgruppen folgende Forschungsaufgaben genannt:

1. Naturschutz- und Landschaftspflege. Diese Projektgruppe rückt die Wiederherstellung und Erhaltung der Leistungsfähigkeit des Naturhaushalts an die Spitze ihrer Überlegungen. Hierzu soll ein Forschungsschwerpunkt »Ökologische Grundlagen« geschaffen werden. An dieser Stelle wird als Ziel deutlich »Umweltnutzung« genannt, und daher wird der systemare Charakter der Umweltforschung folgerichtig betont. Im Umweltgutachten fehlt zwar dieser Problemkreis in der Zusammenfassung an der Stelle »forschungsbezogene Empfehlungen«, in der Einführung (Aufgaben des Gutachtens) heißt es jedoch ebenfalls: »Angesichts der Aufgabe, eine Bewertung des Gesamtzustandes unserer Umwelt vorzunehmen, diskutierte der Rat zunächst die Möglichkeit, mithilfe eines integrierten ökonomisch-ökologischen Gesamtmodells die wichtigsten Zustände und Entwicklungen auf dem Umweltsektor und ihre Verflechtungen darzustellen. Das Ziel dieses Ansatzes wäre eine Art ökologischer Buchführung, die tatsächlich eine globale standardisierte Begutachtung der Umweltsituation und der Umweltbedingungen in der Bundesrepublik Deutschland erlaubte.« Eine Realisierung in der dafür vorgesehenen Zeit hält der Rat allerdings für undurchführbar, da es für ein integriertes Gesamtmodell noch kaum methodische Vorarbeiten gibt. Insbesondere fehle es bis heute an der Festlegung verbindlicher Indikatoren und Indizes, die eine Bewertung der verschiedenen Einflüsse auf unsere Umwelt erlaube. Diese theoretisch schwierige und in Einzelproblemen ungelöste Aufgabe könne gegenwärtig auch deshalb noch nicht gelöst werden, weil zahlreiche dazu benötigte Daten nicht vorliegen. Gleichwohl vertritt der Rat die Überzeugung, daß ein integriertes ökonomisch-ökologisches Gesamtmodell, mit dessen Hilfe alle wesentlichen, auf unsere Umwelt einwirkenden Faktoren erfaßt und in ihrer Wechselwirkung dargestellt werden können, als methodisches Ziel verfolgt werden solle. Der Rat spricht in diesem Zusammenhang ausdrücklich die Empfehlung aus, daß die entscheidenden Vorarbeiten für ein solches Modell, nämlich die systemanalytische Forschung sowie die systematische und kontinuierliche Gewinnung, Bereitstellung und Ordnung von Daten vorangetrieben werden müssen. Wir werden etwas später auf diese Empfehlungen noch einmal zurückkommen.

2. *Abfallbeseitigung.* Neben Techniken für die Beseitigung oder Verwertung von Sonderabfällen (Reifen, Schlachtabfälle usw.) fehlen hier vor allem Kenntnisse über die Zusammensetzung und Menge des zu erwartenden Abfalls. Daneben werden als Forschungsfelder Probleme der Müllverbrennung – Verbesserung des Wirkungsgrades, Untersuchung der Wirkung und Möglichkeiten der Verminderung der dabei auftretenden Schadgase – und der Müllkompostierung aufgeführt. Mangelnde Kenntnisse über Planung, Ausrüstung und Betrieb von Müllablagerungsplätzen wird als Grund für den unbefriedigenden Stand der Abfallbeseitigung in den Deponien genannt. 1974 wurde hierzu vom Umweltrat festge-

stellt: Bei der Förderung von Forschungs- und Entwicklungsarbeiten auf dem Gebiet der Abfallwirtschaft sollten folgende Fragen im Vordergrund stehen:

- Abfallwirtschaftliche Kennzahlen, die eine produkt- oder branchenbezogene Korrelation zwischen verfügbaren Daten (Umsatz, Anzahl der Beschäftigten, Energieverbrauch u. ä.) und spezifische Rückstandsmengen herzustellen gestatten.
- Effiziente, insbesondere personalsparende Überwachungssysteme.
- Grundlagen für Verfahrens- und Systemvergleiche auf dem Gebiet der Abfallbeseitigung.
- Folgewirkungen der eingeführten Verfahren zur geordneten Abfallbeseitigung. Weiterentwicklung dieser Verfahren, Entwicklung neuer Verfahren, sofern erheblich breitere Anwendungsbereiche und reduzierte Folgewirkungen zu erwarten sind.

3. Umweltchemikalien. Hierzu heißt es im Materialienband, der Forschung sei die Aufgabe gestellt, die Daten zu erarbeiten und bereitzustellen, mit denen die gegenwärtige ebenso wie die zukünftige Belastung mit Umweltchemikalien und Bioziden erkannt, bewertet und verhütet werden könne. Die Dringlichkeit der Aufgaben, die Vielzahl der in Betracht kommenden Substanzen, ihre Verbreitung auf sämtliche Umweltbereiche und die unbekannten Effekte ihres Zusammenwirkens erforderten eine multidisziplinäre Forschungsbeteiligung. Im einzelnen werden die folgenden Forschungsaufgaben genannt:

1. Die Erforschung der Verbreitung und des Verbleibs von Umweltchemikalien, ihre Anreicherung und ihre Umsetzung unter Umweltbedingungen.
2. Die Erforschung von strukturellen und funktionellen Merkmalen von Umweltbereichen, die Transportwege, Akkumulationsketten und Umwandlungsmechanismen für Umweltchemikalien und Biozide erkennen lassen.
3. Die Erforschung der Aufnahme, Speicherung, Metabolisierung und Ausscheidung von Umweltchemikalien und Bioziden durch Lebewesen und ihre physiologischen Wirkungen, Toxizität, Kanzerogenität, Mutagenität und Teratogenität.

Daneben geht es um Bewertungsgrundlagen für Umweltchemikalien und Biozide zur Erstellung von Grenzwerten für die Belastbarkeit von Umweltbereichen. Der Umweltrat nennt hierzu eine Reihe von Einzelproblemen. Daneben fordert er, die Forschung der Faktoren- und systemspezifischen Belastungsgrenzwerte zu fördern, da die Belastbarkeit von Ökosystemen sich bislang einer umfassenden quantifizierten Bewertungsskala entziehe. Außerdem gelte es, die toxikologische Prüfung vor allem hinsichtlich möglicher Kombinationswirkungen von an sich erlaubten Rückständen einzelner Pestizide zu intensivieren.

4. Umweltradioaktivität und Strahlenbelastung. Hier wurden explizit keine Forschungsdefizite genannt, sondern diese wurden innerhalb der Rubrik »technische Maßnahmen«, versteckt. Neben der Verbesserung und Entwicklung von Verfahren zur Endlagerung radioaktiver Abfälle werden Probleme der Meßtechnik aufgeführt, die gelöst werden müssen, um die Emmissionen kerntechnischer Anlagen erfassen und überwachen zu können. Grundlagenuntersuchungen sind darüber hinaus notwendig, um die Strahlenbelastung durch Radioaktivitätsfreisetzungen aus Kernanlagen prognostizierbar zu machen.

5. Wasserwirtschaft. Generell wird festgestellt, daß die Wasserforschung, die sich in der Vergangenheit vornehmlich mit der Lösung von fachlichen und örtlichen Einzelproblemen befaßt hat, mit den an sie herantretenden Forderungen nicht Schritt halten könnte. Im einzelnen fehlen Untersuchungen

- über das Teilsystem Wasserwirtschaft im Gesamtsystem Umwelt,
- über die Verbreitung und Wirkung von Pestiziden, Spurenelementen, Nährstoffen und polyzyklisch-aromatischen Kohlenwasserstoffen,
- über Art und Umfang der Verschmutzung allgemein (einschließlich der thermischen Belastung),
- und über Verfahren zur Verbesserung der betrieblichen Wassernutzung, zur Aufbereitung von Trinkwasser und zur Reinigung von Abwässern.

Daneben fehlen auch hier Daten, um eine langfristige Wasserwirtschaftsprognose erstellen und Toleranz-, Grenz- und Richtwerte für biologische und chemische Inhaltsstoffe und die thermische Belastung festlegen zu können. Defizite im Meß- und Analysewesen werden ebenfalls genannt. Im Umweltgutachten des Rates der Sachverständigen für Umweltfragen lauten die forschungsbezogenen Empfehlungen:

- Der Zusammenhang und die Beziehungsmechanismen zwischen Gewässergüte und wirtschaftlichen bzw. wasserbaulichen Maßnahmen und Ökosystemen sollte in interdisziplinärer Zusammenarbeit untersucht werden. Auch die Durchführung von

Umweltverträglichkeitsprüfungen bedürfte einer gezielten Vertiefung der Grundlagen.

- Zum verbesserten Gewässerschutz und zur Schonung der Ressourcen sollte die technologische Forschung zum Recycling in Industrie und Landwirtschaft, insbesondere zu den Massenviehhaltungen und der Klärschlammverwertung, verstärkt gefördert werden.
- Zur Verminderung der Schadstoffbelastung sollten die interdisziplinären Forschungsarbeiten, z. B. zu humanökologisch unschädlichen Substitutionen im Produktions- und Verwendungsbereich, zu physiologischen Einflüssen, insbesondere Langzeit- und Überlagerungswirkungen, und zu den Wechselbeziehungen zwischen Energie- und Wassergütewirtschaft (Abwärme-Nutzung, Abgaswäsche) intensiviert werden.
- Die Methoden der weitergehenden Abwasserreinigung und verbesserten Wasseraufbereitung sowie der zweckmäßige Einsatz von Verfahrenskombinationen erforderten noch umfangreiche Forschungs- und Entwicklungsarbeiten.

6. *Hohe See und Küstengewässer.* Um das Ziel, nämlich die Erhaltung bzw. Wiederherstellung eines Reinheitsgrades des Meeres zu erreichen, sei die Feststellung der Belastbarkeit des Meeres für Abfallstoffe notwendige wissenschaftliche Grundlage für Zulassung, Limitierung und Verbot einer Abfallbeseitigung in das Meer. Hier gelte es, Grenzwerte zu ermitteln, ohne daß Veränderungen des ökologischen Systems in der Hohen See und den Küstengewässern auftreten. Für bestimmte Schadstoffgruppen müsse die aktuelle Konzentrationsverteilung, die Giftwirkung einzelner Schadstoffe sowie die Ausbreitung und Anreicherung (z. B. durch die Nahrungskette) bestimmt werden.

7. *Reinhaltung der Luft.* Auf medizinischem Gebiet sah man die Schwerpunkte in der zu leistenden Forschung auf dem Gebiet der Aufnahme, des Stoffwechsels und der Eliminierung sowie der Verteilung von Schadstoffen. Die Biologie sollte Dosis-Wirkungsbeziehungen liefern und die ökologischen Zusammenhänge bei der Wirkung von Luftverunreinigung ermitteln. Auf dem Gebiet der Schadensforschung sollten Korrosionswirkungen (Schäden an Kunstwerken und Baudenkmälern), aber auch Schäden im Straßen- und Luftverkehr, die durch eine Verschlechterung der Sichtverhältnisse verursacht werden, einer verstärkten Forschungstätigkeit unterzogen werden. Zusätzlich wurde eine Konzentration

der Forschung auf Probleme der Meteorologie gefordert, um Aussagen zu gewinnen, ob und in welchem Umfang es durch Luftverunreinigungen zu Klimaveränderungen kommen kann und wie Schadstoffe sich in der Atmosphäre ausbreiten.

Diesem Problemkatalog entspricht ein weitgespanntes Forschungsfeld, das sowohl Fragen der Grundlagenforschung als auch Probleme der Meßtechnik und der Entwicklung neuer Verfahren zur Emissionsminderung industrieller Produktionsverfahren (umweltfreundliche Technologien) einschließt. Das Umweltgutachten stellt diesen letzten Punkt zusammen mit der Ausbreitungsforschung, die wichtige Daten für die Voraussage z. B. von kritischen Situationen (Smogalarm) geben soll, in den Vordergrund seiner Empfehlungen.

8. *Lärmbekämpfung.* Als Aufgaben für die Forschung werden hier die Entwicklung neuer und die Verbesserung existierender Meßverfahren genannt, um Meßunsicherheiten der Geräuschmessung ausschließen und Prüfmethoden verbessern zu können. Daneben gelte es, Forschungslücken vor allem auf dem Gebiet der Wirkung des Lärms auf den Menschen zu schließen, wobei physische, psychische und sozialpsychologische Wirkungen analysiert werden sollen. Vor allem sei es nötig, die Wirkung des Lärms auf den Menschen unter Berücksichtigung von nicht-physikalischen Zusatzparametern zu erforschen. Um konkrete Lärmschutzmaßnahmen ergreifen zu können, fehle es oft an Unterlagen über den Gesamtstand der Lärmbelästigung, aber auch (im Bereich lärmarmer Technologien) an Grundlagenwissen über Ursachen der Entstehung von Geräuschen. Im Umweltgutachten werden zusätzlich sozialpsychologische Untersuchungen unter praxisgerechten Bedingungen von Lärmbelastungen gefordert, um vorhandene Anhaltswerte für die Beurteilung von Lärmbelastungen begründen und überprüfen zu können.

9. *Umweltfreundliche Technik.* Hier wurden vor allem Forschungsvorhaben zur Verbesserung bestehender und zur Entwicklung neuer umweltfreundlicher Verfahren in den Bereichen Montanindustrie, chemische Industrie, Verkehr, Glas, Keramik, Steine und Erden sowie Energie genannt. Bestandsaufnahme, Untersuchung der Wirkung und Ausbreitung von Schadstoffen und physikalischen Belastungen sind hier Hauptprobleme der mit der Entwicklung von Verfahren und Produkten verbundenen Forschung.

10. *Raumordnung und Städtebau.* Für diesen Bereich werden

keine Forschungsvorhaben im einzelnen aufgelistet, doch heißt es im Text, man habe, abgesehen von Einzeluntersuchungen, keine Kenntnisse von der Auswirkung von Infrastruktureinrichtungen auf die Umwelt. Ebenso seien die qualitativen Anforderungen, die Infrastruktureinrichtungen an die Umwelt stellen, unbekannt. Aufgabe der Raumordnung sei es, einen Ausgleich der unterschiedlichen und meist konkurrierenden Ansprüche an den Raum herbeizuführen. Hierzu müßten freilich die Zusammenhänge im Naturhaushalt und dessen Leistungsfähigkeit bekannt sein. Für viele Umweltbeeinträchtigungen fehlten jedoch immer noch objektiv gesicherte Maßstäbe, d. h. es sei nicht möglich, Grenzen festzulegen, bei denen eine Beeinträchtigung der Umwelt erfolge.

In Tabelle 15 sind die Forschungsdefizite (jeweils zusammengefaßt zu forschungsleitenden Normen) den in Kapitel IV ermittelten politischen Zielen bzw. Teilzielen gegenübergestellt. Diese forschungsleitenden Normen sind freilich nicht vollständig; sie sollten nur illustrieren, wie die Transformation der politischen Ziele im konkreten Fall aussehen kann. Die Tabelle zeigt deutlich, wie die Fragmentierung der Ziele eine Aufteilung der Forschungsfragen in eine Reihe von Einzelfragestellungen, die zum Teil noch miteinander in Verbindung stehen, aber eindeutig auf Teilbereiche und -aspekte des Umweltproblems zielen, zur Folge hat. Ausgenommen sind im wesentlichen nur zwei Projektgruppen, nämlich Naturschutz und Landschaftspflege sowie Raumordnung und Städtebau. Allein hier wird überwiegend der systemare Charakter der Umweltforschung gesehen und betont. Dies liegt sicher auch daran, daß es in beiden Problembereichen schwerfällt, isolierte Teilprobleme zu definieren, die ohne Wissen über das Gesamtsystem lösbar wären.

Falsch wäre es, hier den Eindruck zu hinterlassen, als hätte allein das politische System, das die Beratung und Programmformulierung organisierte und strukturierte, diese Programmaufteilung bestimmt. Zwar führte die politische Diskussion zu der Aufteilung des Umweltproblems auf die einzelnen etablierten Disziplinen und Forschungsbereiche, gleichzeitig waren aber die kognitiven Defizite in der Wissenschaft zu groß, um diese Entwicklung verhindern oder zumindest abschwächen zu können. Die Nichtaufnahme des systemaren Ansatzes seitens der Wissenschaft lag somit auch in ihrer institutionellen und kognitiven Verfaßtheit begründet. Hinzu kam, daß wichtige Umweltprobleme sofort gelöst bzw. in Angriff ge-

Tabelle 15
Politische Ziele und forschungsleitende Normen in der Umweltforschung

politische Ziele/Teilziele	forschungsleitende Normen
1. Naturschutz und Landschaftspflege	
optimaler Nutzen von Natur und Landschaft	Wissen über den Naturhaushalt (ökologische Grundlagen), integriertes ökonomisch-ökologisches Gesamtmodell
2. Abfallbeseitigung	
Schaffung von ausreichender Abfallbeseitigungs- und Aufbereitungskapazität	Techniken zur Beseitigung und Verwertung des Abfalls, Daten über Zusammensetzung und Menge des zu erwartenden Abfalls (global und für spezifische Bereiche)
3. Umweltchemikalien und Biozide	
Bestandsaufnahme der Gesamtbelastung durch Biozide und Schadstoffe	Daten zur Erfassung, Bewertung und Verhütung von Belastungen, Untersuchung von Einzel- und Kombinationswirkung
4. Umweltradioaktivität und Strahlenbelastung	
Begrenzung der Umweltbelastung durch Radioaktivität auf das geringstmögliche Maß	Entwicklung von Meßtechniken zur Erfassung und Überwachung radioaktiver Emissionen, Ermittlung der Strahlenbelastung durch Radioaktivitätsfreisetzungen aus Kernanlagen
5. Wasserwirtschaft	
Auf zukünftige Gewässerbelastung bezogene Bewirtschaftung aller Wasservorräte	Beschreibung und Analyse des Teilsystems Wasserwirtschaft im Gesamtsystem Umwelt, Verbreitung und Wirkung von chemischen und physikalischen Belastungen, Verbesserung von Verfahren zur Wassernutzung und Trinkwasseraufbereitung, Daten für eine langfristige Wasserwirtschaftsprognose

6. Hohe See und Küstengewässer	
Erhaltung bzw. Wiederherstellung eines Reinheitsgrades des Meeres	Klärung der Naturvorgänge im Meer, die das Verhalten und die Verteilung von Abfallstoffen beeinflussen oder als deren Wirkung auftreten
7. Reinhaltung der Luft	
Aufbau eines Frühwarn- und Informationssystems, das zuverlässig gesundheitsgefährdende Konzentration von Luftverschmutzung anzeigt	medizinische (physiologische), biologische, chemische (Korrosion) und physikalische (meteorologische) Wirkungen der Luftverschmutzung, ökologische Zusammenhänge von Luftverunreinigungen, Verfahren zur Verminderung der Emission industrieller Produktion
8. Lärmbekämpfung	
Die Belastung der Bevölkerung durch Lärm ist soweit zu mindern, daß grundsätzlich niemand durch Lärm gefährdet, erheblich benachteiligt oder erheblich belästigt wird	Verbesserung der Meß- und Prüfverfahren, Untersuchung der Wirkung des Lärms vor allem unter Berücksichtigung nicht-physikalischer Zusatzparameter, Untersuchung von Ursache und Entstehung von Geräuschen, Entwicklung lärmarmer Technologien
9. Umweltfreundliche Technik	
Förderung der Entwicklung sauberer Technologien und Produkte	Untersuchung der Entstehung, Wirkung und Ausbreitung von physikalischen und chemischen Belastungen im Zusammenhang mit bestehenden oder neu zu entwickelnden Verfahren und Produkten
10. Raumordnung und Städtebau	
Ausgleich der unterschiedlichen und meist konkurrierenden Ansprüche an den Raum *Flächennutzung* nach der ökologischen Leistungsfähigkeit	Erforschung der Zusammenhänge des Naturhaushalts und seiner Leistungsfähigkeit, Auswirkungen und qualitative Ansprüche von Infrastruktureinrichtungen auf bzw. an die Umwelt

nach: Umweltprogramm, 1971, und Umweltgutachten, 1974.

nommen werden sollten und die Wissenschaft deshalb unmittelbar Aussagen machen mußte; es fehlte die Zeit für längerfristige Perspektiven. So vertrat der Rat der Sachverständigen für Umweltfragen die Ansicht, daß es sinnlos wäre, eine Theorie der Umwelt entwickeln zu wollen. Umweltqualitätsziele ließen sich *nur in Einzelbereichen mittelbar in Forschungsziele operationalisieren*, denn für ein umfassendes umweltpolitisches Zielsystem reiche das vorhandene Wissen nicht aus. Die Kenntnis aller grundlegenden Wechselwirkungen wäre Voraussetzung. Wegen dieses nicht zu deckenden Informationsbedarfs *scheide ein solches Zielsystem für praktische Umweltpolitik aus* (Umweltgutachten, 1974, S. 24).

Wenn auch die Sachverständigen die Forschungsdefizite auf eine Reihe von Einzelfragen reduzierten, die freilich nicht isoliert voneinander betrachtet werden dürften, um die Gefahr von Belastungsverschiebungen zu vermeiden, so wurde doch die wichtigste Aufgabe in der unabhängigen Erfassung und Bewertung des *Gesamtzustandes* und *einzelner wesentlicher Bereiche* der Umwelt gesehen. Hierzu brauche man ein integriertes ökonomisch-ökologisches Gesamtsystem, in dem die wichtigsten Zustände und Entwicklungen auf dem Umweltsektor und ihre Verflechtungen dargestellt sind. Deshalb müsse die systemanalytische Forschung sowie die systematische und kontinuierliche Gewinnung, Bereitstellung und Ordnung von Daten vorangetrieben werden. Dabei war sich der Rat der Sachverständigen bewußt, daß der Aussagewert solcher Modelle immer begrenzt sein wird. »Dies hängt u. a. zusammen mit der gegenüber der Wirklichkeit sehr stark vereinfachten Struktur aller Modelle, mit der Notwendigkeit, bestimmte Parameter auszuwählen, mit den Grenzen der Quantifizierbarkeit von Wertvorstellungen und mit dem Wertsystem, das in jedes Modell eingeht. Es wird deshalb notwendig sein, all diese Voraussetzungen offen zu legen, um den Charakter des Modells als eine Entscheidungshilfe deutlich zu machen. In dieser relativierten Funktion können die Ergebnisse dann freilich einen wesentlichen Beitrag zur Urteilsbildung der politischen Entscheidungsträger wie der Öffentlichkeit leisten, namentlich wenn sie durch periodische Publikationen einem Prozeß der ständigen Kontrolle und Korrektur unterworfen werden« (Umweltgutachten, 1974, S. 4).

Bisher haben wir uns auf die innerhalb der Programmformulierung identifizierten Forschungsdefizite für eine nach Problembereichen strukturierte, aber alle Disziplinen mehr oder weniger betreffende

Umweltforschung bezogen. Ergänzt wurde dies durch Aussagen des 1974 erstellten Gutachtens. Diese lassen den Schluß zu, daß es in dem Zeitraum zwischen Verkündung des Umweltprogramms und Vorlage des Gutachtens keine grundlegenden Veränderungen im Problembewußtsein und in den Forschungsempfehlungen gab. Will man nun die Einlösung dieser in den Forschungsdefiziten artikulierten Anforderungen an die Wissenschaft durch die Umweltforschung kontrollieren, so läuft man Gefahr, sich im Gestrüpp der vielen beteiligten Disziplinen zu verlieren. Insofern ist es angezeigt, die Analyse der Umweltforschung zu ergänzen durch die Untersuchung der umweltbezogenen Forschung einer einzelnen Disziplin. Aufgrund der zuvor begründeten Erwartung, in der Ökologie die Leitdisziplin der Umweltforschung zu sehen, haben wir hierfür die Biologie ausgewählt. Gespräche, die wir mit Biologen der verschiedensten Fachrichtungen* geführt haben, halfen uns, Problemlösungsanspruch und Forschungsdefizite der Ökologie einzuschätzen. Freilich war die Definition der Ökologie nicht einheitlich. Manche sahen in ihr mehr ein Teilgebiet der Biologie, das sich aus einer zuerst vorhandenen Anwendungsorientierung heraus zur Grundlagenwissenschaft entwickelt hat. Ihr schwieriger Stand innerhalb der Biologie wurde damit erklärt, daß sie nicht an der vordersten Front der Forschung liege, nicht exakt arbeite und stark modeabhängig sei. Hinzu käme, daß im Bereich der Ökologie vor allem Biologen arbeiteten, »deren Stärke auf dem Typisieren oder auf der Systematik lag und die damit etwa den exakten Bedürfnissen der Biochemie nicht gewachsen waren«. Andere dagegen definierten die Ökologie hauptsächlich als eine integrierende Perspektive, als eine Wissenschaft, in der wieder alle naturwissenschaftlichen Disziplinen zusammengefaßt sind. Nicht mehr allein die Methoden bestimmten eine Disziplin, sondern die Objekte in ihrer ganzen Fülle. Daher habe die Ökologie system-

* Die Biologen wurden willkürlich aus drei Gruppen ausgewählt und sind daher keinesfalls repräsentativ, weder für die Biologie allgemein noch für die Ökologie. Insofern können hier nur qualitative und keine quantitativen Aussagen gemacht werden. Die drei Gruppen waren:
1. Allgemeine Biologie wie Zoologie, Botanik u. ä.
2. Molekularbiologie, Genetik, Biochemie u. ä.
3. Ökologie.
Die Auswahl geschah nach den Angaben im VADEMECUM (6. Aufl., 1973), wobei die Einteilung in die drei Gruppen entweder aufgrund der Beschreibung der Forschungsprojekte oder des Namens des Institutes vorgenommen wurde.

bildende Funktion, freilich sei dieser Systemcharakter erst in den letzten Jahren hervorgetreten.

Die Frage nach den Forschungsdefiziten und nach der Leistungsfähigkeit der Ökologie wurde nicht ganz so unterschiedlich beurteilt. Manche meinten, bezüglich des für den Umweltschutz relevanten Wissens gebe es keine gravierenden Wissensdefizite. Die Daten über Umweltschäden lägen vor oder seien kurzfristig lieferbar, die Untersuchungen über Langzeitwirkungen könnten in relativ kurzer Zeit abgeschlossen werden. Das Problem sei vielmehr, daß die Politiker im Bereich des Umweltschutzes nicht handeln würden. Diesem Optimismus steht die Auffassung entgegen, in der Ökologie gebe es noch große Defizite, vor allem an Daten. Nur in Einzelfällen würden die Erkenntnisse ausreichen, um für die Politiker harte Daten zu liefern. Deshalb bestünde, gemessen an den Anforderungen, ein Nachholbedarf. Die Frage »was passiert, wenn?« kann von der Ökologie meist nicht beantwortet werden. Vor allem Naturschutz und Landschaftspflege gehörten zu jenen Bereichen, für die die heutige Ökologie noch kein Gesetzeswissen zur Verfügung stellen könne. Infolgedessen sei gerade auf diesem Gebiet für Apostel, Missionare und wilde Hypothesen viel Raum gegeben. Der Mangel an gesichertem Wissen, an prognosefähigem Gesetzeswissen, führe im politischen Bereich dazu, daß in einschlägigen Gesetzesvorhaben pseudowissenschaftliche Begründungen gegeben werden. »Es wäre ehrlicher und sinnvoller, derartige Gesetze mit einer ethischen oder politischen Zielvorgabe und nicht mit einer pseudowissenschaftlichen zu motivieren«. Diese Entwicklung habe zu einem inflationärem Gebrauch der Begriffe Ökologie und Ökologe geführt. Das Fehlen von Gesetzeswissen in grundlegenden Bereichen sei freilich nicht verwunderlich, da die Ökologie erst am Anfang ihrer Entwicklung stehe. Fundamentale Kenntnisse müßten daher erst gefunden werden.

Als Ursache für diese Defizite wird einerseits ein Defizit an Daten genannt (z. B. verliefen oft toxikologische Untersuchungen zu einseitig, und es bleibe daher oft im Dunkeln, welche nicht-untersuchten Nebenwirkungen noch existieren und von größer Bedeutung sein könnten), aber auch ein Defizit im Entwicklungsstand wichtiger naturwissenschaftlicher Disziplinen und Methoden innerhalb der Ökologie selbst. So fehle es vor allem an der Übertragbarkeit der Ergebnisse von einem Ökosystem auf ein anderes. Gleichzeitig fehlten aber auch Instrumentarien (Techniken), um ökologische Systeme überhaupt beschreiben zu können. Es existierten keine brauchbaren Methoden, um mit der Fülle der Daten fertig zu werden, um alle Parameter erfassen und berücksichtigen zu können. Deshalb müßten Methoden aus verschiedenen Disziplinen in die Ökologie eingebracht und an die hier herrschenden Verhältnisse angepaßt werden. Daneben gebe es eine permanente Meßproblematik, deren Ursache in der hohen Komplexität ökologischer Systeme liege; isolierte Messungen einzelner Faktoren seien wenig aussagekräftig und eigentlich unzulässig. In der Ökologie existierten daher prinzipielle Beschränkungen, da es nicht vorstellbar sei, irgendwann einmal alle Parameter mitberücksichtigen zu können. Trotz dieser Schwierigkeiten sei die Ökologie aber in der Phase der kausalanalytischen Theoriebildung. Viele Beziehungen seien qualitativ bekannt, meist fehle aber die Kenntnis über quantitative Zusammenhänge. Die Ökologie könne zwar noch nicht beschreiben, wie man leben sollte, sie sei jedoch in der Lage, so etwas wie Leitlinien zu geben, die freilich politisch umzusetzen seien. Neben den grundlegenden Wissensdefiziten der Ökologie wurden Probleme der Langzeitwirkung, der potenzierenden Wirkung verschiedener Komponenten, der Toleranzgrenzen bestimmter Umweltnoxen (vor allem SO_2), der petrochemischen Verschmutzung, der Indikatororganismusforschung und der Simulierung von Systemen auf Computern genannt. Vereinzelt kamen auch Probleme der Apparateentwicklung zur Sprache.

Diese in wesentlichen Punkten übereinstimmende Feststellung der Forschungsdefizite im Bereich der Biologie und Ökologie zeigt, daß bezüglich der Umweltproblematik die offenen Forschungsfragen in der Ökologie neben Datenerhebung und Meßverfahrenentwicklung vor allem in der Methodenentwicklung zur Beschreibung komplexer Systeme und daher in der Theoriebildung liegen, während man im Bereich der Biologie den Schwerpunkt eher in der Aufklärung wichtiger Ursache-Wirkungsbeziehungen sehen kann. Hier dominieren Einzelfragestellungen, der Systemcharakter »Umwelt« spielt eine untergeordnete Rolle. Insofern ist die Ökologie Adressat einer mehr an der Umweltnutzung orientierten Forschung, die Biologie dagegen für den Umweltschutz. Weil speziell für die Biologie keine politischen Ziele formuliert wurden, fehlt hier die Gegenüberstellung der Ziele mit den forschungsleitenden Normen. Die in Tabelle 15 genannten Ziele betreffen alle Disziplinen und somit auch die Biologie. Es ist jedoch festzuhalten, daß die umweltbezogenen Forschungsdefizite der Biologie nicht in einem politisch induzierten Programmformulierungsprozeß artikuliert, sondern vielmehr wissenschaftsintern (anläßlich von Interviews) formuliert wurden.

Analyse der Umweltforschung

Nachdem die offenen Forschungsfragen identifiziert wurden, können wir festzustellen versuchen, inwieweit sie in der laufenden Umweltforschung bearbeitet werden und inwieweit die Wissenschaft auf extern gesetzte Problemstellungen reagiert hat. Dabei besteht die Schwierigkeit darin, daß die Forschungsdefizite nur qualitativ (und hier z. T. sehr global) formuliert werden können und es deshalb unmöglich ist, ihre Einlösung Punkt für Punkt zu überprüfen. Es kann ebenfalls nur qualitativ festgestellt werden, ob die Umweltforschung den im Umweltprogramm an sie gestellten Anforderungen genügt. Deshalb soll im folgenden die kognitive Struktur der Umweltforschung und der umweltbezogenen Biologieforschung analysiert werden.

Auswirkungen der wissenschaftspolitischen Programmformulierung auf die Umweltforschung haben wir bislang über quantitative Indikatoren (Geld, Zahl der Publikationen, Zeitschriften, Gesellschaften usw.) zu ermitteln versucht. Wachstum innerhalb dieser Indikatoren signalisiert zwar eine Zunahme von Forschungsaktivitäten in diesem Bereich, von Steuerung kann aber keine Rede sein, solange ausschließlich bereits bestehende Aktivitäten verstärkt werden oder diese weitgehend willkürlich dem Problembereich »Umwelt« zugerechnet werden können. Gerade bei solchen Problemfeldern, die sich nahezu über die gesamte Disziplinenlandschaft ausbreiten, besteht immer die Möglichkeit, ihnen Forschungsaktivitäten im nachhinein zuzuordnen; die Gefahr des »Etikettenschwindels« ist hier besonders groß. Es müssen daher die *Forschungsinhalte* analysiert werden, um über Steuerung Aussagen machen zu können. Dabei wollen wir nicht im Einzelfall aus der Gegenüberstellung von Anforderung und Einlösung (quasi mikroskopisch) Aussagen über Steuerungserfolg oder Steuerungswiderstände gewinnen, sondern aus der kognitiven Struktur der Umweltforschung allgemeine Thesen zur Steuerung ableiten oder plausibel machen. Dieser Rückzug auf eine mehr makroskopische Ebene ist vor allem wegen der bereits erwähnten methodischen Schwierigkiten notwendig. Die Daten über die Forschungsdefizite und über die Forschung selbst sind nämlich von verschiedener Qualität und können deshalb nicht einfach zur Deckung gebracht werden. Wir können daher nur *global* die qualitative Struktur der Anforderung mit der der laufenden Umweltforschung vergleichen.

Bei einer solchen Strukturanalyse der Umweltforschung treten zusätzliche methodische Probleme auf. Der Begriff Umweltforschung ist nicht exakt definierbar, die Zuordnung von Projekten ist daher unscharf. Zwar gibt es als Folge des Umweltprogramms eine vom Umweltbundesamt unter der Bezeichnung UFOKAT (Umweltforschungskatalog) herausgegebene Sammlung aller Umweltforschungsprojekte. Der UFOKAT setzt die im Jahre 1973 von der Interparlamentarischen Arbeitsgemeinschaft, Bonn, begonnene Forschungsdokumentation »Wer macht was, wie und wo?« fort. In ihm sind all die Umweltprojekte zusammengefaßt, die im Auftrage des Umweltbundesamtes teils mit Hilfe von Fragebogen bei den forschenden Institutionen erfaßt und teils aus Angaben der finanzierenden Stellen zusammengestellt wurden. Die Klassifikation der Umweltprojekte ist aus dem jeweiligen Vorwort des UFOKAT ersichtlich. Das Problem der Zuordnung einzelner Projekte zur Umweltforschung ist allerdings durch Rückgriff auf den UFOKAT nicht gelöst; denn die Zuordnung der Projekte wurde von den Forschern selbst vorgenommen, das Maß an Willkür ist dadurch nicht geringer. Hinzu kommt, daß durch dieses Verfahren ein bestimmter Prozentsatz an Projekten verlorengeht – gerade zu Beginn der Dokumentation der Umweltforschung sind höchstwahrscheinlich viele Projekte aus technischen Gründen unerfaßt geblieben, andere Projekte aber ungerechtfertigt dazugekommen, weil die Projektnehmer nur an den für die Umweltforschung zur Verfügung stehenden Mitteln interessiert waren und ihre Forschungsaktivitäten relativ leicht dem neuen Förderprogramm zuordnen konnten. Trotz dieser methodischen Probleme ist der UFOKAT die einzige Quelle für eine Analyse der Umweltforschung. Aus dem UFOKAT 76 haben wir 10 % der dort aufgelisteten Forschungsprojekte systematisch (jedes zehnte) ausgewählt und weiter untersucht. Von den 1000 Forschungsvorhaben, die vor dem 1. 1. 74 abgeschlossen wurden und nicht mehr im UFOKAT 76 aufgeführt waren, haben wir 10 % aus dem UFOKAT 75 ausgewählt und zur Auswertung mit herangezogen. Dabei bestimmten die folgenden Parameter die Analyse:

– Institutionen: an welchen Instituten wird die Forschung durchgeführt, welche Institutionen finanzieren sie?
– Disziplinen: zu welchen Disziplinengruppen (Naturwissenschaften, biologische Wissenschaften, Medizin, Ingenieurwissenschaften) gehören die durchgeführten Projekte?
– Objektbereiche: welchen Umweltbereichen (Luft, Wasser, Abfall...) sind die Projekte zuzuordnen?
– Anforderungsniveaus: von welcher Art ist das produzierte Wissen bzw. welche Anforderungen (Datensammeln, Theorie- und Systembildung, Verfahrens- und Produktentwicklung, Entwicklung von Meßverfahren und -apparaten) müssen von dem produzierten Wissen befriedigt werden?

Freilich gibt es noch andere Parameter (z. B. Geld, Laufzeit usw.), die zur Beschreibung der Umweltforschung herangezogen werden können. Für unsere Fragestellung nach den Steuerungseffekten interessiert aber vor allem, wo für wen welches Wissen zu welchem Zweck zur Verfügung gestellt wird. Für die Abschätzung eines Steuerungseffektes ist es wichtig zu wissen, in welchem Bereich der institutionalisierten Forschung und Entwicklung Umweltforschung veranstaltet wird, wer dabei als Auftraggeber auftritt und welche Wissensdefizite für welche Problemfelder gedeckt werden. Letzteres ist wichtig, um die Umweltforschung strukturell mit den im vorigen Abschnitt identifizierten Forschungsdefiziten vergleichen zu können. Die Aufteilung in Disziplinen macht deutlich, ob Umweltforschung vorrangig ingenieur- und naturwissenschaftliche Problemstellungen umfaßt oder ob andere Disziplinengruppen ihren Charakter bestimmen. Der Versuch, das von der Umweltforschung bereitgestellte Wissen nach Anforderungsniveaus zu klassifizieren, soll eine kognitive Beschreibung dieses Forschungsgebietes ermöglichen. Insbesondere wird dadurch eine grobe Unterscheidung in Grundlagenforschung und angewandte Forschung und Entwicklung möglich; außerdem kann man den ungefähren Entwicklungsstand – explorative Phase, Phase der Theorieentwicklung, der Systemkontrolle oder der Systembildung – der Umweltforschung oder eines ihrer Teilbereiche abschätzen (vgl. van den Daele/Weingart, 1975). Werden diese verschiedenen Parameter miteinander korreliert, so besteht die Hoffnung, Thesen zur Steuerung der Umweltforschung formulieren und plausibel machen zu können.

In der Programmformulierungsphase waren auf seiten der Wissenschaft in erster Linie Vertreter der Bundes- und Landesanstalten und der Industrie mit der Formulierung der wissenschaftspolitischen Ziele befaßt. Vertreter der Universitäten spielten hierbei eine untergeordnete Rolle. Ergebnis dieses Prozesses war die Reduktion der Ziele auf die Festlegung von Grenzwerten für bestimmte Belastungen, die Entwicklung von Verfahren zu deren Vermeidung oder Minderung sowie die Entwicklung von Meßverfahren und -apparaten zur Kontrolle bereits existierender Belastungen und von Verordnungen zur Einhaltung von Grenzwerten. Insofern liegt es nahe, zu erwarten, daß die folgende These stimmt: Umweltforschung ist vorwiegend angewandte Forschung und Entwicklung; sie schließt das Feld »Ökologie« weitgehend aus und wird hauptsächlich an Technischen Hochschulen, Bundes- und Landesanstalten sowie in den industriellen Forschungs- und Entwicklungslabors veranstaltet.

Das Ökologiedefizit der Umweltforschung ist dokumentiert in der zu vernachlässigenden Anzahl von Projekten, die im UFOKAT 76 unter den Stichworten »Ökologie« »Ökosystem« oder »ökologisch...« zu finden sind. Später, wenn wir die »Biologieprojekte« der Umweltforschung analysieren, werden wir hierauf noch genauer eingehen. Um die anderen Teile der These zu überprüfen, haben wir in Tabelle 16 die Umweltprojekte des UFOKAT 76 auf vier verschiedene Anforderungsniveaus verteilt. Diese sind:

A) Datensammeln;
B) Analyse von Ursache-Wirkungsbeziehungen, Theoriebildung, Systembeschreibung;
C) Entwicklung von Verfahren und Produkten, Systembildung;
D) Entwicklung von Meßverfahren und Meßapparaten.

Diese Einteilung der Umweltforschung nach Anforderungsniveaus ermöglicht es, Grundlagenforschung, die vorwiegend mit Datensammeln und Theoriebildung befaßt ist, von der angewandten Forschung, deren Schwerpunkte in der Entwicklung von Verfahren und Produkten und auf dem Gebiet der Meßtechnik liegen, zu unterscheiden. Freilich ist diese Unterscheidung problematisch. Einmal ist die Einteilung in angewandte Forschung und Grundlagenforschung selbst relativ unscharf, zum anderen ist die Zuordnung der von uns eingeführten Anforderungsniveaus zu den beiden Kategorien nicht eindeutig möglich. Hinzu kommt noch die Schwierigkeit, die Forschungsprojekte des UFOKAT diesen verschiedenen Anforderungsniveaus zuzurechnen. Da diese Angaben dem UFOKAT natürlich nicht direkt entnommen werden können, mußten wir die Forschungsprojekte aufgrund der Projektkurzbeschreibung selbst klassifizieren. Dabei haben wir grundsätzlich alle Projekte der Produkt- und Verfahrensentwicklung, deren Ziel in der Untersuchung bestimmter Phänomene oder in der Aufklärung allgemeinerer Ursache-Wirkungsbeziehungen lag, der Kategorie B zugeteilt, obwohl sie unmittelbar im Zusammenhang mit der Konstruktion bzw. Verbesserung bestimmter Maschinen durchgeführt wurden. Nur ganz eindeutig als Konstruktions- bzw. Entwicklungsarbeiten ausgewiesene Projekte wurden der Kategorie C zugeschlagen. So wurden Projekte, die z.B. Strömungsverhalten und Mischungsverhältnisse von Brennstoff-Luft-Gemischen in bestimmten Verbrennungsanlagen in Abhängigkeit von deren Geometrie untersuchen, zur Kategorie B gerechnet, während Projekte, deren Aufgabe z.B. in der Entwicklung eines neuen Einlaßventils zur Verbesserung irgendwelcher Eigenschaften existierender oder zu konstruierender Anlagen liegt, zu der Kategorie C gezählt wurden. Einmal handelt es sich um anwendungsorientierte Grundlagenforschung, nämlich um die Aufklärung allgemeiner Prinzipien an einem konkreten Objekt mit einem klar gegebenen Anwendungsbezug, das andere Mal um klassische Entwicklungsarbeit. Freilich kann auch hier die Notwendigkeit zur Untersuchung grundlegender Fragestellungen auftauchen.

Tabelle 16
Verteilung der Umweltforschungsprojekte nach Anforderungsniveaus

Anforderungsniveau[1]	Anteil in %
A (Datensammeln)	28
B (Theoriebildung)	36
C (Technologieentwicklung)	23
D (Meßtechniken)	10
E (Sonstiges)	3
	100
N	664

1 Mehrfachnennungen möglich
nach: UFOKAT.

Durch diese Klassifizierungsregelung wird zwar nicht die prinzipielle Unschärfe unserer Kategorien aufgehoben, ihre Identifizierbarkeit mit den Begriffen Grundlagenforschung und angewandte Forschung wird aber verbessert. Tabelle 16 zeigt nun, im Gegensatz zur eingangs aufgestellten These, ein deutliches Übergewicht der Projekte (64 %), deren Ziel Datensammeln und Theorieentwicklung ist. Gleichwohl befaßt sich ein Viertel aller Projekte mit der konkreten Entwicklung von Verfahren und Produkten. Berücksichtigt man, daß aufgrund unserer Klassifizierungsregeln ein nicht unerheblicher Teil von Projekten, die üblicherweise der angewandten Forschung zuzuordnen wären, den Kategorien A und B zugeordnet wurde, so müßte man eigentlich von einer gleichgewichtigen Verteilung der Umweltforschung auf Grundlagenforschung und Technologieentwicklung sprechen und die eingangs formulierte These dahingehend modifizieren. Da Grundlagenforschung, angewandte Forschung und Technologieentwicklung meist in typischen, dafür speziell gewachsenen Institutionen betrieben werden, kann man auch die Aufteilung der Umweltforschung auf die einzelnen Institutionen, an denen sie veranstaltet wird, zur Überprüfung unserer These mit heranziehen. Dies ist in Tabelle 17 geschehen. Sie zeigt, wo in Deutschland Umweltforschung betrieben wird.

Fast ein Drittel aller Umweltprojekte wird an den Universitäten und weniger als ein Fünftel in Industrielabors durchgeführt. Technische Hochschulen und Bundes- und Landesanstalten liegen noch darunter. Für die weitere Diskussion fassen wir die Institutionen in Gruppen zusammen. Die Max-Planck-Institute werden zusammen mit den Universitäten behandelt, weil die Zahl der Forschungsprojekte an den Max-Planck-Instituten zu klein ist, um weiter aufgegliedert zu werden, und beide typische Institutionen der Grundlagenforschung sind. Die Bundes- und Landesanstalten fassen wir mit den Instituten der Fraunhofer-Gesellschaft und den Großforschungseinrichtungen zusammen. Auch dies wird begründet mit der zu kleinen Projektzahl bei den letzten beiden Institutionen und der strukturellen Ähnlichkeit der Forschung in den drei Gruppen – die Forschung ist hier vornehmlich stark anwendungsorientiert bis angewandt. Die Gruppe der Akademien und sonstigen Hochschulen werden wir bei der weiteren Institutionenanalyse weglassen, weil ihre Zuordnung zu den Universitäten oder Technischen Hochschulen deren systematischen Charakter beein-

Tabelle 17
Verteilung der Umweltforschungsprojekte nach Institutionen

Institution	Anteil in %
Uni	33
TH	13
Sonstige Hochsch. u. Akadem.[1]	2
MPG	2
Großforschungs-Institute	2
Fraunhofer-Gesellschaft	2
BA-LA	15
Wirtschaft	19
Sonstige	11
Städte, Gemeinden[1]	1
	100
N	608

1 Wird in den folgenden Tabellen nicht mehr berücksichtigt
nach: UFOKAT.

trächtigen würde. Nach dieser Zusammenfassung in Institutionengruppen sieht die Verteilung wie folgt aus: 35 % der Projekte entfallen auf die Universitäten (einschließlich Max-Planck-Institute), 19 % auf die Bundes- und Landesanstalten (einschließlich Fraunhofer-Gesellschaft und Großforschungsinstitute), 19 % auf die Industrielabors, 13 % auf die Technischen Hochschulen und 11 % auf Institutionen wie z. B. Ingenieurbüros, kommunale Forschungsinstitutionen u. ä. Demnach werden mehr als ein Drittel der Projekte in Institutionen der reinen Grundlagenforschung betrieben und insgesamt mehr als 50 % in Institutionen der anwendungsorientierten Grundlagenforschung, der angewandten Forschung und der Technologieentwicklung. Das führt zur Revision unserer These: Umweltforschung ist, wenn auch nicht überwiegend, so doch zu einem hohen Prozentsatz Grundlagenforschung. Daneben besteht sie zu einem nicht minder geringen Anteil aus konkreter Technologieentwicklung. Sie wird weitgehend an Institutionen der reinen und anwendungsorientierten Grundlagenforschung betrieben.

Aus dieser inhaltlichen Beschreibung der Umweltforschung folgt noch nichts über eine Steuerungswirkung. Es kann nämlich sein, daß Umweltforschung schon immer betrieben und nach der Programmverkündung lediglich unter diesen neuen Förderschwerpunkt gestellt wurde. Fest steht jedoch, daß diese »autonome Umweltforschung« zu Forschungsdefiziten geführt hat, die während der Programmformulierung aufgezeigt wurden und deren Deckung Ziel einer neuen Umweltforschungspolitik sein sollte. Insofern muß eine politisch induzierte Umweltforschung sich gegen die »akademische« Umweltforschung abheben, was sich in einem hohen Finanzierungsanteil der Bundes- und Landesministerien, die ja Auftraggeber der Umweltforschung sind, widerspiegeln sollte. Gleichzeitig sollte die Rolle der Eigenfinanzierung und die Finanzierung durch die Selbststeuerungsorgane der Wissenschaft zurückgehen.

Hierüber gibt Tabelle 18 Auskunft. In ihr wurden die Umweltforschungsprojekte der verschiedenen durchführenden Institutionen auf einzelne Geldgeber verteilt: DFG und MPG, BMFT, alle anderen Bundes- und Landesministerien sowie Industrie. Mit der Annahme, daß der größte Teil der Projekte, die keinen Geldgeber nennen, aus dem jeweiligen Institutsetat finanziert wird, haben wir diese als »Eigenprojekte« zusammengefaßt. Alle anderen Geldgeber wurden unter der Rubrik »Sonstige« aufgeführt.

Insgesamt werden, wie Tabelle 18 zeigt, 41 % der Projekte von den Bundes- und Länderministerien direkt finanziert; ein Drittel der Projekte wird aus dem eigenen Haushalt finanziert; 18 % der Gelder werden über die DFG/MPG verteilt, die Wirtschaft fällt als Geldgeber für die Umweltforschung kaum ins Gewicht. Zwar haben die »Eigen-« und die »DFG-Projekte«, verglichen mit den von den verschiedenen Ministerien finanzierten Forschungsvorhaben, das Übergewicht, bedenkt man aber, daß in den Bundes- und Landesanstalten auch die Eigenprojekte mehrheitlich zu den von den Ministerien direkt geförderten gerechnet werden müssen, so läßt der dann relativ hohe Fremdfinanzierungsanteil den Schluß zu, daß in der Umweltforschung zwar nicht gegen die autonome Entwicklung der akademischen Wissenschaft, aber parallel zu ihr gesteuert wurde.

Dieses Bild wird relativiert, sobald wir die Förderprofile für die einzelnen Institutionen getrennt betrachten. Hiernach werden an den Universitäten mehr als zwei Drittel aller Projekte von den wissenschaftlichen Selbststeuerungsorganisationen finanziert. An den

Tabelle 18
Verteilung der Umweltforschungsprojekte nach Institutionen und Geldgebern

Geldgeber[1]	Institutionen				
	Gesamt	Uni	TH	BA-LA	Wirtschaft
DFG/MPG	18	31	28	10	1
BMFT	14	7	9	13	31
BM-LM	27	18	28	37	29
Wirtschaft	4	4	3	4	9
Eigenprojekt	33	39	25	29	26
Sonstige	4	1	7	7	4
	100	100	100	100	100
N	517	211	81	107	118

1 Mehrfachnennungen möglich
CHI-Quadrat: 98,46 (sehr signifikant)
nach: UFOKAT.

Technischen Hochschulen sind es immer noch mehr als die Hälfte, in der Industrie dagegen kehrt sich das Bild um. Fast zwei Drittel aller Projekte werden von den Ministerien bezahlt. Rechnet man bei den Bundes- und Landesanstalten die Eigenprojekte zu denen, die von den Ministerien finanziert werden, so bildet diese Gruppe hier mit über 80 % die Spitze. Der besonders an den Hochschulen überproportionale Anteil an Eigen- und DFG-Projekten ließe sich als Etikettenschwindel interpretieren: Aus Legitimationsgründen wurden nach der Politisierung der »issue« »Umwelt« Forschungsprojekte, die »genetisch« in einem anderen Zusammenhang entstanden sind, plötzlich der Umweltforschung zugerechnet. Der hohe Anteil der wissenschaftlichen Selbststeuerungsorganisationen bei der Projektfinanzierung läßt sich freilich auch als wissenschaftlicher Vorlauf interpretieren, wenn die Förderschwerpunkte der staatlichen Steuerungsorgane (Ministerien) zumindest ebenfalls im Bereich der Grundlagenforschung gelegen haben. Hierüber gibt Tabelle 19 Auskunft. In ihr sind die Forschungsprojekte für die einzelnen Geldgeber nach den jeweils zu erfüllenden Anspruchsniveaus aufgeteilt. Die Tabelle zeigt, daß das BMFT zwar einen Förderschwerpunkt im Bereich der Technologieentwicklung hat, daß alle anderen Bundes- und Landesministerien aber Umweltforschung überwiegend im Grundlagenbereich unterstützen.

Diese Interpretation wird gestärkt, wenn man Tabelle 18 neu ordnet und den dort festgehaltenen Parameter »Institution« variiert, den Parameter »Geldgeber« dagegen festhält (Tabelle 20). Jetzt sieht man deutlich, daß der Hauptadressat für die Fördermittel des BMFT die Industrie ist und daß die übrigen Bundes- und Landesministerien sich überwiegend mit ihren Fördermitteln an die Institutionen der Grundlagenforschung wenden. Alle Ministerien zusammen investieren mehr als ein Drittel ihrer Gelder in den Hochschulen. Institutionell gesehen handelt es sich daher um eine Förderung der Grundlagenforschung. Tabelle 19 bestätigt dies. Bildet man in dieser Tabelle die Summe für alle Bundes- und Landesministerien, so liegt immer noch mehr als die Hälfte aller Projekte innerhalb der Kategorien Datensammeln und Theoriebildung. Da es sich hierbei nicht nur institutionell, sondern auch inhaltlich überwiegend um Grundlagenforschung handelt, wird dadurch die These vom wissenschaftlichen Vorlauf in der Umweltforschung an den Universitäten und Technischen Hochschulen ge-

Tabelle 19
Verteilung der Umweltforschungsprojekte nach Geldgebern und Anforderungsniveaus

Anforderungsniveau[1]	Geldgeber				
	DFG/MPG	BMFT	BM-LM	Wirtschaft	Eigenprojekt
A (Datensammeln)	30	21	31	27	28
B (Theoriebildung)	52	32	32	30	36
C (Technologieentwicklung)	6	32	25	37	21
D (Meßtechniken)	11	14	9	3	11
E (Sonstiges)	1	1	3	3	4
	100	100	100	100	100
N	117	95	185	33	215

1 Mehrfachnennungen möglich
CHI-Quadrat: 37,90 (sehr signifikant)
nach: UFOKAT.

stützt. Um sie hart zu machen, müssen wir freilich die Entwicklung vor und nach der Programmformulierung verfolgen. Sind nämlich der relativ geringe Anteil fremdfinanzierter Projekte an Universitäten (26 %, zusammen mit den Technischen Hochschulen 30 %) und der dementsprechend hohe Anteil an Projekten, die aus dem eigenen Haushalt finanziert wurden, lediglich auf eine Umetikettierung zurückzuführen, so wäre mit einem starken Ansteigen der Prozentzahlen in diesem Bereich nach der Programmverkündung zu rechnen. Tabelle 21 zeigt die zeitliche Entwicklung in der Umweltforschung.

Bei den Universitäten, den Technischen Hochschulen und den Bundes- und Landesanstalten liegt der erste Anstieg in den Jahren 68/69, d. h. zwei Jahre *vor* der Verkündung des Umweltprogramms. Dies als Vorlauf zu interpretieren, fällt allerdings aus methodischen Gründen schwer. Die Zuordnung der im UFOKAT aufgeführten Projekte zur Umweltforschung geschah im nachinein und war deshalb mit zwei konkurrierenden Effekten verbunden. Einmal sind vor allem die abgeschlossenen Projekte aus früheren Jahren nicht immer im UFOKAT erfaßt, was die These des wissenschaftlichen Vorlaufs stärken würde. Zum anderen sind aber u. U. laufende Projekte mehr oder weniger willkürlich, d. h. mehr aus politischen Gründen und nicht so sehr wegen eines starken inhaltlichen Bezugs, zur Umweltforschung gerechnet worden. Dieser Effekt der Umetikettierung kompensiert den des Vorlaufs; eine Unterscheidung zwischen echtem Vorlauf und im nachhinein vorgenommener Zuordnung ist daher nicht möglich. Allein die Konstanz der Zahlen über die Zeit läßt unmißverständlich auf einen Vorlauf schließen. Ein Anstieg der Projektzahlen *nach* der Programmverkündung ist ebensowenig eindeutig zu interpretieren. Auch hier kann es sich um Etikettenschwindel handeln, aber ebenso kann man von einer Auswirkung der Steuerung sprechen.

Am ehesten lassen sich wohl die Zahlen bei den Bundes- und Landesanstalten eindeutig interpretieren. Nimmt man an, daß die Zahlen erst ab 68/69 sinnvoll erfaßt sind, so sieht man, daß zwar ein Vorlauf existierte, mit der Programmverkündung aber (mit einer Verzögerung von ein bis zwei Jahren) ein deutlicher Anstieg der Forschungsaktivitäten im Umweltbereich zu verzeichnen ist. Etikettenschwindel scheidet hier aus, wenn man unterstellt, daß bei diesen Institutionen kein Grund für derartige Manipulationen vor-

Tabelle 20
Verteilung der Umweltforschungsprojekte nach Geldgebern und Institutionen

Institution	Geldgeber					
	DFG/MPG	BMFT	BMFT/ BM-LM	BM-LM	Wirtschaft	Eigen-projekt
Uni	62	16	22	24	30	44
TH	22	9	12	14	7	11
BA-LA	10	18	22	26	14	16
Wirtschaft	2	45	29	21	35	16
Sonstige	4	12	15	15	14	13
	100	100	100	100	100	100
N	105	80		161	30	189

CHI-Quadrat: 98,11 (sehr signifikant)
nach: UFOKAT.

Tabelle 21
Verteilung der Umweltforschungsprojekte nach Institutionen und Projektbeginn

Projektbeginn	Institutionen			
	Uni	TH	BA-LA	Wirtschaft
Vor 1966[1]	6	0	5	1
1966/67[1]	3	1	1	0
1968/69	6	9	10	6
1970/71	19	17	10	10
1972/73	21	22	21	39
1974/75	24	32	28	29
1976/77[1]	4	5	6	7
Ohne Angabe	17	14	19	8
	100	100	100	100
N	211	78	103	118

1 mit Sicherheit unvollständige Erfassung der Projektzahlen
CHI-Quadrat: 44,44 (sehr signifikant)
nach: UFOKAT.

lag. Der scharfe Anstieg der Projektzahlen in der Industrie nach der Programmverkündung kann ebenfalls kaum als Steuerungswirkung interpretiert werden, da erfahrungsgemäß ein längerer Zeitraum notwendig ist, um in dieser Größenordnung neue Forschungsprojekte zu definieren. Insofern ist zu vermuten, daß die Industrie das neue Förderprogramm benutzt hat, um laufende Aktivitäten finanzieren zu können. Hierbei trat vor allem das BMFT als Geldgeber auf. Die Zahlen der Tabelle 18 und 20 bestätigen dies. Darüber hinaus zeigt Tabelle 19, daß die Eigenprojekte der Industrie vor allem im Bereich der Grundlagenuntersuchungen liegen, während sie für die konkrete Technologieentwicklung staatliche Hilfe in Anspruch nimmt. Offensichtlich herscht die Eigenfinanzierung dort vor, wo man sich am wenigsten in die Karten schauen lassen möchte.

Ist die Steuerungswirkung anhand der zeitlichen Entwicklung der Umweltforschung in den einzelnen durchführenden Institutionen nur schwer eindeutig zu identifizieren, so sollte die zeitliche Entwicklung bei den Auftraggebern aufschlußreicher sein, weil dann das Moment der Umetikettierung der Eigenprojekte entfällt. In Tabelle 22 sind die Umweltprojekte der verschiedenen Geldgeber auf die durchführenden Institutionen verteilt und nach dem Projektbeginn sortiert. Hier ist nun deutlich ablesbar, daß sich an den Universitäten die Anzahl der von der DFG geförderten Projekte nur unwesentlich in der Zeit verändert. (Die geringen Projektzahlen in den 60er Jahren sind wieder durch eine unterdurchschnittliche Erfassung der damals laufenden Projekte im UFOKAT zu erklären). Dagegen fällt der kontinuierliche Anstieg der Projektzahlen bei den von den Bundes- und Landesministerien geförderten Projekten auf. Die vom BMFT an den Universitäten geförderte Umweltforschung zeigt zwar den größten Zuwachs in den Jahren nach der Programmformulierung, die Projektzahlen insgesamt sind aber so gering, daß eine weitere Aufteilung fragwürdig wird.

Die Technischen Hochschulen sind nach den Zahlen in Tabelle 22 offenbar wenig vom Steuerungsimpuls der Umweltprogramms beeinflußt worden. Allein die von der DFG geförderten Projekte weisen Unterschiede im Verlauf der Zeit auf. Dies kann bedeuten, daß die wissenschaftlichen Selbststeuerungsorganisationen der Umweltmode folgten und in den Technischen Hochschulen neue Adressaten für ihre Umweltforschung gefunden haben. Auch hier sind die Zahlen der vom BMFT geförderten Projekte zu klein, um aus der Aufteilung nach dem Projektbeginn sinnvoll eine Steuerungswirkung herauslesen zu können. Anders bei den Projekten aus der Industrie. Hier entfallen DFG-Projekte wegen zu geringer Besetzung. Die von den Ministerien geförderten zeigen eindeutig einen Anstieg ein Jahr nach der Programmverkündung. Allerdings ist bereits 1974/75 ein leichter Rückgang zu verzeichnen, der sich angeblich auch 1976 fortsetzt (private Mitteilung). Hauptursache hierfür ist die Einstellung der Förderung im Bereich »umweltfreundliche Technologie« bzw. ganz allgemein die weitgehende Herausnahme der Technologieforschung aus dem Umweltprogramm. Dies macht nebenbei deutlich, wie leicht Projekte zur Umweltforschung gerechnet bzw. von ihr getrennt werden können.

Die Auswertung des UFOKAT hat bislang gezeigt, daß neben der Technologieentwicklung – was zu erwarten war – vor allem die Grundlagenforschung gefördert wurde. Die staatlichen Forschungsverwaltungen haben sie im gesamten Bereich der institutionalisierten Wissenschaft finanziert, vorwiegend jedoch im Bereich der Hochschulen. Lediglich zwischen den einzelnen Ministerien gab es unterschiedliche Schwerpunkte, was die Art der geförderten Forschung sowie der bevorzugten Institutionen betrifft. Daneben fiel vor allem der hohe Finanzierungsanteil der wissenschaftlichen Selbststeuerungsorgane an den Hochschulen auf. Zusammen mit der zeitlichen Entwicklung kann dies aber aufgrund der bereits erwähnten methodischen Probleme nicht eindeutig als wissenschaftlicher Vorlauf verstanden werden. Hier besteht zusätzlich der Verdacht, daß einzelne Forschungsprojekte plötzlich mehr oder minder willkürlich der Umweltforschung zugeschlagen wurden.

Bisher haben wir nur ganz allgemein nach Steuerungswirkungen gesucht, die Forschungsinhalte noch nicht direkt berücksichtigt. Ohne aber auf die Forschungsinhalte einzugehen und eventuelle Veränderungen aufzuspüren, kann Steuerung nicht beurteilt werden. Von erfolgreicher Steuerung kann nämlich immer dann gesprochen werden, wenn eine neue Problemsicht neue Forschungsgebiete erschließt. Im Bereich der Umweltforschung entspräche einer neuen Problemsicht die Erkenntnis, daß die hier auftretenden Probleme eng miteinander verknüpft sind und nicht einzeln und ohne Bezug zueinander gelöst werden können. Diese systemare

Tabelle 22
Verteilung der Umweltforschungsprojekte nach Institutionen, Geldgebern und Projektbeginn

Projektbeginn	Institutionen/Geldgeber											
	Uni			TH			BA-LA			Wirtschaft		
	DFG/ MPG	BMFT	BM-LM	DFG/ MPG	BMFT	BM-LM	DFG/ MPG	BMFT	BM-LM	DFG/ MPG	BMFT	BM-LM
Vor 1966[1]	8	0	10	0	0	0	9	0	3	0	0	0
1966/67[1]	3	0	5	0	0	0	0	0	0	0	0	0
1968/69	8	8	5	9	29	4	9	7	15	0	0	6
1970/71	18	16	18	13	0	31	9	0	10	0	6	11
1972/73	24	24	21	35	14	31	19	21	35	50	47	46
1974/75	18	44	31	22	43	34	9	50	23	50	36	34
1976/77[1]	0	8	2	4	14	0	18	0	4	0	8	3
Ohne Angabe	21	0	8	17	0	0	27	22	10	0	3	0
	100	100	100	100	100	100	100	100	100	100	100	100
N	65	13	39	23	7	23	11	14	40	2	36	34

1 mit Sicherheit unvollständige Erfassung der Projektzahlen
CHI-Quadrat: 107,28 (sehr signifikant)
nach: UFOKAT.

Sicht findet sich bei der zwar nicht neuen, aber im Hinblick auf die Umweltprobleme sich neu orientierenden – nämlich urban-industrielle Ökosysteme mit einbeziehenden – Ökologie, die zum Adressaten der Umweltforschungspolitik hätte werden können. Der Programmformulierungsprozeß hat aber gerade diese Problemsicht weitgehend verstellt und insofern auch keine grundsätzlich neuen Forschungsgebiete erschlossen. Die im Umweltprogramm enthaltenen Ansprüche an eine Umweltforschung haben an bestehende Forschungsfronten und ihre Institutionen angeknüpft. Diese These wird illustriert durch Tabelle 23. In ihr wurden die Umweltprojekte auf die verschiedenen Umweltbereiche verteilt. Sie macht deutlich, daß Umweltforschung sich vor allem auf die traditionellen Gebiete Wasser und Luft konzentriert. Neu und problemspezifisch ist der Bereich Umweltplanung und Umweltgestaltung, der insgesamt 12 % der Projekte ausmacht, in dem aber fast die Hälfte dieser Projekte in die klassischen Gebiete Landschaftsplanung, Natur-, Pflanzen- und Tierschutz fällt. Abwärme und Energie erreichen dagegen zusammen nur ungefähr 4 % der Projekte. Forschungsprojekte zum Stichwort Ökosysteme liegen unter der 1 %-Marke; Umweltmodelle werden zusammen mit Information und Dokumentation aufgeführt und liegen unterhalb von einem halben Prozent. Das zeigt, wie wenig neue, noch nicht etablierte Forschungsgebiete innerhalb der Umweltforschung vertreten sind.

Betrachtet man diese Aufteilung der Forschung auf die einzelnen Umweltbereiche institutionenspezifisch (Tabelle 23), so gibt es an den Universitäten vier fast gleichgewichtige Schwerpunkte, nämlich Wasser, Luft, Schadstoffwirkung und Umweltplanung. Bei den übrigen Institutionen (TH, Bundes- und Landesanstalten sowie Industrielabors) sind es dagegen nur die zwei Schwerpunkte Wasser und Luft. An den Technischen Hochschulen ragt nur noch der Bereich Lärm aus den übrigen Umweltbereichen heraus. Bei den Hauptadressaten der Steuerung hat es also kaum eine Veränderung in den Forschungszielen gegeben, bereits bestehende Aktivitäten sind nur verstärkt worden.

Differenzierter wird das Bild, wenn man fragt, auf welche Umweltbereiche die Forschungsförderung sich konzentriert (Tabelle 24). Es zeigt sich, daß zu den bei allen Geldgebern vorhandenen Förderschwerpunkten, Luft und Wasser, bei der DFG Projekte zur Schadstoffwirkung hinzutreten, beim BMFT Arbeiten über

Tabelle 23
Verteilung der Umweltforschungsprojekte nach Institutionen und Umweltbereichen

	Institutionen				
Umweltbereich	Gesamt	Uni	TH	BA-LA	Wirtschaft
Luft	16	11	19	15	24
Lärm	6	3	11	6	7
Abwärme	2	2	0	3	2
Wasser	20	17	35	21	19
Abfall	7	8	7	8	10
Strahlung	5	3	0	5	11
Umweltchemikalien	4	6	5	4	2
Schadstoffwirkung/-belastung	11	15	5	9	4
Lebensmittel-/Futterkontamin.	4	4	5	6	3
Land- und Forstwirtschaft	7	7	3	9	1
Energie	2	0.5	3	1	3
Humansphäre	4	7	1	4	3
Umweltplanung/-gestaltung	12	16	5	7	9
Information/Prognosen	1	0.5	1	2	2
	100	100	100	100	100
N	510	211	78	103	118

CHI-Quadrat: 89,23 (sehr signifikant)
nach: UFOKAT

Strahlung und Radioaktivität und bei den übrigen Bundes- und Landesministerien Forschungsaktivitäten zur Umweltplanung und Abfallbeseitigung. Vergleicht man diese Aufstellung mit den Förderschwerpunkten der DFG im Umweltbereich, wie sie in der von der DFG herausgegebenen Zusammenstellung »Umweltforschung. Aufgaben und Aktivitäten der DFG 1950 bis 1970« dokumentiert sind, so wird deutlich, daß sich das Förderungsprofil nicht wesentlich verändert hat. Auch danach lagen Luft und Wasser an der Spitze der Förderung, und Untersuchungen über die Wirkung der verschiedensten Schadstoffe wurden ebenfalls relativ großzügig unterstützt. Dasselbe gilt für die Ministerien. Auch hier fallen die von ihnen geförderten Umweltprojekte mit den jeweiligen Aufgabenbereichen und langjährigen Forschungsaktivitäten zusammen. Ein Vergleich mit Tabelle 6 (in Kapitel I) macht das deutlich. Das BMFT fördert vornehmlich Arbeiten, die in den von ihm betreuten Institutionen bereits bearbeitet werden oder aber thematisch in den Aufgabenbereich dieser Institute fallen. Die anderen Bundes- und Landesministerien halten sich eng an Aufgaben- und Fragestellungen der ihnen zugeordneten Bundes- und Landesanstalten. Es wird deutlich, daß Umweltforschung überwiegend an bereits bestehende Forschungsinstitutionen und an die für sie typischen Fragestellungen angepaßt ist. Steuerung bedeutet auch hier Verstärkung der bestehenden Aktivitäten.

Freilich kann es dennoch zu Veränderungen in den Forschungsinhalten gekommen sein, so z. B. zu einem Wechsel von der Technologieentwicklung zu Grundlagenuntersuchungen oder zu einer Veränderung im disziplinären Spektrum der Umweltforschung. Um dies zu analysieren, untersuchen wir die Aufteilung der Umweltforschung auf einzelne Disziplinengruppen. Insgesamt wurden die beteiligten Disziplinen in folgenden Gruppen zusammengefaßt:
Naturwissenschaften (Physik, Chemie, Mathematik, Informatik, Geologie usw.),
Biologische Wissenschaften (Biologie, Biochemie, Ökologie usw.),
Ingenieurwissenschaften,
Gesellschaftswissenschaften (Sozial-, Rechts- und Wirtschaftswissenschaften) und
Medizinische Wissenschaften.

Die Zuordnung der einzelnen Projekte zu diesen Disziplinen-

Tabelle 24
Verteilung der Umweltforschungsprojekte nach Geldgebern und Umweltbereichen

Umweltbereich	Geldgeber				
	DFG/MPG	BMFT	BM-LM	Wirtschaft	Eigenprojekt
Luft	11	18	19	20	18
Lärm	7	3	9	10	4
Abwärme	1	3	1	0	2
Wasser	32	21	16	27	15
Abfall	2	4	12	13	7
Strahlung	1	19	1	7	3
Umweltchemikalien	7	5	3	3	6
Schadstoffwirkung/-belastung	17	6	5	3	12
Lebensmittel-/Futterkontamin.	4	5	4	3	4
Land- und Forstwirtschaft	8	4	5	3	7
Energie	0	2	2	0	2
Humansphäre	4	2	1	0	7
Umweltplanung/-gestaltung	6	8	20	8	11
Information/Prognosen	0	0	2	3	2
	100	100	100	100	100
N	105	80	161	30	189

CHI-Quadrat: 135,87 (sehr signifikant)

gruppen wurde von uns anhand der im UFOKAT aufgeführten Projektkurzbeschreibung vorgenommen. Diese Einteilung der Projekte war oft nicht eindeutig möglich. Um den Fehler so gering wie möglich zu halten, haben wir nur nach Disziplinengruppen klassifiziert. Zusätzlich mußte rund ein Drittel der Projekte zwei oder mehr Disziplinen zugeordnet werden. Besonders häufig traten Kombinationen von naturwissenschaftlichen Disziplinen mit biologischen Wissenschaften oder mit einer Ingenieurwissenschaft auf.

Bevor wir die disziplinäre Struktur der Umweltforschung bestimmen, soll zuerst formuliert werden, was aufgrund der Struktur und des Ablaufs des Programmformulierungsprozesses im Hinblick auf die an der Umweltforschung beteiligten Disziplinen zu erwarten ist: Der Steuerungsimpuls war vornehmlich auf technisch-naturwissenschaftliche Disziplinen gerichtet. Wegen des Ausschlusses des systemaren Ansatzes werden Anforderungen an die Gesellschaftswissenschaften und die Ökologie kaum, an die Biologie und an die Medizin nur indirekt und nur in einem unerheblichen Umfange gestellt. Dieser These stellen wir in Tabelle 25 die Verteilung der Umweltforschung auf die ausgewählten Disziplinengruppen gegenüber. Drei Viertel aller Projekte fallen auf die drei Disziplinengruppen Naturwissenschaften, biologische Wissenschaften und Ingenieurwissenschaften. Die Verteilung innerhalb dieser drei Gruppen ist annähernd gleich. Projekte aus dem Bereich der Gesellschaftswissenschaften bilden den Hauptanteil im restlichen Viertel. Zwar stellen die Naturwissenschaften zusammen mit den Ingenieurwissenschaften mit über 50% das Hauptkontingent der Projekte, Biologie und Gesellschaftswissenschaften sind aber keinesfalls zu vernachlässigen, sondern erreichen immerhin die 40%-Marke. Berücksichtigt man alle Fehlermöglichkeiten, so muß man fast von einer Gleichverteilung der Projekte auf diese beiden Gruppen sprechen. Dies scheint also zu einer Modifizierung unserer These von der Unterrepräsentation der biologischen und der Gesellschaftswissenschaften zu zwingen.

Um zu sehen, welche Disziplinengruppen die Adressaten der Forschungspolitik waren, haben wir in Tabelle 26 eine Aufteilung der Projekte einzelner Geldgeber auf die verschiedenen Disziplinen vorgenommen. Diese Tabelle zeigt, daß bei den Eigenprojekten und bei den von der DFG finanzierten Projekten immer die na-

Tabelle 25
Verteilung der Umweltforschungsprojekte nach Disziplinen

Disziplin	Anteil in %
Naturwissenschaften	30
Biologische Wissenschaften	28
Ingenieurwissenschaften	24
Sozialwissenschaften	12
Medizin	6
	100
N	626

nach: UFOKAT.

turwissenschaftlichen und die zu den biologischen Wissenschaften zu rechnenden Projekte überwiegen. Bei den vom BMFT und von der Industrie finanzierten Projekten überwiegen eindeutig die technisch-naturwissenschaftlichen. Weniger ausgeprägt gilt dies auch für die Projekte, die von den übrigen Bundes- und Landesministerien unterstützt werden. Da die Ministerien gleichzeitig die politischen Steuerungsinstanzen in der Umweltforschung sind, zeigt dies, daß der politische Steuerungsimpuls seinen Schwerpunkt im technisch-naturwissenschaftlichen Bereich hat (entsprechend unserer These), während die wissenschaftlichen Selbststeuerungsorganisationen die Biologie als gleichberechtigten Adressaten der Umweltforschungspolitik sehen. Hier wird zum erstenmal ein signifikanter Unterschied zwischen Politik und Wissenschaft im Bereich der Umweltforschung sichtbar.

Verteilt man in Tabelle 26 die Projekte zuerst auf die einzelnen Disziplinengruppen und erst dann auf die Geldgeber, so werden die Einflüsse der einzelnen Auftraggeber in den einzelnen Disziplinengruppen deutlicher (Tabelle 27). Bei den Ingenieurwissenschaften ist der Einfluß der Ministerien erwartungsgemäß überdurchschnittlich hoch (48 %). Unerwartet ist der hohe Anteil der Ministerien innerhalb der Disziplinengruppe Gesellschaftwissenschaften, bei denen er insgesamt 53 % ausmacht. Bei den Naturwissenschaften, den biologischen Wissenschaften und in der Medizin bleibt der Einfluß der Ministerien relativ beschränkt, die Zahl

Tabelle 26
Verteilung der Umweltforschungsprojekte nach Geldgebern und Disziplinen

Disziplin	Geldgeber				
	DFG/MPG	BMFT	BM-LM	Wirtschaft	Eigenprojekt
Naturwissenschaften	38	34	25	24	29
Biologische Wissenschaften	38	17	24	16	29
Ingenieurwissenschaften	12	31	26	43	21
Sozialwissenschaften	8	10	18	11	10
Medizin	3	6	5	3	8
Sonstige	1	2	2	3	3
	100	100	100	100	100
N	118	89	181	37	204

CHI-Quadrat: 82,17 (sehr signifikant)
nach: UFOKAT.

der geförderten Projekte liegt hier jeweils ungefähr bei einem Drittel. Dieser geringe Einfluß der Ministerien kann damit erklärt werden, daß in diesen Disziplinengruppen bereits genügend getan wird und/oder diese Disziplinengruppen sich resistent gegenüber den Steuerungsabsichten der Ministerien verhalten. Der hohe Anteil an Eigenprojekten und DFG-Projekten innerhalb dieser Disziplinengruppen zeigt, daß die wissenschaftlichen Selbststeuerungsorganisationen bereits selbst genügend Aktivitäten in diesem Bereich entwickeln. Damit ist freilich nicht das Argument der Resistenz der Naturwissenschaften gegenüber externen Anforderungen ausgeräumt.

Der Anteil von 53 % an fremdfinanzierten Projekten innerhalb der Disziplinengruppe Gesellschaftswissenschaften läßt auf eine hohe Rezeptivität dieses Bereichs gegenüber politischen Steuerungsimpulsen schließen. Tabelle 28, in der die Umweltprojekte der verschiedenen Disziplinengruppen nach dem Projektbeginn aufgelistet sind, zeigt, daß es gerade die Gesellschaftswissenschaften sind, die in ihrer zeitlichen Entwicklung einen klaren Respons auf die politische Programmformulierung zeigen. Demgegenüber lassen die Daten der anderen Disziplinengruppen eher die Interpretation eines wissenschaftlichen Vorlaufs bzw. einer Umetikettierung zu. Die These von der hohen Rezeptivität der Gesellschaftswissenschaften wird gestützt durch Tabelle 29. In ihr wurden die Projekte der einzelnen Disziplinen auf die verschiedenen Anspruchsniveaus verteilt. Die Zahlen zeigen, daß die Gesellschaftswissenschaften zusammen mit den Ingenieurwissenschaften den niedrigsten Anteil an den Projekten haben, die hauptsächlich mit der Untersuchung von Ursache-Wirkungs-Beziehungen und der Theoriebildung befaßt sind. Bei den Ingenieurwissenschaften liegt der Schwerpunkt in der Entwicklung, bei den Gesellschaftswissenschaften im Datensammeln. Gerade deswegen sind beide aber rezeptiv, weil die fehlende Theoriebildung keine starke, externe Ansprüche abweisende Entwicklungsdynamik verursacht. Demgegenüber weisen die Naturwissenschaften, die biologischen Wissenschaften und die Medizin einen hohen Anteil an Theoriebildung auf, so daß wir hier einen gewissen Grad an Resistenz gegenüber externen Anforderungen erwarten dürfen.

Fassen wir unsere bisherige Suche nach Steuerungswirkungen in der Umweltforschung zusammen: Fazit der Programmformulierung war, daß Umweltforschung vor allem Verwaltungshandeln

Tabelle 27
Verteilung der Umweltforschungsprojekte nach Disziplinen und Geldgebern

	Disziplinen				
Geldgeber[1]	Natur-W.	Biolog.-W.	Ing.-W.	Sozial-W.	Medizin
DFG/MPG	23	25	9	11	11
BMFT	15	8	18	11	13
BM-LM	23	24	30	42	24
Wirtschaft	5	3	10	5	3
Eigenprojekt	31	32	28	26	42
Sonstige	3	8	5	5	7
	100	100	100	100	100
N	194	182	155	79	38

1 Mehrfachnennungen möglich
CHI-Quadrat: 82,17 (sehr signifikant)
nach: UFOKAT.

Tabelle 28
Verteilung der Umweltforschungsprojekte nach Disziplinen und Projektbeginn

Projektbeginn	Disziplinen				
	Natur-W.	Biolog.-W.	Ing.-W.	Sozial-W.	Medizin
Vor 1966[1]	6	6	2	0	8
1966/67[1]	2	3	2	0	3
1968/69	8	6	12	4	3
1970/71	11	13	15	15	18
1972/73	25	24	29	27	13
1974/75	26	23	27	35	29
1976/77[1]	5	5	5	7	10
Ohne Angabe	17	20	8	12	16
	100	100	100	100	100
N	186	173	151	78	38

1 mit Sicherheit unvollständige Erfassung der Projektzahlen
CHI-Quadrat: 43,19 (sehr signifikant)
nach: UFOKAT.

Tabelle 29
Verteilung der Umweltforschungsprojekte nach Disziplinen und Anforderungsniveaus

Anforderungsniveau[1]	Disziplinen				
	Natur-W.	Biolog.-W.	Ing.-W.	Sozial-W.	Medizin
A (Datensammeln)	34	28	16	34	28
B (Theoriebildung)	38	50	23	27	49
C (Technologieentwicklung)	11	15	48	29	9
D (Meßtechniken)	16	7	13	2	7
E (Sonstiges)	1	0	0	8	7
	100	100	100	100	100
N	214	196	172	91	43

1 Mehrfachnennungen möglich
CHI-Quadrat: 124,55 (sehr signifikant)
nach: UFOKAT.

begründen und ermöglichen sollte. Die Aufgabe der Umweltforschung lag nicht in der Entwicklung einer gesamtpolitischen Konzeption in diesem Problembereich. Umweltforschung sollte sich primär an den Gesetzgebungsaktivitäten der staatlichen Verwaltung orientieren und insofern nur angewandte Forschung sein, eine Steuerungswirkung des Programms war daher nicht zu erwarten. Tabelle 16 zeigte aber bereits, daß nur ein Drittel der Projekte direkt mit der Verfahrens- und Produktentwicklung befaßt war. Der überwiegende Teil (insgesamt 64 %) beschäftigte sich mit Datensammeln, Untersuchungen über Ursache-Wirkungsbeziehungen und allgemeiner Theoriebildung sowie Systembeschreibung. Obwohl sicher ein bestimmter Anteil der mit Datensammlung befaßten Projekte im Zusammenhang mit konkreten Gesetzgebungsaktivitäten zu sehen ist und sicherlich auch ein großer Teil der Theoriebildung anwendungsbezogen betrieben wird, handelt es sich bei der im UFOKAT dokumentierten Umweltforschung überwiegend um Grundlagenforschung.

Nun könnte man sich darauf zurückziehen, daß man behauptet, zumindest bei der von den Ministerien geförderten Umweltforschung handele es sich um angewandte Forschung und bei der Grundlagenforschung handele es sich um ohnehin laufende Aktivitäten der Wissenschaft, die problemlos der Umweltforschung zuzurechnen wären. Das würde ebenfalls wieder bedeuten, daß es keinen Steuerungsimpuls in der Umweltforschung gegeben hätte. Gegen diese These spricht Tabelle 19. Danach fördert das BMFT zwar mit 32 % die Entwicklung von Verfahren und Produkten, insgesamt liegt aber der Schwerpunkt aller Ministerien in Bund und Ländern eindeutig im Bereich des Datensammelns und der Theoriebildung. Das läßt den Schluß zu, daß auch Grundlagenforschung das Ziel der Förderung war. Ein Blick auf die Tabellen 23 und 24 lehrt, daß diese Aktivität auf bereits etablierte Bereiche und Disziplinen der Umweltforschung konzentriert war. Die Steuerung wurde insofern auf etablierte Problemstellungen und Forschungsfronten in der Wissenschaft gerichtet. Daß hierbei ein Höchstmaß an Rezeptivität vorlag, verwundert nicht.

Insgesamt zeigt sich, daß die Umweltforschung die während der Programmformulierung identifizierten Forschungsdefizite zu schließen versucht. Freilich sind diese Forschungsdefizite auf der Basis bereits existierender Forschungsfronten in der Wissenschaft definiert worden. Politische Steuerung in der Umweltforschung, so wie sie vorgenommen wurde, konnte insofern zu gar nichts anderem führen als zu einer Verstärkung bereits existierender Aktivitäten. Inhaltliche Verschiebungen sind freilich nicht auszuschließen. Die disziplinenübergreifende Problemstellung des Umweltschutzes hat hier auch ohne systemaren Ansatz zu einer Integration von sonst unabhängig bearbeiteten Fragestellungen geführt und so Problemsichten und Lösungsmethoden verändert. Dies läßt sich nicht aus unseren Daten ablesen, es wurde uns aber in Interviews mit Wissenschaftlern bestätigt.

Analyse der biologischen Umweltforschung

Bisher haben wir die Umweltforschung in ihrer Gesamtheit verfolgt. Wir haben gesehen, in welchem Umfang Umweltforschung getrieben wird und welche kognitive Struktur sie hat. Aus ihrer Analyse haben wir versucht, Aussagen und Thesen über Steuerungswirkungen zu formulieren bzw. plausibel zu machen. Dabei war es oft sehr schwer, die gestellten Anforderungen zu identifizieren, ihre Einlösung zu verfolgen und damit Steuerungswirkungen festzustellen. Einfacher wird dies, wenn man nur *eine* Disziplin betrachtet. Wir haben aufgrund der bereits dargelegten Gründe die Biologie ausgewählt.

Betrachtet man die Forschungsdefizite, die im Programmformulierungsprozeß zusammengestellt wurden, so findet man eine Reihe von Anforderungen an die Biologie, vor allem überall dort, wo klassische Biotope wie Wasser, Boden u. ä. Gegenstandsbereich der Beratungen waren. Aber auch spezielle Aufgaben und Fragestellungen im Bereich von Landschaftsschutz sowie bei den Problemfeldern Umweltchemikalien und Schadstoffwirkungen zielen direkt auf die Biologie bzw. allgemeiner auf die biologischen Wissenschaften. Daneben gab es aber auch konkrete Anforderungen an die Ökologie. Freilich wurden diese in erster Linie von Biologen formuliert (Interviews). Im Programmformulierungsprozeß dagegen spielte die Ökologie nur eine untergeordnete Rolle.

Aufgrund der vielfach unterstellten Bedeutung der Biologie und insbesondere der Ökologie für die Umweltforschung möchte man in dieser Disziplinengruppe einen wichtigen Adressaten für die Umweltforschung sehen. Dies bestätigt sich jedoch nicht. Bereits Tabelle 25 hat gezeigt, daß nur ungefähr ein Viertel aller Projekte zur Gruppe der biologischen Wissenschaften gerechnet werden kann. Über 50 % der Projekte lagen im naturwissenschaftlich-technischen Bereich. Institutionell verankert ist die biologische Umweltforschung vor allem an den Universitäten (mit 45 %) und in den Bundes- und Landesanstalten (mit 26 %) (Tabelle 30). Die meisten der Projekte sind Eigenprojekte (fast ein Drittel), gleichviel werden sie von den Bundes- und Landesministerien (einschließlich BMFT) finanziert, etwas weniger von der DFG. Insgesamt verteilen die wissenschaftlichen Selbststeuerungsorgane somit bei mehr als der Hälfte der Projekte die Mittel (Tabelle 27). Aufgeteilt nach den durchführenden Institutionen wird deutlich, daß an den Universitäten die Eigenprojekte zusammen mit den von der DFG finanzierten überwiegen. Sie machen mehr als zwei Drittel der Projekte aus. Bei den Bundes- und Landesanstalten liegen die von der staatlichen Forschungsverwaltung geförderten Projekte mit fast 50 % an der Spitze (Tabelle 31). An den Technischen Hochschulen und in der Industrie werden zu wenig Biologieprojekte durchgeführt, so daß hier eine weitere Aufschlüsselung keine brauchbaren Ergebnisse liefern würde.

Vergleicht man die Zahlen der Tabelle 27 mit denen, die den Einfluß der verschiedenen Geldgeber auf die Umweltforschung insgesamt aufzeigen (Tabelle 18), so fällt auf, daß die Anteile der

Tabelle 30
Verteilung der biologischen Umweltforschungsprojekte nach Institutionen

Institution	Anteil in %
Uni[1]	45
TH	9
BA-LA[2]	26
Wirtschaft	9
Sonstige	11
	100
N	173

1 einschl. MPG
2 einschl. Fraunhofer-Ges.
nach: UFOKAT.

Tabelle 31
Verteilung der biologischen Umweltforschungsprojekte nach Institutionen und Geldgebern

Geldgeber[1]	Institutionen	
	Uni	BA-LA
DFG/MPG	35	14
BMFT	5	12
BM-LM	15	37
Wirtschaft	1	2
Eigenprojekt	39	23
Sonstiges	5	12
	100	100
N	81	49

1 Mehrfachnennungen möglich
CHI-Quadrat: 17,71 (sehr signifikant)
nach: UFOKAT.

Biologieprojekte bei den wissenschaftlichen Selbststeuerungsorganisationen über dem Durchschnitt, bei der staatlichen Forschungsverwaltung dagegen darunter liegen. Dies spiegelt deutlich die verschiedene Sicht der einzelnen Institutionen wider. Die Wissenschaft sieht in der Biologie – und noch mehr in der Ökologie – die zentrale Disziplin für den Umweltschutz. Die Biologieprojekte haben deshalb ein überdurchschnittliches Gewicht in den von der Wissenschaftsverwaltung selbst finanzierten Projekten. Die staatliche Forschungsverwaltung sieht dagegen die Schwerpunkte im technisch-naturwissenschaftlichen Bereich; bei ihr liegen deshalb die Biologieprojekte unter den Durchschnittszahlen aller Projekte. Insofern war die Biologie nicht der Adressat für den politischen Steuerungsimpuls. Der überproportionale Anteil der von den wissenschaftlichen Selbststeuerungsorganisationen veranstalteten Projekte zeigt jedoch, daß die »scientific community« entweder aufgrund der politischen Diskussion vermehrt Umweltprobleme aufgegriffen oder aber laufende Projekte dieser politischen Zielsetzung unterstellt hat (Etikettenschwindel). Um entscheiden zu können, betrachten wir in Tabelle 32 die zeitliche Entwicklung.

Für die Bundes- und Landesanstalten sollte die Zeitreihe direkt

Tabelle 32
Verteilung der biologischen Umweltforschungsprojekte nach Institutionen und Projektbeginn

Projektbeginn	Institutionen	
	Uni	BA-LA
Vor 1966[1]	6	5
1966/67[1]	5	2
1968/69	4	9
1970/71	14	17
1972/73	27	13
1974/75	19	30
1976/77[1]	4	3
Ohne Angabe	21	21
	100	100
N	78	46

1 mit Sicherheit unvollständige Erfassung der Projektzahlen
CHI-Quadrat: 6,64 (signifikant)
nach: UFOKAT.

die Auswirkung des Umweltprogramms sichtbar machen, denn diese Institutionen arbeiten weitgehend den Ministerien zu, denen sie zugeordnet sind, und haben deshalb am ehesten im Einfluß der politischen Steuerungsabsicht gestanden. Zwar ist ein Ansteigen der Projektzahlen im Laufe der Zeit beobachtbar, der Unterschied zu den Universitäten ist jedoch nicht gravierend genug, um eine Unterscheidung zwischen wissenschaftlichem Vorlauf, Politisierung der Wissenschaftler oder Etikettenschwindel machen zu können. Der Rücklauf der Projektzahlen der Universitäten ab 1974/75 deutet aber auf eine »Umweltwelle« hin, die 1972/73 ihr Maximum hatte.

In Tabelle 33 wurden die Projekte innerhalb der Institutionen nach den verschiedenen Anforderungsniveaus sortiert. Es zeigt sich, daß an den Universitäten die Grundlagenforschung innerhalb der Biologie, wie zu erwarten, überwiegt, in den Bundes- und Landesanstalten dagegen ein nicht unerheblicher Teil der angewandten Forschung zuzurechnen ist, die dort auch politisch gefördert wurde. Dies stützt die Vermutung, daß es an den Universi-

Tabelle 33
Verteilung der biologischen Umweltforschungsprojekte nach Institutionen und Anforderungsniveaus

Anforderungsniveau[1]	Institutionen	
	Uni	BA-LA
Datensammeln	25	31
Wirkungsanalyse	61	37
Belastungsminderung	8	23
Meßtechniken	6	9
Sonstiges	0	0
	100	100
N	85	57

1 Mehrfachnennungen möglich
CHI-Quadrat: 10,04 (sehr signifikant)
nach: UFOKAT.

täten keine stärkere Orientierung an politischen Zielvorstellungen gab, wohl aber eine allgemeine, vom echten Etikettenschwindel kaum zu unterscheidende Zuordnung laufender Forschungsaktivitäten zur Umweltforschung. Mit dieser Interpretation stimmen die Zahlen der Tabelle 32 überein, nach denen sich der Rücklauf der Umweltmode an den Universitäten andeutet. Es ist auch leicht vorstellbar, daß es in der biologischen Grundlagenforschung kaum Projekte gibt, die nicht irgendeine, und sei es noch so lockere, Beziehung zum kaum abgrenzbaren Problemkreis der Umweltforschung haben.

Die Überprüfung der inhaltlichen Ausrichtung der Forschung in den biologischen Wissenschaften zeigt, daß auch hier die Steuerung sich vor allem auf die etablierten Umweltbereiche bezieht. In Tabelle 34 ist eine Aufteilung der biologischen Projekte auf die durchführenden Institutionen und auf die verschiedenen Umweltbereiche dargestellt. Über alle Institutionen summiert, werden die Schwerpunkte deutlich. Sie liegen in den Bereichen Wasser, Umweltchemikalien zusammen mit Schadstoffwirkung und -belastung, Lebensmittel- und Futtermittelkontaminationen zusammen mit Land- und Forstwirtschaft. Mit jeweils rund 1/4 der

Projekte decken diese drei Gruppen 3/4 der biologischen Umweltforschung ab. Analysiert man die beiden Institutionen Universität und Bundes- und Landesanstalten, in denen die biologische Umweltforschung zum größten Teil stattfindet, getrennt, so werden Unterschiede sichtbar, die allerdings statistisch nicht signifikant sind, was daran liegt, daß die relativ geringe Zahl der Biologieprojekte auf zu viele Zellen aufgeteilt wird (Tabelle 34). Würde man sich auf weniger Umweltbereiche konzentrieren, so könnte man die These formulieren, daß die biologische Umweltforschung in den Bundes- und Landesanstalten sich auf wenige, stark anwendungsbezogene Umweltbereiche beschränkt und die Umweltforschungspolitik hier auf Wissen im Zusammenhang mit anstehenden Verwaltungsaufgaben ausgerichtet ist, während die (ungesteuerte?) akademische Umweltforschung ein breiteres Spektrum, vor allem im Bereich der allgemeinen Wirkungsforschung, zeigt.

Wenn die Biologie kaum eine zentrale Disziplin in der Umweltforschung war, so gilt das noch viel weniger für die Ökologie. Sie wurde zwar in den Interviews nicht nur von Ökologen, sondern auch von Biologen ins Zentrum der Umweltforschung gerückt. Ihre Rolle bei den Umweltprojekten ist aber vernachlässigbar klein. Nur insgesamt 180 von über 6000 Projekten befassen sich mit »ökologischen« Fragestellungen.* Ihre Untergliederung nach verschiedenen Schlagworten ist in Tabelle 35 dargestellt. In Tabelle 36 wurde versucht, die Forschungsprojekte nach den verschiedenen Anforderungsniveaus zu beschreiben. Als Kategorien haben wir hier gewählt: Datensammeln, Systembeschreibung, Wirkungsanalyse und Sonstiges. Im Unterschied zur bisherigen Forschungsinhaltsanalyse wollten wir hier zwischen Systembeschreibung und Wirkungsanalyse unterscheiden, um den Anteil zu isolieren, der dem systemaren Anspruch der Umweltforschung gerecht wird. Aus Tabelle 36 geht hervor, daß auch innerhalb der Ökologieprojekte die Systembeschreibung, gemessen an den übrigen Kategorien, unterrepräsentiert ist.

Betrachtet man die zeitliche Entwicklung der Ökologieprojekte (Tabelle 37), so weist das deutliche Anwachsen nach der Programmverkündung auf Steuerung hin. Da die Ökologie insgesamt aber nur einen verschwindenden Anteil an der Umweltforschung

* Hier wurden alle Projekte des UFOKAT gezählt, die in irgendeinem Zusammenhang durch das Schlagwort Ökologie bzw. ökologisch klassifiziert wurden.

Tabelle 34
Verteilung der biologischen Umweltforschungsprojekte nach Institutionen und Umweltbereichen

Umweltbereich	Institutionen		
	Uni	BA-LA	Gesamt
Luft	5	6	7
Lärm	0	0	0
Abwärme	0	4	1
Wasser	20	28	24
Abfall	6	7	6
Strahlung	1	0	1
Umweltchemikalien	12	9	9
Schadstoffwirkung/-belastung	24	9	17
Lebensmittel-/Futterkontamination	8	13	10
Land- und Forstwirtschaft	12	13	13
Energie	0	0	0
Humansphäre	1	0	0.5
Umweltplanung/-gestaltung	11	11	11
Information/Prognosen/Modelle	0	0	0.5
	100	100	100
N	78	46	173

CHI-Quadrat: 10,29 (nicht signifikant)
nach: UFOKAT.

hat und das Anwachsen der Projektzahlen bereits 1970 deutlich wird, handelt es sich wahrscheinlich weniger um eine durch die Umweltdiskussion ausgelöste steigende Aktivität der umweltbezogenen Ökologie. Zutreffender dürfte die Interpretation sein, daß hier die Ökologie zunehmend unter das Thema des Umweltschutzes gestellt wurde, weil sie dadurch plötzlich politisch aufgewertet und u. U. leichter und großzügiger mit Mitteln bedacht wurde.

Um zu prüfen, inwieweit bei den ökologischen Projekten, die im UFOKAT nachgewiesen sind, ein politischer Einfluß durch den Geldgeber festzustellen ist, haben wir in Tabelle 38 die Auftraggeber aufgelistet. Danach wird die Mehrzahl der Projekte über die wissenschaftlichen Selbststeuerungsorganisationen finanziert, so

Tabelle 35
Verteilung der ökologischen Umweltforschungsprojekte nach Spezialgebieten

Spezialgebiet	Anteil in %
Ökologie (allgemein)	18
Ökosystem	13
Ökologische Faktoren	29
Ökotoxizität	3
Bioökologie	4
Pflanzenökologie	7
Landschaftsökologie	13
Waldökologie	13
	100
N	180

nach: UFOKAT.

Tabelle 36
Verteilung der ökologischen Umweltforschungsprojekte nach Anforderungsniveaus

Anforderungsniveau	Anteil in %
Datensammeln	33
Systembeschreibung	27
Wirkungsanalyse	35
Sonstiges	5
	100
N	180

nach: UFOKAT.

daß die These von der späteren Zuordnung zur Umweltforschung gestärkt wird. Eine Aufteilung der Projekte nach Institutionen zeigt, daß fast die Hälfte der Projekte an den Universitäten durchgeführt wird (Tabelle 39).

Insgesamt können wir feststellen, daß die Ökologie in der praktizierten Umweltforschung eine noch untergeordnete Rolle spielt.

Tabelle 37
Verteilung der ökologischen Umweltforschungsprojekte nach Projektbeginn

Projektbeginn		Anteil in %
Vor 1966[1]		3
1966/67[1]		6
1968/69		4
1970/71		10
1972/73		20
1974/75		26
1976/77[1]		15
Ohne Angabe		16
		100
	N	180

1 mit Sicherheit unvollständige Erfassung der Projektzahlen
nach: UFOKAT.

Tabelle 38
Verteilung der ökologischen Umweltforschungsprojekte nach Geldgebern

Geldgeber		Anteil in %
DFG/MPG		22
BMFT		4
BM-LM		15
Wirtschaft		1
Eigenprojekt		42
Sonstige		16
		100
	N	189

1 Mehrfachnennungen möglich
nach: UFOKAT.

Alles, was in dieser Disziplin als Umweltforschung bezeichnet wird, ist überwiegend reine Grundlagenforschung und wird wissenschaftsintern gesteuert. Dabei ist die Zuordnung zur Umwelt-

Tabelle 39
Verteilung der ökologischen Umweltforschungsprojekte nach Institutionen

Institution		Anteil in %
Uni		49
TH		17
BA-LA		9
Wirtschaft		3
Sonstige		22
		100
	N	180

nach: UFOKAT.

forschung berechtigt, aber auch folgenlos, da Ökologie im weitesten Sinne immer Umweltforschung ist und sie, solange sie einen bestimmten Reifegrad nicht erreicht hat, immer einer politisch aktualisierten Umweltforschung zugerechnet werden kann; alles, was sie an Wissen produziert, ist in gleicher Weise für das Umweltproblem relevant, weil es ganz allgemein zu einer Theorie der Umwelt beiträgt. Dies war eine Folge der Politisierung durch das Umweltprogramm, und diese Politisierung hat sicherlich auch die Prioritäten bei der Vergabe von Geldern innerhalb der Selbststeuerungsorgane der Wissenschaft verändert, so daß verstärkt Mittel in die »umweltrelevante« Forschung geflossen sind. Diese Veränderung in den Prioritäten als Folge politischer Programme wird durch einen generellen Anpassungsdruck erzeugt, dem die Wissenschaft allgemein aufgrund des Vorwurfs, nichts Konkretes für die Gesellschaft zu leisten, ausgesetzt ist. Oft paßt sich die Wissenschaft auch deshalb politischen Programmzielen antizipatorisch an, weil hierdurch ein direkter Steuerungseinfluß abgewehrt und die Autonomie der Entwicklung gewahrt werden kann.

Diese Einschätzung wird bestätigt durch die Interviews, die wir mit Biologen durchgeführt haben. Die Mehrheit der Befragten (Ökologen und Nicht-Ökologen) sah einen Zusammenhang ihrer Forschungsfragen mit der Umweltproblematik, aber nur ein verschwindender Prozentsatz (ungefähr 10 %) bekannte eine Veränderung in der eigenen Forschungstätigkeit aufgrund der Umweltdiskussion und der politischen Steuerungsabsichten. Selbst in der Gruppe der Ökologen (und damit der umweltrelevant arbeitenden Biologen) wurde immer wieder betont, daß man sich mit den jeweiligen Forschungsfragen aus rein wissenschaftlichem Interesse heraus beschäftige. Weniger durch die Umweltdiskussion (im Sinne eines politischen Programms) als vielmehr durch die aufgetretenen Schäden hätten sich die Forschungsarbeiten geändert. Durch die Umweltdiskussion sei allein die Richtigkeit (und Wichtigkeit) der Arbeiten bestätigt, es seien aber nicht spezielle umweltrelevante Arbeiten stimuliert worden. Gerade die theoretischen Arbeiten seien unabhängig von der Umweltdiskussion gelaufen. Gleichzeitig habe man aber versucht, aufgrund einer guten Grundlagenforschung aktuelle Umweltfragen zu beantworten. Durch die Politisierung des Umweltproblems sei allenfalls die Bereitschaft gestiegen, angewandt bzw. anwendungsorientiert zu arbeiten. Durch die Veränderung in den Prioritäten würde man eher Geld für bestimmte Projekte erhalten. Vieles würde gerade jetzt aufgrund des aktuellen Bezugs finanziert. Als Beispiel könne das Problem der Anreicherung von Schadstoffen in der Nahrungskette, das erst seit kurzem finanziert wurde, angeführt werden. Viele Teilbereiche hätten damit einen enormen Auftrieb erhalten. Insofern haben sich nicht die Forschungsgegenstände, wohl aber die Fragestellungen und Gewichte in ihnen verschoben.

Die gleiche Einschätzung spiegelt sich auch in der 1976 erschienenen DFG-Schrift »Beiträge zur Umweltforschung« wider. In ihr heißt es (S. 10 ff.), das Feld der Umweltforschung habe in den letzten Jahren eine außerordentliche Ausdehnung erfahren. Dabei handele es sich zum Teil um längst bekannte Probleme, die durch eine neue Fragestellung in neue Zusammenhänge gerückt wurden; zum Teil aber auch um die Entdeckung bisher tatsächlich unbekannter Forschungsfelder. So existierten schon seit Jahrzehnten Kommissionen und Schwerpunkte der DFG, die *heute eindeutig der Umweltforschung zugerechnet würden*. Viele Probleme wurden längst vor ihrer Zusammenfassung bearbeitet. Gleichwohl bedeuten Entstehung und Entwicklung des Begriffs »Umweltforschung« auch hier eine Veränderung des wissenschaftlichen Bewußtseins. Einzelprobleme würden weit stärker als bisher als Teile eines Ganzen gesehen. Seit der Politisierung des Umweltproblems sei eine Reihe von neuen Forschungsfeldern zu den klassischen Gebieten der Umweltforschung (Wasserforschung, Reinhaltung der Luft, Lärmforschung usw.) hinzugekommen. Dazu gehörten Themen wie z. B. Schadstoffe im Wasser, Nahrungskettenprobleme, Gewässererwärmung, Geochemie, ökologisches Gleichgewicht, Belastbarkeit von Ökosystemen u. a. Dies alles seien typische Themen der Umweltforschung, die ohne die Entwicklung und Durchsetzung des Begriffs »Umwelt« in ihrer besonderen Bedeutung wohl kaum erkannt worden wären.

Auch die DFG sieht in der Bestandsaufnahme, die durch das Umweltprogramm der Bundesregierung eingeleitet wurde und die zu einer Zusammenfassung und Verstärkung bislang isolierter Forschungsaktivitäten führte, den eigentlichen Steuerungseffekt. Einer direkten Steuerung entziehe sich die Umweltforschung, weil das eine Theorie von Zukunft erfordere, die nicht zur Verfügung stehe – und niemals zur Verfügung stehen werde. Direkte Steuerung sei nur auf sehr begrenzten Gebieten mit einem hohen Einsatz möglich und würde auch dort nicht immer erfolgreich sein. Die Richtung der Umweltforschung werde vielmehr im Zusammenhang mit der gesellschaftlichen Entwicklung bestimmt durch die Fragen und Ergebnisse, die im Prozeß der Forschung immer neu anfielen. Insofern sei gerade die Bestandsaufnahme ein Stück Forschungssteuerung, die eben nicht von einer allgemeinen Theorie der Umwelt aus erfolgen könne, sondern nur in der permanenten Diskussion von Fragen und Ergebnissen durch die Wissenschaft selbst.

Diese Art von Steuerung kann man am ehesten mit dem Begriff »parametrische Steuerung« beschreiben, weil sie zwar nur vorhandene Aktivitäten verstärkt, dies aber u. U. für verschiedene Parameter unterschiedlich tut und deshalb durchaus zu qualitativen Veränderungen führen kann. Ein alternativer Steuerungsbegriff, der auf einer Abweichung von einer (autonom regulierten) Nulllinie basiert, setzt voraus, daß es einen klar definierten Zielpunkt gibt und der Weg zum Ziel selbst bereits hinreichend präzise vorgezeichnet ist. Dies trifft freilich in den seltensten Fällen zu, meist nur im Bereich von angewandter Forschung. Das Ziel selbst ist oft nur unzureichend definierbar, es verändert sich im Laufe der Zeit, nicht zuletzt durch die inzwischen anfallenden Forschungsergebnisse. Der von uns in dieser Untersuchung zugrundegelegte Steuerungsbegriff liegt in der Mitte. Er geht davon aus, daß auf der Grundlage existierenden Wissens politische Ziele formuliert werden, die in forschungsleitende Normen und dann in Entwicklungsregulative transformiert werden. Diese Entwicklungsregulative bestimmen nun die Richtung der weiteren Entwicklung auf der Basis des augenblicklichen Entwicklungsstands einer Disziplin. Sie hängen selbst vom Wissensstand ab und können sich im Laufe der Zeit verändern. Der Weg zum Ziel ist nur ein Stück weit definiert, immer wieder werden die Forschungsdefizite, die zur Realisierung der gesetzten Ziele gedeckt werden müssen, neu bestimmt. Steuerungswirkungen sind dann an den Forschungsaktivitäten, die zur Deckung solcher Wissenslücken unternommen werden, ablesbar.

Die Bestandsaufnahme der Forschungslücken wird somit zum zentralen Punkt der Steuerungsproblematik. Gerade hier liegt die Schwierigkeit bei der Umweltforschung. Dieser Bereich entzieht sich weitgehend einer Systematisierung. Auch in dem DFG-Bericht wird dies festgestellt (Beiträge zur Umweltforschung, 1976, S. 13). Weder ließe sich die Umweltforschung inhaltlich nach Medien gliedern (so häufig »Luft«, »Wasser«, »Boden« auch als Gliederungsschema dienen); noch nach wissenschaftlichen Fächern und gleichartigen Fragestellungen. Vielmehr könne man nur pragmatisch einzelne Problemkomplexe ermitteln und versuchen, sie in ihrer Eigentümlichkeit wie in ihren Zusammenhängen mit anderen Komplexen möglichst genau zu erfassen. Allein der systemare Ansatz in der Umweltforschung könne diese Schwierigkeit beheben. Er gründe sich auf die Erkenntnis, daß der Mensch seinen Lebensraum »mit ungezählten Pflanzen, Tieren und Mikroorganismen teilt, die in mannigfacher Weise auf ihn und aufeinander einwirken und von ihrer gemeinsamen Umwelt abhängen. Sie liefern ihm Nahrung und Rohstoffe, sie verbreiten und erregen Krankheiten, sie reinigen Luft und Wasser, sie zersetzen Abfälle oder beeinflussen auf anderen Wegen seine physiologische Umwelt. Außerdem sind sie wesentliche Mitgestalter der Landschaften, in denen er arbeitet und sich erholt« (ebda. S. 114). Der Mensch lebe in einem »Netzwerk von Beziehungen zu und zwischen Lebewesen und Umweltfaktoren, das man neuerdings als »Ökosystem« zu erfassen und zu verstehen versucht« (ebda. S. 114). Die Ökosystemforschung ist demnach die zentrale Disziplin einer systemaren Umweltforschung. Hier bestehen nach wie vor die größten Forschungslücken. Ursachen der zahlreichen Forschungslücken (in diesem Bereich) sind das geringe Alter dieses Zweiges und der hohe Grad an Kompliziertheit seiner Objekte, die selbst wiederum aus einer großen Zahl »ohnehin schon komplizierter Organismen bestehen und von vielen, unregelmäßig schwankenden, miteinander verflochtenen Umweltfaktoren gesteuert werden« (ebda. S. 117).

Ein forschungspolitisches Programm, das vor allem an einer normativen und prohibitiven und weniger an einer funktionalen Umweltforschung interessiert ist, kann nicht die Ökosystemforschung zum Zielpunkt seiner Aktivitäten machen. Die Analyse des UFOKAT hat dies ebenso bestätigt wie die Befragung der Biologen. Forschung auf diesem Gebiet entwickelt sich daher außerhalb des großen Umweltforschungsprogramms der einzelnen staatlichen Forschungsförderer, ohne aber von der politischen Diskussion unbeeinflußt zu bleiben. Ohne diese Diskussion wäre die Ökosystemforschung innerhalb der Wissenschaft und ihrer Selbststeuerungsorgane nicht derart ins Zentrum des Interesses gerückt. Gleichwohl müßte sich eine langfristig angelegte Umweltforschungspolitik stärker als bisher an diesen Bereich der Wissenschaft wenden, auch wenn sie hier direkt verwendbare Ergebnisse noch nicht erwarten kann.

Schluß

Ziel dieser Untersuchung war es, theoretische Vorstellungen über die Resistenz und Rezeptivität der Wissenschaft gegenüber externer Steuerung am Beispiel der Umweltforschung zu *überprüfen* und zu *korrigieren* und damit einen Beitrag zu der Frage zu leisten, ob und unter welchen Bedingungen Wissenschaft sich an gesellschaftlichen Zielen orientiert bzw. orientiert werden kann. Das Beispiel wurde deshalb gewählt, weil hier ein klarer Steuerungsanspruch des Staates vorliegt, dessen Auswirkung auf die Wissenschaft im Prinzip bestimmt werden kann. Die Analyse hat freilich gezeigt, daß das »Umweltprogramm«, das uns als Operationalisierung eines wissenschaftspolitischen Steuerungsanspruchs galt, diese Qualität nur in einem spezifischen Sinn hat. Denn zum einen war dieses Programm selbst nicht unabhängig von wissenschaftlichen Vorlaufentwicklungen: der ins 19. Jahrhundert zurückreichenden Naturschutzbewegung; der ebenfalls alten Tradition der angewandten Biologie in den Bereichen Land-, Forst- und Fischereiwirtschaft; und der seit langem betriebenen Umweltforschung von Medizin, Natur- und Ingenieurwissenschaften. Zum anderen war die Programmformulierung strukturellen Restriktionen in der Verwaltung und in der Wissenschaft unterworfen, wodurch schon in der Frühphase der systemare Ansatz, begründet durch die Ökosystemforschung, verworfen wurde. Die zentrale Funktion des Programms, die Identifikation von Wissensdefiziten im Hinblick auf seine Zielsetzung, konnte sich so nur auf Teilziele für verschiedene Umweltprobleme und -bereiche richten. Programmformulierung und Steuerungsanspruch blieben somit notwendig hinter den Möglichkeiten systemanalytischer und Einzeldisziplinen integrierender Forschung zurück. Für die Konstituierung einer Umweltforschung bedeutete dies, daß die Ökologie als integrierende Perspektive, aber auch als Disziplin, ungeachtet ihres tatsächlichen Entwicklungsstandes nicht zur Zentraldisziplin umweltbezogener Forschungspolitik und zum Adressaten der Steuerung wurde. Damit entschieden also schon die Bedingungen der Programmformulierung darüber, daß eine Wissenschaftssteuerung im weiterreichenden Sinn, nämlich als intendierte Institutionalisierung einer problemorientierten Theoriendynamik, im Umweltprogramm nicht gegeben ist.

Aus der Fallstudie die Verallgemeinerung zu ziehen, die Steuerung von Wissenschaft in dem von uns unterstellten Verständnis sei nicht möglich, ist natürlich ungerechtfertigt. Verallgemeinerungsfähig erscheinen uns jedoch die Ergebnisse zu sein, die sich auf die *Bedingungen* der Steuerbarkeit von Wissenschaft beziehen. Tatsächlich verweist der Fall der »Umweltforschung« auf die eminente Bedeutung der wissenschaftlichen Vorlaufentwicklungen und der institutionalisierten Problemwahrnehmungs- und Problemlösungsstrukturen in Verwaltung und Wissenschaft für die wissenschaftspolitische Steuerung der Wissenschaft und deren Analyse. Weil Wissenschaft und Politik gerade und vor allem in den wissenschaftsrelevanten bzw. -abhängigen Politikbereichen nicht unabhängig voneinander sind und weil jede Politik dieser Art auf vorhandenes systematisches Wissen und die institutionalisierten Formen seiner Produktion zurückgreifen muß, kann sich die politische Steuerung von Wissenschaft nur in diesem Kontext realisieren. Sie vollzieht sich deshalb wohl bestenfalls in Ausnahmefällen als eine radikale und plötzliche Reorientierung der Forschung. Im Normalfall erfolgt sie als eine schrittweise Adaption von politischen Zielvorstellungen und wissenschaftlichen Forschungsprogrammen, bei wechselseitiger Abklärung der Grenzen und Beschränkungen des politisch Wünschbaren und des mit Hilfe von Wissen Machbaren. Dieser Prozeß ist vermittelt durch die institutionalisierten Strukturen administrativer und politischer Problemwahrnehmung, -verarbeitung und -lösung. Die Diskrepanz zwischen den in ihnen institutionalisierten Relevanzkriterien erklärt, daß Steuerungsversuche oder wissenschaftliche Problemlösungsangebote, die nicht Ergebnis einer solchen wechselseitigen Anpassung sind, kaum Erfolgschancen haben. »Frontale« Steuerungsversuche der Politik bleiben wirkungslos, nach »internen« Standards der Wissenschaft produzierte Problemlösungen bleiben praxisfern und damit unanwendbar.

Augrund dieser strukturellen Bedingungen ist die Voraussetzung für die Steuerung die Transformation politischer Probleme in wissenschaftliche Forschungsprogramme und ihre Institutionalisierung. Augenfälliger Ausdruck dieser institutionalisierten Transformationsprozesse sind die von uns als »hybrid communities« bezeichneten Instanzen, deren ständig steigende Zahl als ein qualitativer Indikator dafür gewertet werden kann, daß immer mehr Probleme staatlichen Handelns Gegenstand wissenschaftlicher

Forschungs- und Problemlösungsstrategien werden. Die »hybrid communities« sind also weder der politischen Verwaltung noch der Wissenschaft zuzuordnen. Ihre Funktion ist allein die der Vermittlung zwischen ihnen. Die Problemlösung durch problemorientierte Forschung und die Implementierung der Lösungen durch Verwaltungshandeln verbleiben in den institutionalisierten Bereichen von Wissenschaft und Verwaltung. Eine durch die Fallstudie nicht beantwortbare Frage ist, ob mit einer über die »hybrid communities« institutionalisierten Steuerung der Forschung die Regulative der Wissenschaft verändert werden und diese ihre Identität verändert. Im Gegensatz zur traditionellen Wissenschaftspolitik, die lediglich über Prioritätensetzung und selektive Förderung, d. h. also ohne Eingriff in die Regulative und Standards der Wissenschaft operierte, vollzieht sich die »strategische Wissenschaftspolitik« über die Übersetzung politischer Ziele in wissenschaftliche Entwicklungsregulative. In der Regel handelt es sich dabei um an externen Handlungsanforderungen orientierte Definitionen von Gegenstandsbereichen (hier: urban-industrielle Ökosysteme) oder Bestimmungen spezieller Kausalverhältnisse (hier: Ursache-Wirkungsverhältnisse im Hinblick auf die Setzung von »Schwellenwerten«). Es ist zumindest zu erwarten, daß diese Form der Steuerung längerfristig zur Institutionalisierung einer problemorientierten Wissenschaft führt, die dann Züge der Grundlagen- und der technischen Wissenschaften in sich vereint.

Selbst wenn dies der Fall ist, und das Beispiel der »Umweltforschung« läßt derartige Effekte noch nicht erkennen, kann von der verschiedentlich unterstellten direkten Funktionalisierung der Forschung für politische und/oder ökonomische Zwecke keine Rede sein. Die Umweltproblematik zählt ohnehin zu der Klasse von Fällen, in der sich nicht die Funktionalisierung der Forschung als Problem stellt, sondern vielmehr die Art der Fragestellungen darüber entscheidet, ob die Forschung potentiell mit politischen oder wirtschaftlichen Interessen kollidiert. »Umweltschutz« ist ein politisch brisantes Problem, weil bei entsprechend formulierten Problemlösungskriterien weitreichende strukturpolitische Effekte impliziert sind. Das ist sicherlich *ein* Grund dafür gewesen, daß schon im Stadium der Programmformulierung der theoretisch mögliche Steuerungsanspruch, der einem Konzept der Umweltnutzung entspräche, verworfen wurde. Es ist aber nicht der einzige und wichtigste Grund. Neben den administrativen und politischen sind auch die wissenschaftsstrukturellen und kognitiven Restriktionen wirksam. Und eben diese entziehen sich immer einer direkten Funktionalisierung. Der Fall der »Umweltforschung« zeigt besonders deutlich, daß die wissenschaftlichen Vorlaufentwicklungen, d. h. die etablierten Forschungslinien, kognitiv und institutionell dominant sind und in ihrer Wirkung bis in die politische Programmformulierung hinein dominierend bleiben. Die Rede von der Funktionalisierung der Forschung stellt diesen Sachverhalt gar nicht in Rechnung. Zwischen der *Steuerung* der Wissenschaft durch Eingriff in die Entwicklungsregulative und ihrer *Einbindung* in Verwertungsprozesse über die selektiv-parametrische Prioritätensetzung besteht ein wichtiger analytischer Unterschied. Die vorliegende Fallstudie sollte u. a. dazu dienen, diesen Unterschied herauszuarbeiten, denn in unserem Verständnis ist nur die *Steuerung* ein nicht-triviales Phänomen.

Wir haben zu Beginn der Untersuchung betont, daß es uns nicht um eine Schelte der Umweltpolitik geht, daß die Studie aber gleichwohl Implikationen für wissenschaftsbezogene Strukturpolitik haben kann. Zum einen ergibt sich für die politischen Verwaltungsinstanzen das Dilemma, daß in dem Maße, wie diese zunehmend Regulierungs- und strukturpolitische Steuerungsfunktionen übernehmen, die sich damit stellenden Probleme »Querschnittscharakter« haben und sich nicht in die gewachsenen Wahrnehmungs- und Verwaltungsstrukturen fügen. Da sich eine jeweils problemspezifische Neustrukturierung verbietet, andererseits die bestehenden Strukturen Querschnittsprobleme nur inadäquat verarbeiten und lösen können, entsteht ein permanentes Leistungsdefizit, das nur zum Teil mit dem Terminus der »Politikschwäche« getroffen wird. Verwaltungen müssen reflexiv werden, d. h. die Regeln und Verfahren für die Überschreitung ihrer Zuständigkeitsbereiche, die Koordination zwischen Teilsystemen und die Veränderung interner Strukturen mit institutionalisieren.

Ein damit direkt verbundener Aspekt ist, daß staatliche Verwaltungen nicht mehr nur auf akzidentell verwertbares Wissen zurückgreifen können, sondern eines systematischen, längerfristig und nach eigenen Problemvorgaben erzeugten Wissens bedürfen. Diese Notwendigkeit ergibt sich aus der Verlängerung der Handlungsketten und der mit ihnen gestiegenen sozialen und ökonomischen Folgekosten von Entscheidungen. Die Ausweitung der Ketten des Verwaltungshandelns und die problemspezifische Erzeugung systematischen Wissens stehen in einem Wechselverhältnis und bezeichnen im Grunde die Reflexivität von Verwaltungen. Institutionell bedarf es dazu der Organisierung der Transformationsprozesse, von deren Erfolg es abhängt, wie groß die Reflexionsleistung und damit die Problemlösungskapazität ist. Das abgestufte Modell, das die Picht-Kommission für die Organisation der wissenschaftlichen Beratung der Bundesregierung in Umweltfragen vorgeschlagen hat, scheint zumindest unter analytischen Gesichtspunkten die oben genannten Bedingungen der Transformation politischer Ziele in den Forschungsprozeß zu erfüllen. Ein wichtiges Prinzip ist dabei, daß die Grundlagenforschung zwar genutzt wird, die jeweils initiierte problemorientierte Forschung aber institutionell von der akademischen Forschung getrennt wird bzw. nur funktional mit ihr verbunden bleibt. Gegenüber der bislang oft nur legitimatorisch motivierten Organisation wissenschaftlicher Beratung wird künftig der Zwang zunehmen, diese nach den Anforderungen einer besseren Strukturierung dieser Transformationsprozesse vorzunehmen.

Ein letzter, eher technischer Aspekt betrifft noch einmal das gleiche Problem. Die Reflexivität von Verwaltungen erfordert nämlich die Fähigkeit zur fortlaufenden Korrektur von Fehlentscheidungen, also die Evaluierung des eigenen Handelns. Dazu bedarf es einer für die Evaluierung notwendigen datenmäßigen Erfassung. Unsere Studie hat gezeigt, daß Datenmaterial, das eine solche Evaluierung der forschungspolitischen Maßnahmen im Rahmen des Umweltprogramms ermöglichen würde, nicht in geeigneter Form vorliegt (obgleich dafür eine ganze Behörde gegründet wurde). Die Entwicklung von Indikatoren zur Evaluierung muß Hand in Hand mit der entsprechenden Aufbereitung von Statistiken erfolgen. Es ist sicherlich kein Zufall, daß das Umweltprogramm ebensowenig eine forschungspolitische Strategie für die Initiierung einer »Umweltforschung« enthält wie die Verwaltung über Evaluierungsmethoden ihres gleichwohl fortlaufenden forschungspolitischen Handelns verfügt. Obgleich die Wissenschaft sich immer deutlicher als der für die Steuerungsprobleme moderner »hochkomplexer Gesellschaften« wichtigste »Politik«-Bereich erweist, bleibt er einstweilen der einzige, auf den Politik Einfluß nimmt bzw. dessen sie sich bedient, ohne seine internen Strukturen und Entwicklungsmechanismen zu kennen. Das Beispiel des Umweltschutzes ist im Hinblick darauf keine Ausnahme, sondern die Regel.

Anhang

Bilanz des Sofortprogramms der Bundesregierung, Dezember 1971

1. Abschnitt: Immissionsschutz	*Ankündigung*	*Erledigung*	*Bemerkungen*
1. Gesetz zur Änderung des GG: Konkurrierende Gesetzgebungszuständigkeit des Bundes für Luftreinhaltung und Lärmbekämpfung		BT-Drucks. VI/1298	Erweiterung bestehender Gesetzgebungszuständigkeiten als verfassungsrechtliche Grundlage für notwendige Gesetze
2. Gesetz zum Schutz vor schädlichen Umwelteinwirkungen durch Luftverunreinigungen, Geräusche, Erschütterungen und ähnliche Einwirkungen (BimSchG)	Kab.-Vorlage im Juni 1971	Kab.-Beschluß am 20. August 1971; BRats-Drucks. 437/71	Schließt die Zuständigkeiten auf Grund der beantragten GG-Änderung bereits ein. Außerdem: Änderung der VO über genehmigungsbedürftige Anlagen nach § 16 GewO v. 5.7.71 (Bundesgesetzblatt I, 885)
3. Bundesanstalt für Immissionsschutz	Untersuchung, ob und wie eine solche Einrichtung geschaffen werden kann	Gutachtenauftrag im Januar 1971 erteilt; Gutachten Anfang August eingegangen; Auswertung beginnt	

	Ankündigung	Erledigung	Bemerkungen
4. *Messungen der Emissionen und Immissionen nach Art und Ausmaß*	Förderung der Entwicklung von Meßgeräten; Einrichtung von Überwachungsstationen	Mehrere Forschungsaufträge erteilt; Mittel für Überwachungsstationen bewilligt	
5. *Beschränkung der Bleizusätze zum Benzin*	Vorlage eines Gesetzes mit Beschränkung des Benzin-Bleigehaltes ab 1.1.72 auf 0,4 g/l mit Ausnahmen bis 1.10.75	Kab.-Beschluß am 2.12.70: Beschränkung des Bleigehalts ab 1.1.72 auf 0,4 g/l, ab 1.1.76 auf 0,15 g/l	Gesetz am 7. August 1971 verkündet (Bundesgesetzblatt I, 1234)
6. *Verminderung der Luftverunreinigung durch Kfz-Abgase*	Erteilung von Forschungs- und Entwicklungsaufträgen; Änderung der Anl. XI zur StVZO (Wartung der Zündanlage)	14 Forschungs- und Entwicklungsvorhaben eingeleitet; fachliche Vorarbeiten zur Änderung der Anl. XI laufen	
7. *Straßenverkehrslärm, Auswirkungen auf die Bevölkerung*	Fortführung von Untersuchungen; weitere Forschungsarbeiten	Untersuchungen fortgeführt. – Detaillierung der künftigen Themen im Umweltprogramm	
8. *Untersuchungen und Entwicklungen zur Minderung des Verkehrslärms*	Erforschung und Entwicklung geräuscharmer Antriebe und Fahrzeugkonstruktionen	Laufende Untersuchungen werden fortgeführt. Weitere Vorhaben sind eingeleitet	
9. *Emissionswerte für zivile*	Festsetzung von Emissions-	Grenzwerte für die Muster-	Gesetz zum Schutz gegen

		internat. Abstimmung – bekanntgemacht. Weitere Grenzwerte sind in Vorbereitung	ermittelt Lärmschutzbereiche
10. *Emissionsrichtwerte für Baumaschinen*	Festsetzung der ersten Richtwerte 1971	Kab.-Vorlage für Betonmischer im September 1971; für Kompressoren in Vorbereitung	Außerdem: Allgem. Verwalwaltungsvorschrift zum Schutz gegen Baulärm – Emissionsverfahren – vom 22. 12. 70 (BAnzeiger Nr. 242 v. 30. 12. 70)
11. *Lärmminderung im Städtebau*	Entwicklung von Planungsmodellen zum Lärmschutz	DIN 18005 vom Mai 1971	
12. *Entwicklung schallschützender Bauteile*	Entwicklung, Erprobung und Empfehlung z. B. schallschützender Fenster oder Vorhangfassaden	Forschungsvorhaben steht vor dem Abschluß	
2. Abschnitt: Wasserwirtschaft und Abfallbeseitigung			
1. *Reinhaltung der Gewässer – Kläranlagen*	Bemühung um die Verstärkung der ERP-Kredite	ERP-Wirtschaftsplan 1970: 20 Mill. DM; 1971: 157 Mill. DM; Entwurf 1972: 174 Mill. DM	

	Ankündigung	Erledigung	Bemerkungen
2. *Reinhaltung der Nordsee und Ostsee*	Vorlage des Vertragsgesetzes zum Übereinkommen über die Hohe See mit einer Regelung für die Abfallbeseitigung auf See Anregung von Verhandlungen über internationale Vereinbarungen	Vertragsgesetz-Entwurf bereits vom BRat im 1. Durchgang behandelt (BRats-Drucks. 177/71) Verhandlungen für Nordsee eingeleitet; Konferenz für Oktober 1971 vorgesehen	Weltweites Übereinkommen zur Kontrolle der Abfallbeseitigung auf See wird auf der UN-Umweltkonferenz 1972 behandelt
3. *Gesetz zur Änderung des Grundgesetzes: Konkurrierende Gesetzgebungszuständigkeit des Bundes für den Wasserhaushalt*		BT-Drucks. VI/1298	Ausdehnung der bisherigen Rahmenkompetenz zur Vollkompetenz als verfassungsrechtliche Grundlage für notwendige Verbesserungen des Wasserrechts
4. *Verbesserung nationaler Rechtsvorschriften*	4. Gesetz zur Änderung des Wasserhaushaltsgesetzes bis Mitte 1971; Verkehrsrechtliche Regelungen über den Transport wassergefährdender	Kab.-Beschluß vom 30.7. 1971; BRats-Drucks. 411/71 Entwurf wird mit Ländern und Bundesressorts beraten	

versorgung	gramms	Auswertung hat begonnen	
6. *Gesetz zur Änderung des Grundgesetzes: Konkurrierende Gesetzgebungszuständigkeit des Bundes für die Abfallbeseitigung*		BT-Drucks. VI/2249	Erweiterung bestehender Gesetzgebungszuständigkeiten als verfassungsrechtliche Grundlage für ein umfassendes Abfallbeseitigungsgesetz
7. *Abfallbeseitigungsgesetz*	Vorlage des Gesetzentwurfs noch 1970	Kab.-Beschluß Dez. 1970 BT-Drucks. VI/2401	
8. *Forschung und Entwicklung in Wasserwirtschaft und Abfallbeseitigung*	Verstärkung der Förderung	Haushaltsmittel sind für 1971 erhöht worden	
9. *Bundesanstalt für Wasserwirtschaft und Abfallbeseitigung*	Untersuchung, ob und wie eine solche Einrichtung geschaffen werden kann	Gutachtenauftrag im Januar 1971 erteilt. Gutachten Anfang August 1971 eingegangen; Auswertung beginnt	
10. *Statistische Erhebungen*	Weiterführung der Erhebungen über Wasserversorgung und Abwasserwesen; Vorbereitung einer Abfallstatistik	Entwurf eines Umwelt-Statistikgesetzes wird vorbereitet (Gegenstand des Umweltprogramms)	
11. *Ausbildungsförderung*	Ausarbeitung von Vorschlägen für die Förderung der Aus- und Fortbildung von Fachleuten	Wird in das Umweltprogramm aufgenommen	

	Ankündigung	Erledigung	Bemerkungen
3. Abschnitt: Gefährliche Wirkungen der Biozide auf den Menschen und seine Umwelt			
1. Beschränkung oder Verbot der Verwendung von Bioziden in der Umwelt	Prüfung der Notwendigkeit eines generellen DDT-Verbots	Kabinettsbeschluß vom 20. 8. 1971 über Entw. eines DDT-Gesetzes; BRats-Drucks. 436/71	Folgende VO-Entwürfe sind in Vorbereitung, teils vor dem Abschluß: Änderung Höchstmengen-VO Pflanzenschutz;
2. Biozide mit möglichst geringen Nebenwirkungen; biol. Verfahren zur Schädlingsbekämpfung; Gehalt und Anreicherung von Bioziden in der Umwelt; Nachweis von Bioziden in Lebensmitteln	Verbesserung der wissenschaftl. Einrichtungen des Bundes; Vergabe von Forschungsaufträgen; Entwicklung von Verfahren	Forschungsvorhaben laufen. Forschungsprogramm „Herbizide“ fertiggestellt; „Umweltchemikalien in Lebensmitteln“ in Vorbereitung. Untersuchung über Quecksilber in Vorbereitung. Auftrag zur Erarbeitung von Schnellmethoden zum Biozidnachweis in Vorb.	Höchstmengen-VO Pfl. Schutz- und andere Mittel in LM tierischer Herkunft; Höchstmengen-VO Quecksilber in best. Fischerzeugnissen; Höchstmengen-VO Metallkontamination in Lebensmitteln. Außerdem: Änderung Pflanzenschutz-Ges.
3. Zentrale Erfassung der Ergebnisse über Biozide in der Umwelt.	Datensammlung unter Ausnutzung der Zusammenarbeit der beteiligten Anstalten von	Einrichtung zentraler Erfassungsstelle beim BGA in kleinem Rahmen für Anfang 1972	

zung von Höchstwerten für die Biozidbelastung der Menschen	die zentrale Daten-Auswertung übernehmen kann	toxikol. Abt. des BGA. Zentrale Auswertung nach Einrichtung der Erfassungsstelle	Strahlenforschung ist bei der Einrichtung einer toxikol. Abteilung für Grundlagenforschung
4. Abschnitt: Naturschutz und Landschaftspflege			
1. *Gesetz zur Änderung des Grundgesetzes: Konkurrierende Gesetzgebungszuständigkeit des Bundes für Naturschutz und Landschaftspflege*		BT-Drucks. VI/1298	Ausdehnung der bisherigen Rahmenkompetenz zur Vollkompetenz als verfassungsrechtliche Grundlage für die Vorlage eines umfassenden Gesetzes
2. *Bundesgesetz über Naturschutz und Landschaftspflege; Waldgesetz*	Vorlage der Gesetzentwürfe im Frühjahr 1971	Ref. Entwürfe sind in der Diskussion	
3. *Untersuchungen, Forschung und Entwicklung*	Aufstellung eines Dringlichkeitsprogramms; Verstärkung der Mittel um 0,5 Mill. DM jährlich	Programm aufgestellt; Mittel bereitgestellt	
4. *Erholungslandschaften*	Erschließung von Erholungslandschaften; Förderung von Naturparken	1971: 0,5 Mill. DM zusätzlich bereitgestellt; Erhöhung der Mittel für 1972 geplant	

	Ankündigung	*Erledigung*	*Bemerkungen*
5. *Schutz des Naturhaushalts – Internationale Konventionen*	Vorbereitung der Vertragsgesetze zur Vogelschutz-Konvention und zur Konvention *über Import, gexport u. Transit freilebender Tiere und Pflanzen*	In Vorbereitung	
6. *Gefahren durch Brachflächen; Landschafts- und Kulturbau*	Untersuchungen über Möglichkeiten zur Verhütung von Landschaftsschäden	Untersuchungen sind eingeleitet	
5. *Abschnitt: Neue Technologien für den Umweltschutz*			
1. *Nachweis und Überwachung schädlicher Stoffe*	Förderung der Entwicklung von Luftkontrollgeräten, Wasseranalyseverfahren und	Entwicklungsvorhaben laufen; Zwischenergebnisse in Aussicht	

stoffen, Verminderung von Emissionen	zur katalytischen Abgasreinigung, Abwasserreinigung und Rohstoffgewinnung aus Abfällen	haben werden gefördert
3. *„Saubere" Technologien*	Einleitung der Entwicklung z. B. bleifreier Kraftstoffe, abbaubarer Kunststoffe, sauberer Energieerzeugung	Entwicklungsvorhaben oder vorbereitete Studien eingeleitet
6. Abschnitt: Aufklärung der Bevölkerung	Aufstellung von Richtlinien für die Informationspolitik	In Vorbereitung

nach: Siebert, 1972, S. 24 ff.

Tabelle 2
Lehrveranstaltungen im Bereich der Ökologie/Umweltforschung an der Universität Gießen (nach den Vorlesungsverzeichnissen), 1967–1974

WS 67/68	1. Ökologisch-geobotanisches Kolloquium
	2. Naturschutz und Landschaftspflege
	3. Zoologische Aspekte der Agrarökologie
WS 68/69	1. Ökologisch-geobotanisches Kolloquium
	2. Naturschutz und Landschaftspflege
	3. Ökologie der Tiere
WS 69/70	1. Ökologisch-geobotanisches Kolloquium
	2. Pflanzenphysiologisch-ökologischer Kurs
	3. Einführung in die Pflanzenökologie
	4. Ökologisch-biosystematisches Seminar
	5. Naturschutz und Landschaftspflege
	6. Das Wasser im Ökosystem
SS 1970	1. Pflanzenökologischer Kurs
	2. Ökologisch-biosystematisches Seminar
	3. Naturschutz und Landschaftspflege
	4. Limnologie (Ökologie der Binnengewässer)
WS 70/71	1. Angewandte Pflanzenökologie
	2. Pflanzenphysiologisch-ökologischer Kurs
	3. Ökologisch-geobotanisches Kolloquium
	4. Ökologisch-biosystematisches Seminar
	5. Ökologie und Systematik der Süßwasserinsekten
SS 1971	1. Biologischer Umweltschutz (Ringvorlesung gemeinsam mit den Hochschullehrern des zukünftigen Fachbereiches Umweltschutz)
	2. Pflanzenökologischer Kurs
	3. Ökologisch-biosystematisches Seminar
	4. Oberseminar: Probleme der Umweltsicherung
WS 71/72	Durch das Gesetz über die Universitäten des Landes Hessen vom 12. 5. 1970 sind wesentliche Änderungen in der Organisations- und Personalstruktur vorgesehen.
	Neu: Fachbereich 21 (Umweltsicherung)
	1. Biologische Probleme des Umweltschutzes (Ringvorlesung gemeinsam mit den Hochschullehrern des FB Umweltsicherung)

2. Einführung in die Pflanzenökologie
3. Ökologisch-geobotanisches Kolloquium
4. Ökologisch-meßtechnisches Praktikum
5. Pflanzenphysiologisch-ökologischer Kurs
6. Ökologisch-biosystematisches Seminar
7. Literaturseminar über neue ökologische Arbeiten
8. Wald und Umwelt

SS 1972
1. Pflanzenökologischer Kurs
2. Ökologisch-biosystematisches Seminar
3. Biologische Landespflege und Naturschutz
4. Umweltschutz als Thema eines fächerübergreifenden Unterrichts
5. Umweltchemikalien und Biozide in der menschlichen Nahrung als wichtiges biologisches Problem in einem zeitgemäßen Biologieunterricht
6. Die Kulturpflanze als Umweltfaktor
7. Grundlagen der Abfallbeseitigung und -verwertung
8. Ausgewählte Kapitel aus dem Gebiet der Abfallwirtschaft
9. Mikrobiologische Grundlagen der Müllkompostierung
10. Seminar für Abfallwirtschaft
11. Umwelt und Pestizide I

WS 72/73
1. Angewandte Ökologie
2. Pflanzenphysiologisch-ökologischer Kurs
3. Ökologisch-meßtechnisches Praktikum
4. Ökologisch-biosystematisches Seminar
5. Geobotanische Grundlagen des Umweltschutzes
6. Limnologie
7. Synökologie der Fauna mitteleuropäischer Wälder
8. Umweltsicherung (Ringvorlesung)
9. Abfallwirtschaft
10. Aufgaben der Landeskultur in der Umweltsicherung
11. Umwelt und Pestizide II
12. Aufgaben der Bodenbiologie im Umweltschutz
13. Landespflege

SS 1973
1. Pflanzenökologischer Kurs
2. Umweltschutz und Lebensmittel als wichtiges biologisches Thema im Unterricht der Haupt- und Realschule
3. Umweltsicherung (Ringvorlesung des FB 21)
4. Abfallwirtschaft
5. Landespflege
6. Grundlagen der Abfallbeseitigung und -verwertung

WS 73/74

1. Allgemeine Pflanzenökologie
2. Ökophysiologie für Sekundarstufenlehrer
3. Ökologisch-biosystematisches Seminar
4. Ökologie der Tiere
5. Umweltsicherung (Ringvorlesung)
6. Seminar für Abfallwirtschaft
7. Landespflege
8. Kolloquium: Probleme der Umweltsicherung in der Sowjetunion
9. Wald und Umwelt
10. Zoologische Probleme der Abfallbeseitigung
11. Umwelt und Pestizide

SS 1974

1. Übungen zur Pflanzenökologie
2. Botanisches Großpraktikum: Block Ökologie: Untersuchung eines terrestrischen und eines aquatischen Ökosystems
3. Ökologie der Fließgewässer (mit besonderer Berücksichtigung der Gewässerbelastung)
4. Umweltsicherung (Ringvorlesung)
5. Einführung in die Abfallwirtschaft
6. Hygiene und zoologische Probleme der Abfallbeseitigung
7. Verfahren der Müllkompostierung
8. Verfahren der Abwasserreinigung
9. Landespflege
10. Umweltschutz, Landschaftspflege und Naturschutz in Osteuropa
11. Seminar: Landeskulturelle Aufgaben des Umweltschutzes

Tabelle 3
Institutionen auf dem Gebiet der Umweltforschung,
1964 – 1973

(a) Bestand im Jahre 1964

Lehrstuhl und Institut für Siedlungswasserwirtschaft der Technischen Hochschule Aachen

Institut für Hygiene und Medizinische Mikrobiologie der Freien Universität Berlin

Medizinisches Institut für Lufthygiene und Silikoseforschung an der Universität Düsseldorf

Forschungsstelle für Staubabscheidung und Luftreinhaltung im Institut für Mechanische Verfahrenstechnik der Universität Karlsruhe

Bayerische Biologische Versuchsanstalt München (Demoll-Hofer-Institut) bei der Universität München

Abteilung Reinhaltung der Luft, Industrierückstände im Institut für Verfahrenstechnik und Dampfkesselwesen der Universität Stuttgart

Abteilung Erforschung von Umweltschäden und Zivilisationskrankheiten im Max-von-Pettenkofer-Institut des Bundesgesundheitsamtes, Berlin

Bundesanstalt für Vegetationskunde, Naturschutz und Landschaftspflege, Bonn

Kommissionen für Wasserforschung, Lärmforschung, Erforschung der Wirkungen luftverunreinigender Stoffe in der Fachgruppe Umweltwissenschaften der Deutschen Forschungsgemeinschaft, Bonn

Biologische Bundesanstalt für Land- und Forstwirtschaft Braunschweig und Berlin, Braunschweig

Kommissionen »Reinhaltung der Luft« und »Lärmminderung« des Vereins Deutscher Ingenieure (VDI), Düsseldorf

Landesanstalt für Immissions- und Bodennutzungsschutz des Landes Nordrhein-Westfalen, Essen

Forschungsstelle für Staub- und Silikosebekämpfung der Bergbau-Forschung GmbH, Essen

Physikalisch-Bioklimatische Forschungsstelle der Fraunhofer-Gesellschaft, Garmisch-Partenkirchen

Institut für Aerobiologie der Fraunhofer-Gesellschaft e. V., Grafschaft/Hochsauerland

Bundesanstalt für Gewässerkunde, Koblenz

Staatliches Institut für Seenforschung und Seenbewirtschaftung, Eugen-Kauffmann-Institut, Langenargen/Bodensee

Institut für Strahlenschutz der Gesellschaft für Strahlen- und Umweltforschung mbH München, Neuherberg

Abteilung Allgemeine Limnologie im Max-Planck-Institut für Limnologie, Plön

Forschungs- und Entwicklungsinstitut für Industrie- und Siedlungswasserwirtschaft sowie Abfallwirtschaft e. V., Stuttgart

(b) Neugründungen bis 1968

Forschungsstelle für die Reinigung radioaktiver Wässer der Technischen Universitäten München

Institut für Wasser-, Boden- und Lufthygiene, Forschungsstätte für allgemeine Hygiene und Gesundheitstechnik des Bundesgesundheitsamtes, Berlin

Seminar für Silikose-Begutachtung im Silikose-Forschungsinstitut der Bergbau-Berufsgenossenschaft, Bochum

(c) Neugründungen bis 1973

Interdisziplinärer Sonderbereich für Umweltschutz an der Technischen Hochschule Aachen

Abteilung Hygiene und Arbeitsmedizin der Technischen Hochschule Aachen

Institut für Umweltschutz und Umweltgüteplanung der Universität Dortmund

Ausschuß »Betriebseinheit Umweltschutz« der Gesamthochschule Essen

Arbeitsgemeinschaft für Umweltschutz an der Universität Heidelberg

Lehrgebiet Umweltschutz der Universität Hohenheim

Institut für Umweltplanung der Universität Stuttgart

Senatsausschuß für Umweltforschung der Deutschen Forschungsgemeinschaft, Bonn

Meßstelle für Radioaktivität beim Senator für Gesundheit und Umweltschutz, Bremen

SYSTEMPLAN e. V., Institut für Umweltforschung und Entwicklungsplanung, Heidelberg

Institut für Umweltschutz und Agrikulturchemie, Heiligenland

Landesstelle für Naturschutz und Landschaftspflege Baden-Württemberg, Ludwigsburg

Institut für Biologie, Umwelt und Lebensschutz, Schlangenbad-Georgenborn

Max-Planck-Institut zur Erforschung der Lebensbedingungen der wissenschaftlich-technischen Welt

Institut für Umweltforschung e. V., Villingen

nach: Vademecum deutscher Lehr- und Forschungsstätten, 4. Auflage 1964, 5. Auflage 1968, 6. Auflage 1973.

Schaubild 1:
Veröffentlichungen im Bereich der Ökologie als Anteil an allen biologischen Veröffentlichungen (in Prozent), 1965–1975

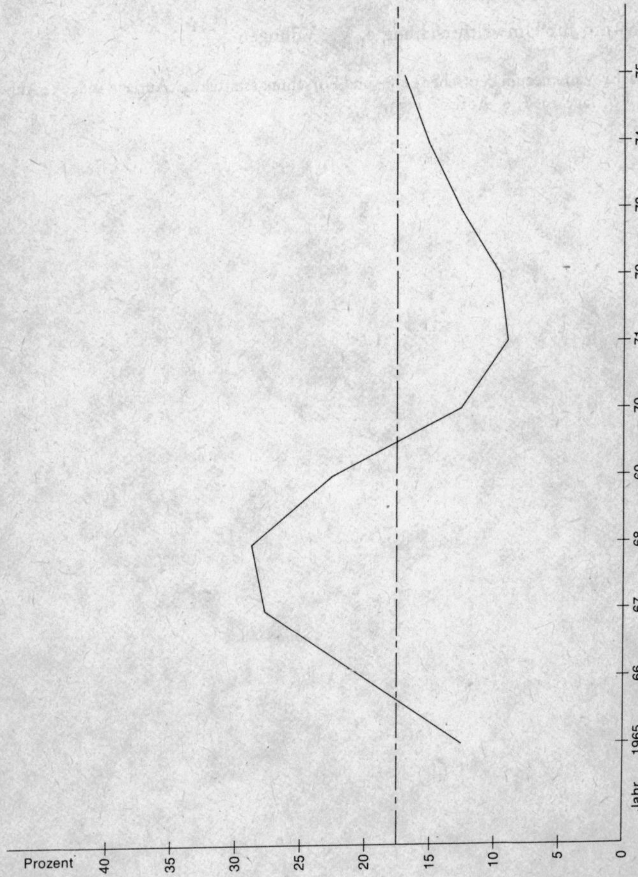

nach: Biological Abstracts.

Schaubild 2:
Veröffentlichungen in einigen ökologischen Teilgebieten als Anteil an allen ökologischen Veröffentlichungen (in Prozent), 1965–1975 (I)

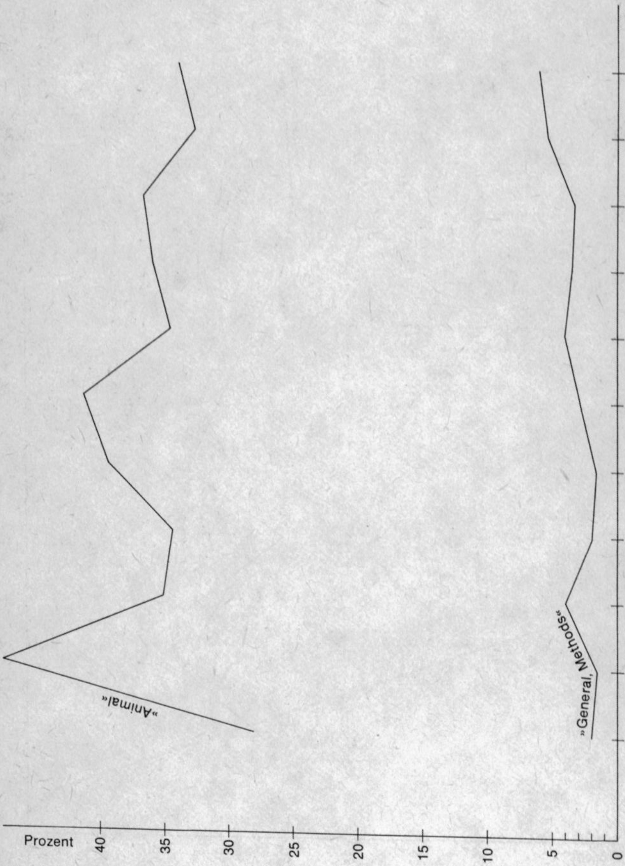

nach: Biological Abstracts.

Schaubild 3:
Veröffentlichungen in einigen ökologischen Teilgebieten als Anteil an allen ökologischen Veröffentlichungen (in Prozent), 1965–1975 (II)

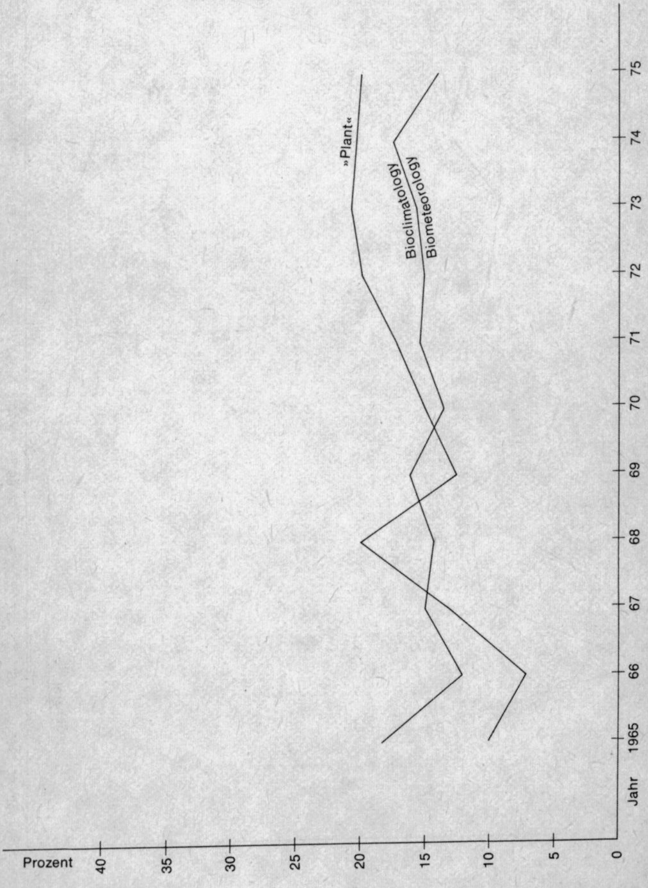

nach: Biological Abstracts.

Literaturverzeichnis

Allee, W. C. et al., 1955: Principles of Animal Ecology (1949), Reprint: Philadelphia/London.

Althaus, H./Primavesi, C. A./Wüstenberg, J., 1968: Umwelthygiene, eine Gegenwarts- und Zukunftsaufgabe zur Erhaltung des menschlichen Lebens, in: Zukunftsaufgaben in Forschung und Entwicklung. Forschungspolitik 5, hrsg. vom Bundesminister für wissenschaftliche Forschung, München, S. 5ff.

Bachrach, P./Baratz, M. S., 1970: Power and Poverty. Theory and Practice. London/New York/Toronto.

Barthelmeß, A., 1972: Wald – Umwelt des Menschen. Dokumente zu einer Problemgeschichte von Naturschutz, Landschaftspflege und Humanökologie, Freiburg.

Beiträge zur Umweltforschung, 1976: Hrsg. vom Senatsausschuß für Umweltforschung der Deutschen Forschungsgemeinschaft, Boppard.

von Bertalanffy, L., 1970: Biologie und Weltbild, in: Wohin führt die Biologie? Ein interdisziplinäres Kolloquium, hrsg. von M. Lohmann, München, S. 13ff.

Biologie II (Zoologie), 1972: Hrsg. von B. Rensch (= Das Fischer Lexikon. Neuausgabe), Frankfurt/Main.

Bornkamm, R., 1971: Grundprinzipien der Ökologie, in: Der mathematische und naturwissenschaftliche Unterricht 24 (1971), S. 467ff.

Boughey, A. S., 1971: Man and the Environment. An Introduction to Human Ecology and Evolution, New York/London.

Braun-Blanquet, J., 1928: Pflanzensoziologie, Berlin, 3. Aufl. 1964.

Brock, F., 1934 (a): Verzeichnis der aus dem Institut für Umweltforschung hervorgegangenen Arbeiten, in: Sudhoffs Archiv 27 (1934), S. 209ff.

Brock, F., 1934 (b): Stellung und Bedeutung der autonomen Biologie und Umweltforschung im Rahmen der hierarchischen Pyramide der Wissenschaften, in: Sudhoffs Archiv 27 (1934), S. 467ff.

Bundesbericht Forschung V, 1975: Hrsg. vom Bundesminister für Forschung und Technologie, Bonn.

Caldwell, L. K., 1966: Natural Beauty and the Politics of Environmental Quality. Unveröffentlichtes Manuskript, zitiert in: Congress and the Environment, 1970, S. XIV.

Carson, R. L., 1962: Der stumme Frühling, München.

di Castri, F., 1976: International, Interdisciplinary Research in Ecology: Some Problems of Organization and Execution. The Case of the Man and the Biosphere (MAB) Programme, in: Human Ecology 4 (1976), S. 235ff.

Clarke, G. L., 1967: Elements of Ecology (1954), rev. Aufl., New York.

Cobb, R. W./Elder, C. D., 1972: Participation in American Politics. The Dynamics of Agenda-Building. Baltimore/London.

Commoner, B., 1971: The Closing Circle. Nature, Man and Technology, New York.

Commoner, B., 1972: The Environmental Cost of Economic Growth, in: Energy, Economic Growth, and the Environment, hrsg. von S. H. Schurr, Baltimore, S. 30ff.

Congress and the Environment, 1970: Hrsg. von R. A. Cooley und G. Wandesforde-Smith, Seattle und London.

van den Daele, W./Weingart, P., 1975: Resistenz und Rezeptivität der Wissenschaft – Zu den Entstehungsbedingungen neuer Disziplinen durch wissenschaftspolitische Steuerung, in: Zeitschrift für Soziologie 4 (1975), S. 146ff.

van den Daele, W./Krohn, W./Weingart, P., 1977: The Political Direction of Scientific Development, in: The Social Production of Scientific Knowledge. Yearbook of the Sociology of the Sciences, Bd. I, hrsg. von E. Mendelsohn u. a., Dordrecht, S. 219ff.

Das umstrittene Experiment: Der Mensch. Siebenundzwanzig Wissenschaftler diskutieren die Elemente einer biologischen Revolution (1963), mit einer Einleitung zur deutschen Ausgabe von W. Wieser, 1966, München.

Dawes, B., 1952: A hundred years of biology, London.

Demoll, R., 1957: Bändigt den Menschen. Gegen die Natur oder mit ihr? (1954: Ketten für Prometheus?), 2. Aufl., München.

Die freien Gewerkschaften und der Schutz der menschlichen Umwelt, hrsg. vom IBFG, Wirtschaftliche und soziale Übersicht 19 (1971), Nr. 5.

Dubos, R., 1965: Man Adapting, New Haven/London.

Dubos, R., 1970: Der entfesselte Fortschritt. Programm für eine menschliche Welt (1969), Bergisch Gladbach.

Ecology. Thirty Years Index (1920–1949), 1952.

Ecology and the Industrial Society, 1970. A Symposium of The British Ecological Society, hrsg. von G. T. Goodman et al. (1965), Reprint: New York.

Ehrlich, P. R./Ehrlich, A. H., 1972: Bevölkerungswachstum und Umweltkrise. Die Ökologie des Menschen (1970), Frankfurt/M.

Ellenberg, H., 1950/54: Landwirtschaftliche Pflanzensoziologie, 3 Bde., Stuttgart.

Ellenberg, H./Ovington, J. D., 1964: Produktions-Ökologie von Land-Lebensgemeinschaften im Rahmen des Internationalen Biologischen Programms, in: Bericht des Geobotanischen Instituts der ETH, Stiftung Rübel, Zürich, 35 (1964), S. 14ff.

Ellenberg, H., 1968: Wege der Geobotanik zum Verständnis der Pflanzendecke, in: Die Naturwissenschaften 55 (1968), S. 462ff.

Ellenberg, H., 1973 (a): Ziele und Stand der Ökosystemforschung, in: Ökosystemforschung (s. d.), S. 1 ff.
Ellenberg, H., 1973 (b); Versuch einer Klassifikation der Ökosysteme nach funktionalen Gesichtspunkten, in: Ökosystemforschung (s. d.), S. 235 ff.
Elster, H., 1974: History of Limnology, in: Mitt. Internat. Verein. Limnologie 20 (1974), S. 7 ff.
Environmental Quality, 1970. The First Annual Report of the Council on Environmental Quality, Washington, D. C.
Florey, E., 1972: Aufgaben und Zukunft der Biologie, Konstanz.
Forschung und Veröffentlichungen 1976. Hrsg. vom Wissenschaftszentrum Berlin, Internationales Institut für Umwelt und Gesellschaft.
Friederichs, K., 1934: Vom Wesen der Ökologie, in: Sudhoffs Archiv 27 (1934), S. 277 ff.
Friederichs, K., 1937: Ökologie als Wissenschaft von der Natur oder biologische Raumforschung, Leipzig.
Fünfter Sachbericht der VDI-Kommission Lärmminderung, 1970.
Fünfzig Jahre Hygienisches Institut des Ruhrgebiets 1902–1952. Festschrift zum 50jährigen Bestehen des Vereins zur Bekämpfung der Volkskrankheiten im Ruhrkohlengebiet und seines Hygienischen Instituts.
Genscher, H. D., 1972: Umweltschutz und Umweltpolitik als weltweite Aufgabe. Rede vor dem Plenum der UNO-Umweltschutzkonferenz in Stockholm am 9. 6. 1972. Bulletin des Presse- und Informationsamtes der Bundesregierung Nr. 86, Bonn, 13. 6. 1972.
Glaeser, B., 1974: Diskussionsbeitrag in: Umweltschutz als fachübergreifendes Curriculum (= Schriftenreihe der Bundeszentrale für politische Bildung, Heft 99), S. 33 ff.
Graham, F., Jr., 1971: Seit dem »Stummen Frühling«, München.
Handbuch der Biologie, 1965 ff.: Begr. von L. von Bertalanffy, hrsg. von F. Geßner, Konstanz.
Handler, P., 1970: Biology and the Future of Man, New York.
Hauff, V., 1974: Regierung, Parlament, Öffentlichkeit – Träger der Forschungspolitik, in: Forschungspolitik für eine lebenswerte Zukunft, hrsg. von H. Matthöfer und V. Hauff, Grafenau.
Hays, S. P., 1959: Conservation and the Gospel of Efficiency. The Progressive Conservation Movement, 1890–1920, Cambridge, Mass.
Heinemann, D., 1967: Biologie als Hoffnung und Aufgabe, in: Mitteilungen des Verbandes deutscher Biologen, Nr. 133, Beilage zu: Naturwissenschaftliche Rundschau 11 (1967).
Herber, L./Ohly, G., 1955: Lebensgefährliche »Lebensmittel«. Sind unsere Nahrungsmittel noch Lebensmittel? Krailling bei München.
Hessen, B., 1974: Die sozialen und ökonomischen Wurzeln von Newtons »Principia«, in: Wissenschaftssoziologie 2, hrsg. von P. Weingart, Frankfurt/M. S. 262 ff.

Hickel, E., 1974: Arzneimittel-Kommissionen bei der preußischen Regierung 1798–1872, in: Rete. Strukturgeschichte der Naturwissenschaften 2 (1974), S. 143 ff.
Hickel, E., 1976: Das Kaiserliche Gesundheitsamt und die chemische Industrie im Zweiten Kaiserreich (1871–1914): Partner oder Kontrahenten? in: Deutsche Apotheker-Zeitung 116 (1976), S. 521 ff., S. 597 ff.
Hirsch, J., 1970: Wissenschaftlich-technischer Fortschritt und politisches System, Frankfurt/M.
IBP, 1967: Internationales Biologisches Programm. Beiträge der Bundesrepublik Deutschland. Im Auftrage des deutschen Landesausschusses für das IBP zusammengestellt von H. Ellenberg. Bad Godesberg: Deutsche Forschungsgemeinschaft.
Illies, J., 1973: Einführung: Umwelt und Anpassung, in: Unsere Umwelt als Lebensraum. Grzimeks Buch der Ökologie, hrsg. von J. Illies und W. Klausewitz, Zürich, S. 15 ff.
Infas, Umweltpolitisches Bewußtsein, 1972. Beiträge zur Umweltgestaltung 5, Berlin 1973.
Integrated Experimental Ecology, 1971: Methods and Results of Ecosystem Research in the German Solling Project, hrsg. von H. Ellenberg, Berlin/Heidelberg/New York.
Kapp, K., 1958: Volkswirtschaftliche Kosten der Privatwirtschaft (1950), Tübingen/Zürich.
van der Klaauw, C. J., 1937: Zur Geschichte der Definition der Ökologie, besonders auf Grund der Systeme der zoologischen Disziplinen, in: Sudhoffs Archiv 29 (1937), S. 136 ff.
Klausewitz, W., 1973: Einführung: Die Umweltkrise, in: Unsere Umwelt als Lebensraum. Grzimeks Buch der Ökologie, hrsg. von J. Illies und W. Klausewitz, Zürich, S. 525 ff.
Kühnelt, W., 1970: Grundriß der Ökologie (1965), 2. Auflage, Jena.
Küppers, G., 1977: Die geplante Wissenschaft – Die Fusionsforschung als Beispiel für die Steuerbarkeit in der Grundlagenforschung. Manuskript, erscheint 1978.
Lenz, F., 1931: Lebensraum und Lebensgemeinschaft. Eine Einführung, Frankfurt/M./Berlin.
MAB, 31, 1976: Programme on Man and the Biosphere (MAB). Task force on integrated ecological studies on human settlements, within the framework of Project 11. Final Report (Paris, Juni 1975). MAB report series 31 (1976).
Mägdefrau, K., 1973: Geschichte der Botanik. Leben und Leistung großer Forscher, Stuttgart.
Man's Impact on the Global Environment, 1970. Assessment and Recommendations for Action. Report of the Study of Critical Environmental Problems (SCEP). Sponsored by the Massachusetts Institute of Technology, Cambridge, Mass.

Marsh, G., 1965: Man and Nature or, Physical Geography as modified by human action (1864), hrsg. von David Lowenthal, Cambridge, Mass.
Materialien zum Umweltprogramm der Bundesregierung 1971. Hrsg. vom BMI, Bonn.
Melchers, G., 1970: Organismen – Mechanismen und allgemeine Biologie, in: Wohin führt die Biologie? Ein interdisziplinäres Kolloquium, hrsg. von M. Lohmann, München, S. 33ff.
Menke-Glückert, P., 1972: Anforderungen der Umweltpolitik an die Wissenschaft. Vortrag auf der Arbeitstagung des Institutes für Siedlungs- und Wohnungswesen der Universität Münster am 28. September 1972. Manuskript.
Meyer, A., 1934: Das Organische und seine Ideologien, in: Sudhoffs Archiv 27 (1934), S. 3ff.
Meyer-Abich, A., 1963: Geistesgeschichtliche Grundlagen der Biologie, Stuttgart.
Möbius, M., 1937: Geschichte der Botanik, Jena.
Mulkay, M. J., 1976: Methodology in the Sociology of Science: Some Reflections on the Study of Radio Astronomy. In: Perspectives on the Emergence of Scientific Disciplines, hrsg. von G. Lemaine/R. Mac Leod/M. Mulkay/P. Weingart, Den Haag/Paris, S. 207ff.
Murdoch, W./Conwell, J., 1973: All about Ecology, in: Western Man and Environmental Ethics. Attitudes Toward Nature and Technocracy, hrsg. von I. G. Barbour, Reading, Mass., S. 156ff.
Nelkin, D., 1975: Scientists, Professional Societies, and the Public Interest: The Experience of Ecologists. Unveröffentlichtes Manuskript.
Neustadt, R., 1955: Presidency and Legislation: Planning the President's Program, in: American Political Science Review 49 (1955).
Nicholson, M., 1972: Umweltrevolution. Der Mensch als Spielball und als Herr der Erde, München.
Ökosystemforschung, 1973: Ergebnisse von Symposien der Deutschen Botanischen Gesellschaft und der Gesellschaft für Angewandte Botanik in Innsbruck, Juli 1971, hrsg. von H. Ellenberg, Berlin/Heidelberg/New York.
Offe, C., 1975: Berufsbildungsreform. Eine Fallstudie über Reformpolitik, Frankfurt/M.
Osborn, F., 1948: Our Plundered Planet.
Patterns and Perspectives in Environmental Science, 1972: Hrsg. vom National Science Board, Washington, D. C.
Picht, G., o. J.: Umweltschutz und Politik, Manuskript.
Pringsheim, E. G., 1967: Die Aufgaben des Biologen, in: Mitteilungen des Verbandes deutscher Biologen, Nr. 131, Beilage zu: Naturwissenschaftliche Rundschau 9 (1967).
von Randow, T., 1961: Der veruntreute Himmel, in: Die Zeit, Nr. 32, 4. 8. 1961.

von Randow, T., 1962: Verhängnisvoller Smog, in: Die Zeit, Nr. 50, 14. 12. 1962.
Scharpf, F., 1973: Planung als politischer Prozeß. In: Ders., Planung als politischer Prozeß. Aufsätze zur Theorie der planenden Demokratie. Frankfurt/Main.
Schelsky, H., 1965: Der Mensch in der wissenschaftlichen Zivilisation, in: Ders., Auf der Suche nach Wirklichkeit, Düsseldorf/Köln, S. 432ff.
Schneider, R., 1975: Die Selbstdarstellung der Biologie vor der Öffentlichkeit. Zur Aufgabe und Funktion von »Scientific Spokesmen«. Diss. Soz. Bielefeld (MS.).
Schoenichen, W., 1954: Naturschutz, Heimatschutz. Ihre Begründung durch Ernst Rudorff, Hugo Conwentz und ihre Vorläufer, Stuttgart.
Science, Growth and Society, 1971. Paris, OECD.
Siebert, A., 1971: Übersicht über Ziele und Bestrebungen in der Bundesrepublik Deutschland. Akademie für Raumforschung und Landesplanung. Materialien Umweltschutz und Raumordnung, Heft 1, Hannover.
Siebert, A., 1972: Übersicht über die Situation des Umweltschutzes in der Bundesrepublik Deutschland und die entsprechenden administrativen, wissenschaftlichen und technischen Einrichtungen. Akademie für Raumforschung und Landesplanung. Materialien Umweltschutz und Raumordnung, Heft 4, Hannover.
Siedlungsverband Ruhrkohlenbezirk 1920–1970 (Schriftenreihe Siedlungsverband Ruhrkohlenbezirk, 29), Essen.
Simpson, G. G., 1972: Biologie und Mensch, Frankfurt/M.
Smuts, J. C., 1938: Die holistische Welt (1925), Berlin.
Sonnemann, T., 1974: Naturschutz in einer gefährdeten Welt. Vortrag ... am 11. Dezember 1974, hrsg. vom Deutschen Naturschutzring e. V.
The White House Message on Natural Beauty to the Congress of the United States, February 8, 1965.
Thienemann, A., 1956: Leben und Umwelt. Vom Gesamthaushalt der Natur, Hamburg.
Tüxen, R.: Angewandte Pflanzensoziologie, Stolzenau/Weser (in unregelm. Folge).
von Uexküll, J., 1921: Umwelt und Innenwelt der Tiere (1909), 2. Aufl., Berlin.
von Uexküll, J./Kriszat, G., 1956: Streifzüge durch die Umwelten von Tieren und Menschen. Ein Bilderbuch unsichtbarer Welten; (1934); J. von Uexküll: Bedeutungslehre (1940), mit einem Nachwort von A. Portmann, Hamburg.
Umweltbundesamt 1975/76. (Erster Tätigkeitsbericht), Berlin 1976.
Umweltforschung. Aufgaben und Aktivitäten der DFG 1950–1970, 1971, Bonn–Bad Godesberg.
Umweltforschungskatalog 1975. Hrsg. vom Umweltbundesamt, Berlin.

Umweltforschungskatalog 1976. Hrsg. vom Umweltbundesamt, Berlin.
Umweltgutachten 1974. Der Rat von Sachverständigen für Umweltfragen.
Umweltprogramm der Bundesregierung, 1971, Bonn.
Ungerer, E., 1966: Der Wandel der Problemlage der Biologie in den letzten Jahrzehnten, Freiburg i. Brsg./München.
Uppenbrink, M., 1974: Diskussionsbeitrag in: Umweltschutz als fachübergreifendes Curriculum (= Schriftenreihe der Bundeszentrale für politische Bildung, Heft 99), S. 48 ff.
Vademecum deutscher Lehr- und Forschungsstätten, 1973. Hrsg. vom Stifterverband für die Deutsche Wissenschaft, 6. Aufl., Düsseldorf.
Weber, H., 1937: Zur neueren Entwicklung der Umweltlehre J. v. Uexkülls, in: Die Naturwissenschaften 25 (1937), S. 97 ff.
Weber, H., 1939: Zur Fassung und Gliederung eines allgemeinen biologischen Umweltbegriffes, in: Die Naturwissenschaften 27 (1939), S. 633 ff.
Weinzierl, H., 1970: Die große Wende im Naturschutz, München.
von Weizsäcker, E., 1972: Einleitung zu: Humanökologie und Umweltschutz, hrsg. von E. von Weizsäcker, Stuttgart/München.
Wer macht was, wie und wo? 1973: Hrsg. von der Interparlamentarischen Arbeitsgemeinschaft, Berlin.
Weyl, A., 1958: Denkschrift zur Lage der Biologie, Wiesbaden.
Wolfle, D., 1968: The Only Earth We Have, in: Science 169, 12. 1. 1968.
Young, G. L., 1974: Human Ecology as an Interdisciplinary Concept: A Critical Inquiry, in: Advances in Ecological Research 8 (1974), S. 1 ff.
Zur Belastung der Landschaft, 1969. Hrsg. von der Bundesanstalt für Vegetationskunde, Naturschutz und Landschaftspflege. Schriftenreihe für Landschaftspflege und Naturschutz, Heft 4, Bonn-Bad Godesberg.

Verzeichnis der Tabellen

Tabellen

Schaubild

Anhang

Tabellen

Schaubilder

Verzeichnis der Abkürzungen

AAAS	American Association for the Advancement of Science
BA	Bundesanstalt
BGA	Bundesgesundheitsamt
BM	Bundesminister, Bundesministerium
BMA	Bundesminister für Arbeit
BMBW	Bundesminister für Bildung und Wissenschaft
BMF	Bundesminister für Finanzen
BMFT	Bundesminister für Forschung und Technologie
BMI	Bundesminister des Innern
BMJFG	Bundesminister für Jugend, Familie und Gesundheit
BML	Bundesminister für Landwirtschaft
BMV	Bundesminister für Verteidigung
DFG	Deutsche Forschungsgemeinschaft
DNR	Deutscher Naturschutzring
ESA	Ecological Society of America
FAO	Food and Agriculture Organisation
GfÖ	Gesellschaft für Ökologie
IBP	Internationales Biologisches Programm
IBFG	Internationaler Bund Freier Gewerkschaften
ICSU	International Council of Scientific Unions
IPA	Interparlamentarische Arbeitsgemeinschaft
IUBS	International Union of Biological Sciences
IUCN	International Union for Conservation of Nature and Natural Resources
KabAU	Kabinettsausschuß Umweltfragen
LA	Landesanstalt
LM	Landesminister, Landesministerium
MAB	Man and the Biosphere
MPG	Max-Planck-Gesellschaft
MPI	Max-Planck-Institut
NEPA	National Environmental Policy Act
OECD	Organization for Economic and Cultural Development
SCEP	Study of Critical Environmental Problems
TÜV	Technischer Überwachungs-Verein
UBA	Umweltbundesamt
UFOKAT	Umweltforschungskatalog
UMPLIS	Informations- und Dokumentationssystem zur Umweltplanung
UNESCO	United Nations Educational, Scientific and Cultural Organization

UNO	United Nations Organization
VDI	Verein Deutscher Ingenieure
WHO	World Health Organization
WWF	World Wildlife Fund
WZB	Wissenschaftszentrum Berlin

stw 136 *Materialien zu Bachofens ›Das Mutterrecht‹*
Herausgegeben von Hans-Jürgen Heinrichs
464 Seiten
»Die Erscheinung dieses Mannes ist faszinierend«, sagte Benjamin über ihn, und ein andermal: sein Name werde immer dort genannt, »wo die Soziologie, die Anthropologie, die Philosophie unbetretene Wege einzuschlagen sich anschickten«.

stw 137 Jacques Lacan
Schriften I
Ausgewählt und herausgegeben von Norbert Haas
256 Seiten
In der neueren wissenschaftlichen Diskussion über die Psychoanalyse vertritt Jacques Lacan einer der bedeutsamsten Positionen. Sein Werk hat Horizonte eröffnet, die die Arbeiten von Psychoanalytikern wie Pontalis, Laplanche, Leclaire und Mannonis, aber auch von Autoren wie Ricœur, Foucault, Derrida und Althusser ermöglicht haben.

stw 138 F. W. J. Schelling
Philosophische Untersuchungen über das Wesen der menschlichen Freiheit und die damit zusammenhängenden Gegenstände
Mit einem Essay von Walter Schulz:
Freiheit und Geschichte
in Schellings Philosophie
128 Seiten
Schellings Philosophie, zumal seine Spätphilosophie, die er zuerst in der Schrift *Philosophische Untersuchungen über das Wesen der menschlichen Freiheit und die damit zusammenhängenden Gegenstände* (1809) entfaltet hat, hebt die klassische Metaphysik des Geistes auf. Sie weist auf die philosophischen Systeme Schopenhauers und Nietzsches sowie auf deren wissenschaftliche Fortbildung in der modernen Anthropologie und Psychoanalyse voraus. Ebendies

arbeitet Walter Schulz in seinem Essay *Freiheit und Geschichte in Schellings Philosophie* heraus.

stw 139 *Materialien zu*
Schellings philosophischen Anfängen
Herausgegeben von
Manfred Frank und Gerhard Kurz
480 Seiten
Schellings philosophische Anfänge sind noch weitgehend unaufgeklärt. Der vorliegende Materialienband macht daher in erster Linie auf ein Desiderat der Forschung aufmerksam: Welche Bedeutung hat Schellings Philosophie für die Entwicklung des Deutschen Idealismus? Welche politischen Implikationen hat seine Philosophie? – Der Band bietet unter zugleich chronologischen und systematischen Gesichtspunkten Quellen und Abhandlungen zu wesentlichen Aspekten der Frühphilosophie Schellings.

stw 141 Karl-Otto Apel
Der Denkweg von Charles Sanders Peirce
Eine Einführung in den amerikanischen Pragmatismus
384 Seiten
Apels Darstellung des philosophischen Hintergrundes der Entstehung des Pragmatismus bei Charles Sanders Peirce und von Peirces Denkweg vom Pragmatismus zum Pragmatizismus ist eine umfassende Auseinandersetzung mit dem Werk von Peirce, die den historischen Ort dieses Werkes bestimmt und seine vielfältigen fruchtbaren Wirkungen für das philosophische und wissenschaftstheoretische Denken der letzten Jahrzehnte aufweist. Sie ist zugleich eine Einführung in den Pragmatismus, den Apel – neben dem Marxismus und dem Existentialismus – als eine der heute wirklich funktionierenden Philosophien begreift, das heißt: als eine Philosophie, die Theorie und Praxis des Lebens faktisch vermittelt.

stw 144 *Seminar: Philosophische Hermeneutik*
Herausgegeben von Hans-Georg Gadamer und Gottfried Boehm
352 Seiten
Die philosophische Hermeneutik lehrt keine bestimmte Wahrheit, vielmehr repräsentiert sie ein kritisches Reflexionswissen, dem es darum geht, Erkenntnischancen offenzulegen, die ohne sie nicht wahrgenommen würden.

stw 145 G. W. F. Hegel
Grundlinien der Philosophie des Rechts oder Naturrecht und Staatswissenschaft im Grundrisse
Mit Hegels eigenhändigen Notizen und den mündlichen Zusätzen
544 Seiten
Hegels »Rechtsphilosophie – darin liegt das Geheimnis ihrer gedanklichen Provokationen und ein Schlüssel zu ihrer wechselvollen Wirkungsgeschichte – ist philosophisches Lehrbuch und politische Publizistik, gelehrter Traktat und aktuelle Kampfschrift in einem.« (Manfred Riedel)

stw 146 Shlomo Avineri
Hegels Theorie des modernen Staats
Übersetzt von R. und R. Wiggershaus
336 Seiten
Avineris Studie rekonstruiert die politische Philosophie Hegels. Sie macht deren Stellenwert – insbesondere den der Rechtsphilosophie – einerseits in Hegels philosophischem System, andererseits in den politischen Auseinandersetzungen seiner Zeit klar. Hegels politische Philosophie erscheint als der erste große Versuch, den ökonomischen und gesellschaftlichen Gegebenheiten der Moderne gerecht zu werden.

stw 147 Sören Kierkegaard
Philosophische Brocken
De omnibus dubitandum est
Übersetzt von Emanuel Hirsch
208 Seiten
Das zentrale Thema der Schrift *Philosophische Brocken* ist das Verhältnis von Wissen und Glauben. Ein vorläufiger Titel Kierkegaards lautete: »Die apologetischen Voraussetzungen der Dogmatik oder Annäherungen des Gedankens an den Glauben«. Der Titel *Philosophische Brocken* wendet sich ironisch gegen den Totalitätsanspruch der idealistischen (insbesondere der Hegelschen) Systemphilosophie.

stw 148 Fredrick C. Redlich/Daniel X. Freedman
Theorie und Praxis der Psychiatrie
Aus dem Amerikanischen von Hermann Schultz und Hilde Weller
1216 Seiten. 2 Bände

Dieses Lehrbuch wendet sich an Studenten und Ärzte, insbesondere Nervenärzte, an Psychologen, Soziologen und Sonderschulpädagogen, an Sozialarbeiter, medizinisches Pflegepersonal und interessierte Laien – kurz: an alle, die in ihrer Ausbildung oder in ihrer beruflichen Praxis mit den Problemen psychischer Gesundheit und Krankheit zu tun haben. Psychiatrie wird von den Verfassern als eine *angewandte Humanwissenschaft* verstanden, die sich mit Erforschung, Diagnose, Vorbeugung und Behandlung gestörten oder von der Norm abweichenden Verhaltens befaßt.

stw 149 Urs Jaeggi
Theoretische Praxis
224 Seiten
In der deutschen Strukturalismus-Debatte ist der strukturale Marxismus in die sozialphilosophische Fragestellung aufgesogen worden. Als Kritiker am Hyper-Empirismus, als Gegner der »Rhapsodie von Fakten«, steht er andererseits quer sowohl zu einem Spät- oder Neohegelianismus wie auch zu den Exerzitien einer wortgetreuen Marx/Engels-Exegese. Jaeggi versucht herauszuarbeiten, weshalb der strukturale Ansatz dabei nicht gegen die historisch-materialistische Methode ausgespielt werden kann, sondern im Rahmen des historischen Materialismus richtige Fragen formuliert und reformuliert.

stw 151 Clemens Lugowski
Die Form der Individualität im Roman
Mit einer Einleitung von Heinz Schlaffer
240 Seiten
Seit ihrem ersten Erscheinen (1932) ist Lugowskis Abhandlung nur wenigen Fachgelehrten bekanntgeworden: einer der bedeutendsten Beiträge zur Literaturwissenschaft ist noch zu entdecken. Seine Parallelen liegen außerhalb der zünftigen Germanistik: in Cassirers *Philosophie der symbolischen Formen,* in den kunsttheoretischen Arbeiten der Warburg-Schule, im russischen Formalismus.
In der gegenwärtigen Situation der Literaturwissenschaft, die sich in textlinguistische und sozialgeschichtliche Schulen getrennt hat, kann dieses Buch an vergessene Vermittlungen erinnern: an ästhetische Sinnformen, an die besondere Weise der Dichtung, Leben und Welt deutend darzustellen.

stw 154 Jürgen Habermas
Zur Rekonstruktion des Historischen Materialismus
352 Seiten
Die in diesem Band zusammengefaßten Arbeiten zielen alle auf die Rekonstruktion des Historischen Materialismus ab. Rekonstruktion heißt hier: eine Theorie auseinandernehmen und in neuer Form wieder zusammensetzen, um das Ziel, das sie sich gesetzt hat, besser zu erreichen.

stw 155 Peter Weingart
Wissensproduktion und soziale Struktur
256 Seiten
Die in diesem Band zusammengefaßten Arbeiten zielen alle auf die Begründung und Explikation eines neuen Ansatzes in der Wissenschaftssoziologie. Ihr systematischer Zusammenhang ergibt sich aus dem Versuch, Wissen als »soziale Kategorie« zu fassen. Damit eröffnet sich die Möglichkeit, die historische und aktuelle Analyse der Wissenschaftsentwicklung und -politik über die Beschränkungen der in diesem Feld vorherrschenden Begriffsraster hinauszutreiben.

stw 156 *Seminar: Kommunikation, Interaktion, Identität*
Herausgegeben von Manfred Auwärter, Edit Kirsch und Klaus Schröter
Der Band enthält Arbeiten aus der Interaktions- und Kommunikationsforschung, die u. a. als Beiträge zur Klärung folgender Fragen gesehen werden können: Wie interpretieren Individuen wechselseitig ihre Äußerungen und Handlungen? Wie stimmen sie Erwartungen aufeinander ab? Wie verhalten sie sich im Fall der Enttäuschung von Erwartungen? Was folgt daraus für den Prozeß, in dem grundlegende interaktive und kommunikative Fähigkeiten erworben werden und Identitäten aufgebaut und bewahrt werden?

stw 157 Heinz Kohut
Narzißmus
Eine Theorie der psychoanalytischen Behandlung narzißtistischer Persönlichkeitsstörungen
Aus dem Amerikanischen von Lutz Rosenkötter
400 Seiten

»Ohne Frage ist dieses Buch ein Meilenstein, nicht nur in der Fortentwicklung der Psychoanalyse über Freuds ursprüngliche Ansätze hinaus, sondern auch im so langsam und zäh fortschreitenden Erkenntnisprozeß des Menschen über seine eigene Natur.« *Jürgen vom Scheidt*

stw 158 Norbert Elias
Über den Prozeß der Zivilisation
Soziogenetische und psychogenetische Untersuchungen
Erster Band: Wandlungen des Verhaltens in den weltlichen Oberschichten des Abendlandes
350 Seiten

stw 159 Norbert Elias
Über den Prozeß der Zivilisation
Soziogenetische und psychogenetische Untersuchungen
Zweiter Band: Wandlungen der Gesellschaft. Entwurf zu einer Theorie der Zivilisation
508 Seiten
Die Soziologie des 20. Jahrhunderts konzentriert sich vor allem auf Zustände. Die langfristigen Transformationen der Gesellschaft und Persönlichkeitsstrukturen hat sie weitgehend aus den Augen verloren. Im Werk von Norbert Elias bilden diese langfristigen Prozesse das zentrale Interesse: Wie ging eigentlich die »Zivilisation« im Abendlande vor sich? Worin bestand sie? Und welches waren ihre Antriebe, ihre Ursachen oder Motoren?
Bei Elias' Arbeit handelt es sich weder um eine Untersuchung über eine »Evolution« im Sinne des 19. Jahrhunderts noch um eine Untersuchung über einen unspezifischen »sozialen Wandel« im Sinne des 20.; seine Arbeit ist grundlegend für eine undogmatische, empirisch fundierte soziologische Theorie der sozialen Prozesse im allgemeinen und der sozialen Entwicklung im besonderen.

stw 160 Hans G. Furth
Intelligenz und Erkennen
Die Grundlagen der genetischen Erkenntnistheorie Piagets
Übersetzt von Friedhelm Herborth
384 Seiten
Hans G. Furth hat den ersten Versuch einer systematischen Darstellung der Theorie Piagets unternommen, und er hat,

wie Piaget selbst es formuliert, »diese Aufgabe außerordentlich erfolgreich gelöst«. Piaget zwingt zu einer Revolution unserer Anschauungen, wie es außer ihm in der Neuzeit nur Kopernikus, Darwin und Freud getan haben.

stw 164 Karl-Otto Apel
Transformation der Philosophie
Band 1: Sprachanalytik, Semiotik, Hermeneutik
384 Seiten

stw 165 Karl-Otto Apel
Transformation der Philosophie
Band 2: Das Apriori der Kommunikationsgemeinschaft
464 Seiten
Transformation der Philosophie meint die Transformation der Transzendentalphilosophie des Privat-Subjekts in eine Transzendentalphilosophie der Intersubjektivität.

stw 166 *Seminar: Theorien der künstlerischen Produktivität*
Entwürfe mit Beiträgen aus Literaturwissenschaft, Psychoanalyse und Marxismus
Herausgegeben von Mechthild Curtius unter Mitarbeit von Ursula Böhmer
464 Seiten
Die in diesem Band versammelten Beiträge aus westlichen und östlichen Ländern geben einen Überblick über den gegenwärtigen Stand der »Theorie« künstlerischer Produktivität und einen Ausblick auf mögliche Weiterentwicklungen dieser Theorie.

stw 176 Emile Durkheim
Soziologie und Philosophie
Mit einer Einleitung von Theodor W. Adorno
Übersetzt von Eva Moldenhauer
160 Seiten
Die Aufsätze und Diskussionsbeiträge, die unter dem Titel *Soziologie und Philosophie* zusammengestellt und zuerst 1924 veröffentlicht wurden, führen in ein für Durkheims Denken zentrales Gebiet: in die von ihm intendierte Wissenschaft der Moral, die sowohl individuelle als auch kollektive moralische – und das heißt zugleich anthropologische, psychologische und soziologische – Phänomene erfassen will.

Alphabetisches Verzeichnis der suhrkamp taschenbücher wissenschaft

Adorno, Ästhetische Theorie 2
– Drei Studien zu Hegel 110
– Einleitung in die Musiksoziologie 142
– Kierkegaard 7
– Negative Dialektik 113
– Philosophische Terminologie Bd. 1 23
– Philosophische Terminologie Bd. 2 50
– Prismen 178
Apel, Der Denkweg von Charles S. Peirce 141
– Transformation der Philosophie, Bd. 1 164
– Transformation der Philosophie, Bd. 2 165
Arnaszus, Spieltheorie und Nutzenbegriff 51
Ashby, Einführung in die Kybernetik 34
Avineri, Hegels Theorie des modernen Staates 146
Bachofen, Das Mutterrecht 135
Materialien zu Bachofens ›Das Mutterrecht‹ 136
Barth, Wahrheit und Ideologie 68
Becker, Grundlagen der Mathematik 114
Benjamin, Charles Baudelaire 47
– Der Begriff der Kunstkritik 4
– Ursprung des deutschen Trauerspiels 225
Materialien zu Benjamins Thesen ›Über den Begriff der Geschichte‹ 121
Bernfeld, Sisyphos 37
Bilz, Studien über Angst und Schmerz 44
– Wie frei ist der Mensch? 17
Bloch, Das Prinzip Hoffnung 3
– Geist der Utopie 35
– Naturrecht und menschliche Würde 250
– Subjekt–Objekt 251
– Tübinger Einleitung in die Philosophie 253
– Vorlesungen zur Philosophie der Renaissance 252
Materialien zu Ernst Blochs ›Prinzip Hoffnung‹ 111
Blumenberg, Aspekte der Epochenschwelle: Cusaner und Nolaner 174
– Der Prozeß der theoretischen Neugierde 24
– Säkularisierung und Selbstbehauptung 79
Böckenförde, Staat, Gesellschaft, Freiheit 163
Böhme/van den Daele/Krohn, Experimentelle Philosophie 205
Bourdieu, Zur Soziologie der symbolischen Formen 107
Broué/Témime, Revolution und Krieg in Spanien. 2 Bde. 118
Bucharin/Deborin, Kontroversen 64
Childe, Soziale Evolution 115
Chomsky, Aspekte der Syntax-Theorie 42
– Sprache und Geist 19
– Reflexionen über die Sprache 185
Cicourel, Methode und Messung in der Soziologie 99
Condorcet, Entwurf einer historischen Darstellung der Fortschritte des menschlichen Geistes 175
Deborin/Bucharin, Kontroversen 64
Deleuze/Guattari, Anti-Ödipus 224
Denninger, Freiheitliche demokratische Grundordnung. 2 Bde. 150
Derrida, Die Schrift und die Differenz 177
Durkheim, Soziologie und Philosophie 176
Einführung in den Strukturalismus 10
Eliade, Schamanismus 126
Elias, Über den Prozeß der Zivilisation, Bd. 1 158
– Über den Prozeß der Zivilisation, Bd. 2 159
Erikson, Der junge Mann Luther 117
– Dimensionen einer neuen Identität 100
– Identität und Lebenszyklus 16
Erlich, Russischer Formalismus 21
Ethnomethodologie 71
Fetscher, Rousseaus politische Philosophie 143
Fichte, Politische Schriften 201
Foucault, Der Fall Rivière 128
– Die Ordnung der Dinge 96
– Wahnsinn und Gesellschaft 39
– Überwachen und Strafen 184
Furth, Intelligenz und Erkennen 160
Goffman, Stigma 140
Griewank, Der neuzeitliche Revolutionsbegriff 52
Guattari/Deleuze, Anti-Ödipus 224
Habermas, Erkenntnis und Interesse 1
– Zur Rekonstruktion des Historischen Materialismus 154
Materialien zu Habermas' ›Erkenntnis und Interesse‹ 49
Hegel, Grundlinien der Philosophie des Rechts 145
– Phänomenologie des Geistes 8
Materialien zu Hegels ›Phänomenologie des Geistes‹ 9
Materialien zu Hegels Rechtsphilosophie Bd. 1 88
Materialien zu Hegels Rechtsphilosophie Bd. 2 89
Heller, u. a., Die Seele und das Leben 80
Henle, Sprache, Denken, Kultur 120
Holenstein, Roman Jakobsons phänomenologischer Strukturalismus 116
Honneth/Jaeggi, Theorien des Historischen Materialismus 182
Jaeggi, Theoretische Praxis 149
Jaeggi/Honneth, Theorien des Historischen Materialismus 182
Jakobson, Hölderlin, Klee, Brecht 162
Kant, Kritik der praktischen Vernunft 56
– Kritik der reinen Vernunft 55
– Kritik der Urteilskraft 57
– Vorkritische Schriften bis 1768 1 186
– Vorkritische Schriften bis 1768 2 187
– Schriften zur Metaphysik und Logik 1 188
– Schriften zur Metaphysik und Logik 2 189
– Die Metaphysik der Sitten 190
– Schriften zur Naturphilosophie 191
– Schriften zur Anthropologie 1 192
– Schriften zur Anthropologie 2 193
Kant zu ehren 61
Materialien zu Kants ›Kritik der praktischen Vernunft‹ 59
Materialien zu Kants ›Kritik der reinen Vernunft‹ 58
Materialien zu Kants ›Kritik der Urteilskraft‹ 60
Materialien zu Kants ›Rechtsphilosophie‹ 171
Kenny, Wittgenstein 69
Kierkegaard, Philosophische Brocken 147
– Über den Begriff der Ironie 127
Koch, Die juristische Methode im Staatsrecht 198
Körner, Erfahrung und Theorie 197
Kohut, Die Zukunft der Psychoanalyse 125
– Introspektion, Empathie und Psychoanalyse 207
– Narzißmus 157
Kojève, Hegel. Kommentar zur Phänomenologie des Geistes 97
Koselleck, Kritik und Krise 36
Kracauer, Geschichte – Vor den letzten Dingen 11
Kuhn, Die Struktur wissenschaftlicher Revolutionen 25
Lacan, Schriften 1 137
Lange, Geschichte des Materialismus 70
Laplanche/Pontalis, Das Vokabular der Psychoanalyse 7
Leach, Kultur und Kommunikation 212